UNIVERSITY OF NORTH CAROLINA
STUDIES IN THE ROMANCE LANGUAGES
AND LITERATURES

ACADEMIAS Y SOCIEDADES LITERARIAS DE MEXICO

Por

José Sánchez, Ph. D.
Chairman, Department of Spanish
University of Illinois, Chicago

NUMBER EIGHTEEN

CHAPEL HILL

1951

Copyright, 1951
UNIVERSITY OF NORTH CAROLINA
Chapel Hill, N. C.

Imprenta "Grafos". — Calle del Cincuenta y Siete, 10 B. — México, D. F.

INDICE GENERAL

	Página
PALABRAS INICIALES	7
Capítulo I.—Certámenes literarios. 1. Siglo XVI	9
2. Siglo XVII	18
3. Siglo XVIII	34
Capítulo II.—Introducción al Siglo XIX	55
La Arcadia Mexicana	59
Capítulo III.—Academia de San Juan de Letrán	63
Capítulo IV.—El Ateneo Mexicano	69
El Liceo Artístico y Literario	73
Capítulo V.—El Liceo Hidalgo	75
Capítulo VI.—Protectores de Letras	85
Capítulo VII.—Veladas Literarias	97
Capítulo VIII.—Sociedad Netzahualcóyotl	117
Capítulo IX.—Sociedades Menores	125
Capítulo X.—El Liceo Mexicano, Cuauhtémoc y dos Ateneos	135
Capítulo XI.—Sociedades y Academias Literarias de Guadalajara	145
Capítulo XII.—Sociedades y Academias Literarias de Yucatán	161
Capítulo XIII.—Otros Centros Literarios Fuera de la Capital	173
Apéndice	189
Notas	261
Indice Alfabético	275

PALABRAS INICIALES

Por razones psicológicas y sociales el hombre se asocia con sus semejantes para compartir con él sus goces y sentimientos; si la congregación es de literatos, las expresiones del alma y del corazón asumen la forma de goces estéticos derivados de composiciones escritas con amor y con inspiración. Es natural buscar refugio en la compañía del amigo para contar o para oír algo que nos apena o que gozamos. Pues estas asociaciones de aficionados a las letras, de poetas con algo que decir e impartir a personas que gusten de escuchar el arte y la belleza literaria constituyen las sociedades y tertulias que intentamos estudiar aquí.

La literatura mexicana debe mucho a las agrupaciones literarias, que han venido organizándose en México desde tiempos remotos y las que han sido atendidas por numerosos jóvenes ávidos de saber y de escribir y en las que se han iniciado en sus futuras carreras de las letras. En México, como en otros muchos países, preceden a estas reuniones de carácter literario, otras reuniones más expontáneas, menos permanentes que las sociedades o academias más formales, y también de organización más del momento. Estas reuniones, llamadas *certámenes*, son, sin embargo, de verdadera importancia en el desarrollo inicial de la literatura mexicana y por este motivo creemos necesario empezar nuestro estudio con una vista de pájaro de los certámenes de tiempos coloniales.

Es este estudio un ensayo que se propone aportar datos desconocidos, otros escasamente conocidos, aclarar algunos puntos oscuros, y avalorar las agrupaciones literarias de México, especialmente en su relación con el desarrollo y ambiente intelectual y literario. Empezando con los certámenes literarios del siglo XVI, se pasa revista a los de las dos siguientes centurias para establecer el fondo y el ambiente que preceden a las academias y sociedades del siglo XIX. Estas son estudiadas con mayor detenimiento por abundar más en número y ser mayor su influencia en los movimientos literarios. El siglo XIX es la Edad de Oro de la literatura mexicana y para comprenderla hay que penetrar en los rinconcitos de las sociedades literarias de aquella época. La prensa periódica, aunque efímera y difícil de consultar, ofrece la más segura fuente de investigación y de comprobación histórica para el estudio de materias literarias de esa época.

En los escritos de varia índole existen numerosas referencias a certámenes, fiestas, representaciones, academias, asociaciones de escritores, etc. Estas primeras noticias han sido, hasta cierto punto, el primer punto de partida para iniciar la pista de algunas asociaciones literarias, aunque no siempre hemos podido dar con los datos que se buscaban. También hemos estudiado las publicaciones de aquellos tiempos en referencia en busca de datos e información sobre justas literarias y cualquier otra reunión de carácter literario.

Este estudio no pretende ser definitivo. Indudablemente, existen más certámenes y más sociedades literarias de los aquí mencionados. Completar el cuadro, estudiar año tras año las actividades de todas las ciudades de México y avalorar la importancia e influencia de todas las reuniones de carácter literario sería obra de largos años y tal vez el trabajo de más de un individuo. Creemos, además, que son muy pocas las sociedades de importancia que hayamos pasado por alto y que las que en el futuro se descubran resultarán ser de poca consideración. Lo que aquí se intenta es principiar este trabajo para que agregado a otros de especialistas más competentes dé más claridad a la literatura mexicana y a la interpretación de la época estudiada.

Para llevar a cabo el presente trabajo he consultado las colecciones de revistas y periódicos mexicanos guardados en la Universidad de Texas (Austin), los de la Hemeroteca y los de la Biblioteca Nacional de México, y los de la Biblioteca del Estado de Guadalajara. A los señores Juan B. Iguíniz, de la Nacional, y José Franco Cornejo, de la de Guadalajara, deseo hacer constar mi profundo agradecimiento por su amable ayuda en proporcionarme material de sus propias bibliotecas particulares. Al Licenciado José Esquivel Pren, quien tuvo la cortesía de facilitarme un capítulo sobre la cultura de Yucatán, antes de haberlo publicado en forma de libro, también deseo expresar mi más sincera gratitud. A la Universidad de Northwestern debo parte de la asistencia económica con que sufragué mis gastos de viaje por la república mexicana.

Capítulo I

CERTAMENES LITERARIOS

1. SIGLO XVI

La cultura en la Nueva España se manifiesta evidentemente desde principios de la conquista. El presto establecimiento de la imprenta y de la universidad (1553) en la antigua capital azteca atestiguan el verdadero interés en las letras y cultura. En la empresa cultural que siguió la consumación de la conquista de México los virreyes y la iglesia se afanaron en una obra que abarcaba la difusión de las primeras letras, la fundación de templos y de escuelas de oficios y el establecimiento de planteles de cultura superior. Este rápido desarrollo de centros culturales en la capital mexicana ofrece en la segunda mitad del siglo XVI un panorama repleto de centros docentes, sociales, religiosos y escolares nunca visto congregado en ningún territorio virgen americano.

La ciudad de Tenochtitlán ya está levantada; ya existe vida política propiamente local; la corriente inmigratoria de España está establecida para entonces; la conversión de los indios al dogma cristiano ya es un hecho. La enseñanza intelectual, moral y religiosa lleva caminos de éxito. Existen ya los colegios de San Pedro y San Pablo (1574), los seminarios de San Miguel, San Bernardo y San Gregorio. Hombres nada vulgares pronto hacen sonar su voz en las salas docentes de estos centros educativos. Los jesuítas pronto organizan escuelas y colegios en donde se imparte la instrucción pública según las normas de aquellos tiempos. En el Colegio de San Ildefonso se establece en 1582 una imprenta de la que salen obras de texto para los alumnos. Todas estas distintas actividades culturales nos hacen creer que las letras en México se tomaban en serio y que se difundían con apremiante rapidez.

La imprenta, establecida en la capital mexicana en 1539, la primera en América, viene a dar un impulso al estado cultural de la Nueva España. Se puede ya propagar el libro impreso y preparar textos para las escuelas, y publicar libros doctrinales. La imprenta es el primer vagido de una naciente cultura indígena, que alimentada por la española creará en Nueva España una civilización mixta de profundas raíces.

El establecimiento mismo de la universidad de México tal vez constituya el primer concurso intelectual de la Nueva España. Antes de establecerse la universidad se congregaron en la capital los hombres más cultos que a la sazón había en el país con el objeto de prepararse a ocupar un puesto distinguido en el mundo literario [1]. En la inauguración de la Real y Pontífica Universidad se reunieron en la capital mexicana los maestros Fray Alonso de la Veracruz, gran filósofo y teólogo; el Dr. Frías Bartolomé Díaz de Albornoz, docto lingüista e ilustre jesuíta; Bartolomé de Melgarejo, primer catedrático de cánones; el Dr. Francisco Cervantes de Salazar, conocido humanista y cronista de la capital; y otros personajes de alto prestigio.

Para una población relativamente nueva la juventud de México de la última parte del siglo XVI muestra rara precocidad, pues Fray Juan de Grijalva relata en su *Crónica de la orden de N. P. S.* que "generalmente hablando son los ingenios tan vivos que a los once o doce años leen, los muchachos escriben, cuentan, saben latín y hacen versos, como los hombres famosos de Italia; de catorce a quince se gradúan en artes y hablan en la facultad con la facilidad y presteza que suelen hablar en la doctrina cristiana. La universidad es de las más ilustres, que tiene nuestra Europa en todas facultades".

Bernardo de Balbuena en su *Grandeza de México* (1604) dice que la poesía resplandece en la capital del antiguo reino azteca, y agrega que "la facultad poética era como una influencia y particular constelación de México, según la generalidad con que en su noble juventud se ejercita". La prosperidad y cultura en la Nueva España durante el período cuando Balbuena era estudiante y en los años sucesivos es tema de grandes proporciones que ya Luis Fernández-Guerra y Orbe ha sintetizado muy exactamente al hablar de Juan Ruiz de Alarcón en el estudio que hizo del dramaturgo mexicano. Baste decir con Fernández-Guerra que la capital hervía de varones doctísimos "en cuantos ramos abarca el humano saber, nacidos allá o avecinados, españoles o procedentes de Alemania, Italia y Flandes, que hacían de México la Atenas del Nuevo Mundo" [2].

La literatura mexicana en los albores de la colonización consistía principalmente de relatos históricos, tratados gramaticales y filosóficos, y libros doctrinales, medios todos de preservar las hazañas de los conquistadores españoles, entenderse con los indígenas y consolar sus congojas. La musa mexicana se limita en sus principios a versos panegíricos o para describir fiestas. Las celebraciones de fiestas cívicas y religiosas rompían la monotonía de la vida colonial y dan lugar entre los ingenios del país a frecuentes justas literarias que revestían gran pompa. Estas justas y los certámenes literarios se sucedían con frecuencia como medio de ejercicio intelectual del temperamento poético e improvisador del hispano.

Se organizaban torneos o certámenes literarios con pretexto de cualquier acontecimiento público. En estos concursos dominaban los asuntos de carácter religioso y los de circunstancia, como el nacimiento de un príncipe, la proclamación de algún rey español, la llegada de algún virrey, la muerte de algún virrey, la muerte de un soberano, los funerales de un gobernante, fiesta de los patronos de conventos, la coronación de algún santo, la recepción de reliquias recibidas del Papa, el estreno de una iglesia, el descubrimiento de algún monumento o estatua, la investidura de algún religioso, y victorias, hazañas y proezas de algún héroe. Las fiestas celebradas con motivo de estos u otros acontecimientos llegarían a un número fantástico si pudiéramos conocerlas con exactitud. Por otra parte, enumerar y aun estudiar todos los certámenes y justas celebrados en tiempos coloniales sería tarea de muchos años y cuestión de múltiples estadísticas de valor discutible, excepto para el muy especializado investigador. Estos certámenes poéticos, celebrados en su mayoría en la capital y en Puebla, son celebraciones que no variaban mucho unas de otras. Los pomposos obsequios poéticos preparados de antemano para los arcos triunfales en la capital y en alguna que otra ciudad del país serían diferentes, pero todos modelados del mismo patrón y de escaso valor literario. El estudio de estas composiciones de ocasión sin mérito intrínseco no pertenece al marco de este estudio, especialmente ya que dos o tres juiciosos investigadores mexicanos trabajan en la actualidad con gran acierto en el análisis de la obra poética novohispana [3].

Los certámenes literarios en la capital de la Nueva España, ya fueran organizados por la iglesia, por la universidad o por el virrey, eran asuntos de gran pompa y de festivo aparato. Para la publicación y proclama de los certámenes universitarios se acostumbraba organizar una vistosa procesión, que recorría las principales calles de la ciudad en medio de gran ruido y de repiques. Formaban esta procesión numerosos atabaleros, seguidos de gran número de estudiantes a caballo, y éstos iban seguidos de los principales caballeros de la ciudad, algunos profesores universitarios, todos montados en mulas o a caballo ricamente enjaezados. Detrás seguían algunos religiosos, empleados públicos y representantes de las comunidades religiosas. En la retaguardia, cerrando la procesión, iba un caballero montado en magnífico caballo, con un cartel primorosamente adornado donde se anunciaba el certamen. Acompañando a este caballero del cartel iban a cada lado el fiscal y el secretario del certamen, seguidos de sus criados vestidos con gran lujo. Tras este grupo generalmente iban algunos soldados de guardia para conservar orden.

El caballero a caballo con el cartel del certamen era siempre personaje de muchas campanillas, pues su posición en estos concursos era de gran prestigio. En efecto, la procesión se formaba delante de su casa y terminaba en la universidad, donde el Rector y los doctores le daban la bienvenida. Ya dentro de la universidad el secretario del certamen recitaba una poesía en la que exponía los asuntos del concurso literario. A la terminación de este acto el del cartel tornaba a su casa acompañado de los doctores de la universidad y otras notabilidades para obsequiarles con refrescos. Entretanto el cartel del certamen se fijaba en la puerta de la universidad para dar publicidad a la fiesta literaria. Estos eran, pues, los preliminares de las fiestas en donde los ingenios de Tenochtitlán competían en agudeza.

FIESTAS LITERARIAS DE 1578.—Es esta la primera [4] celebración de importancia en México de que tenemos noticias. La describe el padre Pedro Morales en su *Carta al padre Everardo Mercuriano*, publicada en 1579. Algo se ha escrito sobre la obra del padre Morales, pero con lo dicho últimamente por la diestra pluma y agudo juicio de José Rojas Garcidueñas [5], autoridad indiscutible en todo lo que se refiere a la literatura mexicana de los siglos XVI y XVII, con lo expuesto sobre la fiesta literaria de 1578 por este joven conocedor del teatro antiguo mexicano basta y a él referimos a todo estudioso que quiera conocer los pormenores. Diremos aquí que las fiestas descritas por el padre Morales se celebraron con motivo de haber llegado a México en Noviembre de 1578 una gran cantidad de reliquias de santos regaladas a los jesuítas por el Pontífice Gregorio XIII. Las festividades religioso-literarias fueron suntuosas, como se acostumbraba en México en el siglo XVI.

A lo que corresponde al certamen el padre Morales dice que tras un grupo de doscientos estudiantes a caballo "iba un rey de armas en un gracioso caballo, el cual armado muy ricamente de punta de blanco llevaba en una lanza dorada y banda azul, el cartel y pista literaria, en que se contenían siete certámenes sobre las santas reliquias". Se levantaron cinco arcos triunfales en los cuales había carteles con versos dedicados a santos, y también pinturas, sentencias en latín y castellanas.

Se presentaron para los certámenes un acopio de composiciones en latín y castellano, y agrega el padre Morales que eran buenas "por ser tales las habilidades de esta tierra". Y para no ser prolijo, dice que sólo pone en su colección una en latín y "algunas más de romance" de cada certamen. En su referida *Carta* el padre Morales publica cerca de una docena de las composiciones premiadas, la mayor parte de las cuales son prosaicas y de poco mérito. Merecen más publicidad los dos siguientes sonetos, ya transcritos en el estudio de Rojas Garcidueñas:

Soneto

Por la culpa de Adam el verbo eterno
    Despues que de su olimpo fue enbiado
    Vistio nuestro sayal, cubrio el brocado
    De tres altos diuino y sempiterno.

Subio con traje de perpetuo inuierno
    al arbol, que fue muerte del peccado
    Y de muerte saco fructo encumbrado:
    Que al alma es gloria y celestial gouierno.

La vida se vistio de nuestra muerte:
    Para poder vencer en el madero
    La muerte, oculta en la mortal comida

Y el arbol que mortal fue, amargo y fuerte
Vañólo en sangre el diuinal Cordero.
Y agora es arbol de salud y vida.

Otro Soneto

El hombre qu' en dorada paz viuia
De dones soberanos adornado
Por el fructo de un arbol fue priuado
De aquel supremo bien que posseya.

Aqueste mudo en llanto su alegria
Su luz en las tinieblas del peccado
Dexandole desnudo y condemnado
A la muerte cruel que merecia.

Mas porque se curasse nuestra llaga
Por el mismo tenor que nos fue hecha
El arbol que dio muerte nos dio vida.

Y assi se hizo a Dios entera paga
Quedando la justicia satisfecha
Y pagada la culpa sin medida.

Aunque el padre Morales no da nombres de las composiciones que menciona, Rojas Garcidueñas aporta datos convincentes para suponer que tal vez el presbítero Hernán González de Eslava fuera uno de los concursantes al certamen. De gran mérito para el teatro es la tragedia en cinco actos, *Triunfos de los Santos* que el padre Morales inserta en la citada *Carta* [6].

CERTAMENES DEL CONCILIO PROVINCIAL, 1585.— Con motivo del tercer concilio provincial mexicano celebrado en 1585 en la capital de Nueva España acudieron a la ciudad de México ocho obispos y se convocaron a la vez tres certámenes literarios a los que concurrieron un gran número de versificadores. Bernardo de Balbuena, uno de los laureados, elogia a "los delicados ingenios de aquella florida juventud, ocupados en tanta diversidad de loables estudios, donde sobre todo la divina alteza de la poesía más que en otra parte resplandece" [7]. Este crecido número de concurrentes a la convocatoria no es exagerado, pues no mucho más tarde, en 1610, escribió el dramaturgo Fernán González de Eslava aquella frase que se ha hecho famosa, que había en México "más poetas que estiércol".

Aunque los tres certámenes tienen lugar en fechas distintas suelen agruparse juntos por el simple hecho de que así lo hizo por primera vez Bernardo de Balbuena en su *Grandeza de México*, publicada en 1604 [8]. Balbuena era en 1585 un joven de apenas de diecisiete años de edad, pues se dice que nació en España en 1568, y a la sazón hacía estudios en la capital mexicana bajo la protección de su tío don Diego, canónigo de la catedral. De talento extraordinario, se inició públicamente en las letras ganando un premio en el certamen de 1585. Fué éste en honor y loa del Santísimo Sacramento de la Eucaristía, y asistieron unos trescientos poetas, según nos cuenta el propio Balbuena en su introducción dedicada al Dr. don Antonio de Avila y Cadena, arcediano de la Nueva Galicia:

> Pondré aquí como de paso tres cartas que siendo colegial de uno de sus colegios me premiaron todas en primer lugar en tres justas literarias que hubo durante el tiempo de mis estudios y aunque para Vmd que fué testigo y de los más aprovados de aquel tiempo, sea superfluo renovar estas memorias, no lo será quizá a los que llegaren a verlos de nuevo. Quiero contar una grandeza digna de ser admirada, que a avido justa literaria en esta ciudad donde an entrado trecientos aventureros todos en la facultad poética ingenios delicadísimos y que pudieran competir con los más floridos del mundo. La primera de mis composiciones se premió en la fiesta del Corpus Christi en presencia de siete obispos que a la sazón celebraban Concilio Provincial en esta famosa ciudad en compañía del Ilustrísimo don Pedro Moya de Contreras Arzobispo de ella. Pidióse una carta en que Christo consolase al alma en la ausencia que hazía del mundo desta manera.

El segundo certamen, celebrado el día de la Asunción de Nuestra Señora, tuvo lugar en octubre del mismo año que el anterior para honrar al virrey don Alvaro Manrique de Zúñiga, Marqués de Villa Manrique. La composición de Balbuena que ganó el premio consiste en ocho redondillas que explican la letra del *psalmo* 136.

El tercer concurso poético descrito por Balbuena se verificó en 1590 y la "carta" presentada fué "escrita a la majestad del Rey Filipo II, que está en el cielo, en agradecimiento de aver embiado a esta ciudad por su virrey al Ilustrísimo don Luys de Velasco" [9]. Es, pues, esta tercer "carta" señal de respeto al nuevo virrey de Nueva España. Le premiaron a Balbuena en esta ocasión siete redondillas de que consiste la carta, y también tres diademas y siete letras [10].

Aunque dice Balbuena que los poetas de su tiempo eran "ingenios delicadísimos", en verdad la obra poética de aquella época es poesía floja, forzada, compuesta para entretener los largos ocios de aquellos tiempos. Fué la poesía de entonces de carácter académica, erudita, circunstancial, cultivada en la universidad en su mayoría para celebrar los mil y un hechos públicos con que los moradores se regocijaban para matar la monotonía de la colonia. Mientras que el siglo XVI fué campo rico y fecundo para la historia, como es de esperarse, para la poesía, en cambio, fué estéril. Y, sin embargo, la poesía propiamente americana tiene su principio en esa época.

De la innumerable turba de versificadores a que se refiere Balbuena apenas hay unos cuantos dignos de señalarlos, pues la mayoría son poetas de certamen, como les llama Menéndez y Pelayo [11].

CANONIZACION DE SAN JACINTO, 1597.—Algo parecido a lo que ocurrió en 1578 se repitió en 1597 cuando los jesuítas tomaron parte en las fiestas con que los dominicanos celebraron en México la canonización de San Jacinto. Está recogida la descripción de las fiestas en *Vida y milagros del glorioso San Jacinto y las notables fiestas que la insigne ciudad de México hizo a su canonización* (1597), de Fray Antonio Hinojosa. Hubo composiciones de raras formas aportadas a la justa literaria para honrar la canonización del referido santo. Eran estas composiciones "en gran diversidad de ruedas, laberintos, acrósticos y otros géneros de versos exquisitos, los más en lengua latina, italiana y castellana, y algunos en griego y en hebreo" [12]. Según el Padre Alegre, copiado por todos los críticos, los padres jesuítas presentaron "una Pieza Panegírica, en tres cantos de poesía española, cuyos intervalos ocupaba la música" [13].

EXEQUIAS DE FELIPE II, 1599.—Se verificaron estos funerales el primero de abril de 1599 en la iglesia de Santo Domingo, de la capital, y fueron descritos por el Dr. Dionisio de Rivera Flórez, promotor fiscal del Tercer Concilio Mexicano y consultor de la Inquisición, en su *Relación historiada de las exequias funerales de la majestad del Rey D. Felipe II Nuestro Señor*, México, 1600 [14]. Es esta obra una relación muy detallada de las "virtudes esclarecidas de su Magestad, y tránsito felicísimo, declarando las figuras, letras, hieroglíphicos, empresas y divisas que en el túmulo se pusieron, como persona que lo adornó y compuso, con la invención y traça del aparato sumptuoso con que se vistió desde su planta hasta su fenecimiento", como reza el subtítulo.

Con motivo de estas exequias diversas personas residentes en la capital de Nueva España aportaron poesías latinas y castellanas a este concurso. Son de escaso mérito literario, y la mayoría de estas composiciones son anónimas. Sin embargo, se conocen las del Dr. Jerónimo de Herrera, *Canción en alabanza de Felipe II*; otra *canción* de Pedro de Medina Vaca; *soneto* de Francisco de Solís; *octavas* de Rodrigo Dávila; una *canción* describiendo el contenido del libro, del canónigo Bernardo de la Vega; un *soneto* del bachiller Branbila de Ariaga; un *epigrama* de Rivera Flórez; una *octava* de Mateo de Quendo y otras composiciones poéticas de Diego de Ovalle de Guzmán, Fernando de Bustamante, etc.

2. SIGLO XVII

Para fines del siglo XVI la capital de Nueva España era la Atenas de América, y según Menéndez y Pelayo, al alborear el XVII "proseguía siendo México la metrópoli literaria del mundo americano [15]. El fervor literario del siglo XVI se transmite al XVII y llega a su grado resplandeciente poco antes de llegar a 1650. Algunos escritores mexicanos viajan a la península, mientras que algunos peninsulares arriban a las costas mexicanas donde prosiguen su actividad literaria y dan vida a las reuniones literarias. Con la llegada de los escritores españoles también se transplanta a México a mediados del siglo XVII el gusto degenerado del gongorismo, que con el conceptismo pronto arraiga en la Nueva España donde esas dos formas literarias encuentran múltiples cultivadores.

Llegado a mediados del siglo XVII, el resplandeciente desenvolvimiento literario se posterga, pues las condiciones sociales de esa época no eran propicias para el desenvolvimiento y estímulo en el campo intelectual. La colonia estaba aislada de toda influencia exterior; la censura impedía la entrada de libros; el intelecto yacía estancado en esa vida silenciosa y monótona. La renovación de las letras en Nueva España empieza lentamente al advenimiento de la dinastía de los Borbones, pero no es muy evidente hasta muy entrado el siglo XVIII.

En los certámenes literarios celebrados en esta época llaman la atención los objetos dados como premios para honrar la obra premiada. Eran estos objetos prendas de refinado gusto, como candeleros de plata, pomas esmaltadas, baulitos de plata, cajas de polvos de plata repujada, reloj de faltriquera, flamenco de plata, cintillos de diamantes, tintero y salvadera de plata, rosarios de coyoles y filigranas; guantes de ámbar, puños de Cambray, borlas y cañas, y otros muchos de semejante carácter.

Se verifican a comienzo del siglo XVII varios certámenes de los que carecemos de suficientes datos. En Puebla, dice Rojas Garcidueñas [16], hubo uno en 1600 con motivo de la dedicación de la Iglesia del Espíritu Santo. Hacia 1610 Cosme de Flórez tomó parte en otro certamen, esta vez en la capital del país, en honor al Fundador de la compañía de Jesús según breve nota del Dr. Alfonso Méndez Plancarte [17]. Antes de 1620 los plateros de la capital convocan el certamen de la Niña de Plata en su dedicación de una célebre estatua de plata, según refiere Francisco Bramón en *Los sirgueros de la virgen* [18]. Al año siguiente se convoca una justa pública literaria en la que el bachiller Arias de Villalobos "festivó" al patrón de San Hipólito en el primer centenario de la conquista de la ciudad de México con una *esdrújula* [19].

PROEZA LITERARIA DEL PADRE NARANJO, 1635.—Aunque no fué un verdadero certamen es de especial significado el concurso del padre Francisco Naranjo, celebrado en 1635. Este venerable y prodigioso prelado se presentó a oposición en 1635 a la cátedra de prima de teología casi expresamente "para manifestar al público la gran sabiduría de que Dios le había dotado" [20]. Hizo en esta ocasión algo como la *décima musa* había realizado ante el concurso de sabios convocados por el Marqués de Mancera. El padre Naranjo dictó públicamente durante una hora a cuatro escribientes alternativamente sin interrupción alguna. Resultado de la prueba fué una obra que consistía de cuatro disertaciones perfectas, cada una de diversa materia.

Casi por el mismo tiempo otro eminente retórico ejercitó otra proeza semejante en la capital. El padre Juan Muñoz Molina después de haber hablado hora y media en prosa, se soltó hablando en verso latino con la misma facilidad y elegancia.

ENTRADA DEL VIRREY MARQUES DE VILLENA, 1641.—Con ocasión de la entrada a la capital del virrey Marqués de Villena se celebraron suntuosas fiestas a las que los poetas y versificadores contribuyeron con sus composiciones poéticas constituyendo un hermoso concurso literario. Tales fiestas están descritas en obra de doña María Estrada Medinilla, según Beristáin [21], aunque no se menciona el nombre del autor en la obra, que se titula *Descripción en octavas de las fiestas de toros, cañas, y alcancias, con que obsequió México a su Virrey, el Marqués de Villena*. México, 1641.

EXEQUIAS DE ISABEL DE BORBON, 1645.—Tanto en la capital como en otras ciudades de las provincias hubo numerosas exequias a la muerte de doña Isabel de Borbón. La pompa funeral y el real mausoleo que este acontecimiento ocasiona están contenidos en *Túmulo, exequias y funeral aparato a la felicíssima memoria de la cesárea reyna nuestra señora doña Isabel de Borbón...* México, 1645. Participaron veintiséis poetas, los que, con rara excepción, no llegaron a prominencia. Hay en dicha obra muchas composiciones anónimas.

Con igual motivo, también se celebró en Puebla en el mismo año la muerte de la reina española y las composiciones en latín y castellano presentadas están reunidas en *Exequias funerales y pompa lúgubre*, publicadas en aquella ciudad el mismo año de la celebración.

ACADEMIA INTERIOR DE BUEN GUSTO Y BELLAS ARTES. Puebla, 1650.—Dentro del Seminario Pontificio Conciliar de Puebla funcionaba por los años de 1650 esta academia que adquirió fama y nombradía. Es muy probable que dicho centro fuera la primera academia en la Nueva España y tal vez en el Nuevo Mundo. Uno de sus presidentes fué el sabio sacerdote, don Diego de Malpartida, y entre sus miembros se conocen a Francisco Pablo Vázquez, Manuel Carpio, Francisco Ortega, Joaquín Cardoso, Sebastián Lerdo de Tejada, Manuel Orozco y Berra, Tirso Rafael Córdoba, Manuel Pérez Salazar de la Torre, Miguel Jerónimo Martínez, Trinidad Sánchez Santos, etc. [22].

LLEGADA DEL DUQUE DE ALBUQUERQUE, 1653.—En *Felicíssima entrada y recibimiento... al Duque de Albuquerque* (1653), se encuentran numerosas composiciones preparadas para recibir a este alto personaje a su llegada a la capital mexicana. Consistió la fiesta en un verdadero torneo poético en el que participaron el Lic. Juan de Guevara, Agustín Salazar y Torres, apenas de unos trece años de edad. La poesía *Marte Cathólico*, en el arco de la metropolitana y dedicado también al duque, es ejemplo gongorino de la literatura de aquel tiempo:

"Vindex"

Del Júpiter de España más divino
ciego furor, tumulto Giganteo,
al cielo de su solio cristalino
bárbara turba concitó Tifeo.
Un rayo disparó, —feliz destino—,
que el Peloro, con ínclito trofeo,
Marte de España, a filos más tajantes,
puso eterno pavor a los Gigantes.

"Víctor"

Marte Español, valiente y belicoso,
de tan sacra Belona, conducido,
en Europa dejasteis lo vencido
y a México traéis lo victorioso,
 Cese de las campañas lo ruidoso,
de las marinas ondas lo tenido,
que no es daros a sombras del olvido
permitiros a treguas del reposo.
 Su tiempo y su lugar tiene la guerra
y su lugar y tiempo la victoria:
despojos de la mar goce la tierra,
 despojos de la tierra a la memoria
la Fama acuerde, que en su voz encierra
por mar y tierra vuestra invicta gloria,
 y en sacros himeneos
tantos frutos os dé, como trofeos [23].

CERTAMEN POETICO UNIVERSITARIO, 1654.—Fué celebrado este torneo en loor de la Inmaculada Concepción de la Virgen María en presencia del duque de Albuquerque. Juan de Guevara fué secretario del certamen y autor a la vez del opúsculo que lo describe [24]. Fueron jueces en la adjudicación de premios el Rector de la Universidad, Dr. Juan de Poblete, el capitán Pedro Velázquez de la Cadena y varias otras personalidades de menor nombradía. El Dr. Isidro de Sariñana, profesor de teología en la universidad, fué fiscal del certamen.

El primer premio lo ganó el capitán Luis de Verrio con una "canción del metro de una del nunca bastante alabado... Góngora", como pedía el cartel. A la tierna edad de catorce años el precoz Agustín Salazar y Torres sometió al certamen unas poesías las que le ganaron merecidos laureles. Doña María de Estrada Medinilla, precursora de Sor Juana de la Cruz, contribuyó a este certamen una *Glosa* en décimas, la que recibió el tercer premio. Presentó también composiciones poéticas el Bachiller Miguel de Bárcena Valmaceda. Don Luis de Sandoval y Zapata presentó un romance en U-O, a *María Inmaculada, zarza del Horeb y oliva de Atenas*, puesta al alcance por el Dr. Méndez Plancarte en su segundo tomo de *Poetas Novohispanos*.

CERTAMEN DEL NACIMIENTO DE D. CARLOS, 1662.—Está dicho certamen profusamente descrito por Alfonso Ramírez de Vargas, ingenio agudo y floreciente en toda sabiduría, en *Descripción poética de las fiestas reales que se celebraron en México por el nacimiento del Príncipe D. Carlos*, México, 1662.

CERTAMEN DE LA CANONIZACION DE SAN PEDRO NOLASCO, 1663.—Sólo sabemos de este torneo literario, efectuado durante la fiesta religiosa, que tuvo lugar en la capital mexicana el 5 de febrero de 1663.

LA CORTE DEL MARQUES DE MANCERA y SOR JUANA DE LA CRUZ, 1664.—Llegó a la capital como virrey en 1664 don Antonio Sebastián de Toledo, Marqués de Mancera, cuando la joven musa mexicana, Juana Inés, contaba diecisiete años. Entre el piélago del lenguaje extravagante, abigarrado y ampuloso del gongorismo y del conceptismo de aquella época se descuellan las bellezas de primer orden de la futura Sor Juana de la Cruz. La hermosura y el talento de Juana Inés pronto se dieron a conocer en la suntuosa corte del nuevo virrey, quien, reconociendo el ingenio poético de la joven poetisa, la nombró dama de honor de la virreina, a la que Juana Inés dedicaba la mayoría de sus versos. Atraído el marqués del nombre y de la gloria de tan bello ruiseñor convocó en su palacio una especie de concurso literario compuesto de sabios de la universidad, de oidores y letrados de la capital para poner a prueba la capacidad y talento de Juana Inés. Concurrieron unos cuarenta hombres, doctos en todos los ramos del saber humano, y la joven se defendió victoriosamente de las preguntas, argumentos y réplicas que le propusieron, según nos cuenta su biógrafo y admirador, el padre Diego Calleja [25].

Años más tarde la monja Sor Juana pone otra vez de público manifiesto su talento poético en otra fiesta, ahora de carácter más popular. Para festejar la llegada de los nuevos virreyes, el Conde y la Condesa de Paredes en 1680, el cabildo metropolitano recurrió al genio y gracia de la Décima Musa para que ideara un grande arco triunfal bajo el cual pasarían los nuevos gobernantes a su llegada a la capital y a su entrada a la catedral. Sor Juana debería componer las poesías apropiadas para expresar el significado del arco y preparar un libro que describiese la toma de posesión del virreinato. Por tales servicios el cabildo le pagó doscientos pesos [26].

CERTAMEN DEL HOSPITAL DE JESUS. c. 1665.—Fué organizado para solemnizar la celebración del templo del hospital de Jesús fundado por Hernán Cortés. Juana de Guevara escribió un *Centón de versos gongorinos* que fueron premiados. Según Beristain [27] José de la Llana sometió una composición poética. De la Llana, abogado de la audiencia, preparó la descripción del certamen en su *Empresa métrica...*, publicada el mismo año del certamen [28]. Aportaron composiciones para esta fiesta, además de los dos poetas ya mencionados, Félix Antonio de Gálvez, Félix López Muñiz, el Bachiller Miguel de Acevedo, Nicolás Portillo, Br. Juan de Guevara, Francisco Ramírez de Vargas, Francisco de Acevedo Carvajal, Diego de Rivera, Pedro de Altamira, y otros. Don Luis de Sandoval Zapata presentó el siguiente soneto con prefijadas voces de rima:

> Divina Vesta, religioso *aliento*
> Templo te ofrece en víctima de *olores*,
> cuando a tus celestiales *resplandores*
> sólo el Empíreo pudo ser *asiento*.
>
> A tu luz, oh purísimo *elemento*,
> temblaron de la culpa los *horrores*,
> perdido ya el aliento y los *colores*
> de quien te sospechó con *detrimento*.
>
> No sólo alientos, pero fama y *gloria*
> nos das, oh excelso espléndido *Tesoro*
> de la Gracia que exalta tu *victoria*:
>
> que —para compararla con *decoro*
> confiesa la verdad a la *memoria*
> es obscura la luz, es humo el *oro* [29].

CERTAMEN DE LA JURA DE DON CARLOS II, 1666.—Con motivo de las exequias a Felipe IV y la proclamación a Carlos II en 1666 gran número de poetas del país participaron en los funerales y la jura celebrados en tal ocasión. Solo conocemos el título de la obra que describe dichas fiestas [30].

CERTAMEN A LA DEDICACION DE LA CATEDRAL DE MEXICO, 1667.—Fué celebrado este certamen el 22 de diciembre, descrito por Diego Rivera en *Poética descripción de la pompa plausible con que se dedicó el magnífico templo de la catedral de México* (1668). El propio Diego Rivera envió un soneto en elogio a la catedral; también hay composiciones de doña Juana Inés de Azuage, José de la Llana, Bernardo de Riofrío, Juan de Guevara, Miguel de Perea Quintanilla, Ambrosio de la Lima, don Carlos de Sigüenza y Góngora, Alonso Ramírez, etc.

CERTAMEN DE SANTA ROSA DE LIMA, 1671.—Celebrado en la iglesia de Santo Domingo con motivo de la beatificación de la gloriosa Rosa de Santa María, y en el cual actuó como secretario Ramírez de Vargas. Se conoce este concurso sólo por alusión de Antonio Pastrana en su *Solemne festiva pompa... a la beatificación* (1671).

CERTAMEN DE LA BEATIFICACION DE SAN FRANCISCO DE BORJA, 1672.—Fué un concurso convocado para febrero de 1672 por los padres Jesuítas para enaltecer la canonización de San Francisco de Borja [31]. Ganó el primer lugar José de la Llana, conocido ya por otros certámenes, por una canción al estilo de Góngora. La de de la Llana es una alegoría de la apoteosis de Hércules e imita, con los mismos consonantes, la de Góngora intitulada *Verde el cabello undoso* [32]. El Bachiller Diego Rivera preparó una *Glosa* en décimas, y Alonso Ramírez de Vargas un soneto que le valió un meritorio premio. Antonio Huerta y Venegas también recibió un premio con su *Canción a San Francisco Borja*. Otros participantes con *elogios, panegíricos y canciones* fueron el padre Fernando Valtierra, Antonio de Ugalde, Francisco de Acevedo, Fray Jacinto Asunción, Sebastián Castrillón, Ignacio Hoyos Oyanguren, Juan Mendoza, Fray Francisco Muñiz, y algunos otros.

CERTAMEN DE CAPUCHINAS Y SAN FELIPE DE JESUS, 1673.—Se invitó en estas fiestas a los "cisnes mexicanos" a que tomaran parte en el "métrico certamen" que tenía por símbolo una cítara con tantas "cuerdas racionales" cuantos eran los poetas participantes. Don Diego de Rivera, en su capacidad de cronista y secretario del certamen, publicó en 1673 una relación descriptiva de las fiestas y colección de poesías consagradas a la dedicación del templo del "Inclito Mártir San Felipe de Jesús, Titular de las Religiosas Capuchinas" [33]. Se premiaron más de treinta poetas, entre ellos a José de Valdés, José de la Llana, Ambrosio de Solís, Ramírez de Vargas, Morales de Pastrana, del propio Diego Rivera, y otros menos conocidos.

CERTAMEN DE LAS GLORIAS DE QUERETARO, 1675.—Con propósito de construir sitio apropiado a la Virgen de Guadalupe en Querétaro se sentó la primera piedra para el nuevo templo el primero de junio de 1675. Los religiosos de aquella ciudad encargaron a don Carlos Sigüenza y Góngora la inscripción en latín, quien además tomó activa parte en las ceremonias de dedicación, y dejó relato detallado de las mismas en *Glorias de Querétaro en la nueva Congregación eclesiástica de María Santísima de Guadalupe* (1680). El certamen literario organizado con motivo de estas fiestas fué debido a don Diego Caballero de Medina, y el secretario del congreso métrico fué un antiguo estudiante de don Carlos, Pedro Segundo de Luna, quien inició la función con una oración castellana. Los jueces fueron el General don Antonio Ramírez de Orellano, justicia mayor de Querétaro, y los muy RR. PP. superiores de los conventos de aquella ciudad.

Después de la apertura del certamen por el secretario de Luna siguió "consecutivamente una prosopopeya admirable, que no tuvo que envidiar a las más juiciosas. En su contexto se propusieron los asuntos, y se leyeron las poesías, que debieron a la meditación profunda de sus autores descollar entre las otras para conseguir las honras que acompañaron al premio" [34]. Don Carlos es bastante breve sobre las composiciones premiadas. Característico de su crítica, nos asegura que todas fueron buenas. "No hubo —dice— desazón alguna, siendo assí que no faltaron agudezas satyricas de que se compuso el vejamen, que se escribió con cortesano estilo; y de todo esto constó una de las mayores tardes en que se premió lo docto, sin intervenir lo vulgar". Entre estas poesías premiadas, continúa Sigüenza y Góngora, "se leyó una en que después de muchos años que por otros más útiles interrumpí essos estudios, quise exercitar los olvidados números de las cadencias métricas". Como se desprende, el autor de dicha composición era el propio don Carlos, quien con exagerada modestia, como dice Leonard [35], atribuye el premio que recibió la composición "a la heroicidad sobresaliente de su asumpto la dicha no esperada de haver conseguido la antelación a otras en la primacía del premio" [36].

TRIUNFO PARTENICO, 1682.—La moda literaria de Góngora llegó a su mayor apogeo en la persona de don Carlos de Sigüenza y Góngora cuando ya en España decaía el gongorismo merced a la fustigación de sus muchos impugnadores. En la Nueva España, en cambio, acentuaba su efecto a fines del siglo XVII. Esta moda literaria invadió todos los campos culturales en México, propagando el mal gusto hasta en la religión y causando una decadencia en las letras mexicanas. El estilo obscuro y pedántico del gongorismo, por otra parte, encuadraba muy a molde a los numerosos versificadores que vivían en las postrimerías del siglo XVII, los que se recreaban con composiciones que no eran sino ejercicios retóricos. Estos ejercicios, torneos o certámenes eran bastante frecuentes, y el más importante de que tenemos noticias es el celebrado por la universidad en 1682 y en 1683 en honor de la Inmaculada Concepción y descrito por don Carlos Sigüenza y Góngora en su *Triunpho Parthénico* (1683).

Representa el *Triunpho Parthénico* un caudal cuantioso de composiciones poéticas casi todas con ecos extravagantes, características de la poesía gongorista de aquella época de "pedantería y aberración literaria", como la llama Menéndez y Pelayo [37]. Todos los versos están, según la feliz frase de Vigil, "vaciados en la misma matriz de extravagancia". Carecen de ideas y pensamientos profundos, pues el afán parece ser conseguir una forma rara, con palabras huecas. Como dice el crítico español arriba mencionado, en el mismo estudio "lo que había realmente era muy mal gusto literario y mucha afición a ridículos esfuerzos de gimnasia intelectual".

La fiesta de la Inmaculada Concepción por la Real Universidad Mexicana en la que se celebró el certamen llamado *Triunfo parténico* fué celebrada del 24 al 27 de enero de 1682, y el certamen el primero de febrero. Sin embargo, no fué esta la primera fiesta organizada por la universidad para honrar a la Inmaculada Concepción. Fué instituída el 26 de agosto de 1652, aunque la fórmula del juramento que forma parte íntegra de la fiesta data del 31 de diciembre de 1618. Según la minuciosa relación de Sigüenza y Góngora en la introducción del *Triunpho Parthénico* los estatutos de la universidad mandan que antes de que cualquiera reciba un grado haga el voto de defender la Concepción Purísima y "que se ponga en el título haverlo hecho assí" [38]. Declara Sigüenza y Góngora:

> Los estudiantes, y todos los que en esta Universidad huvieren de graduarse de Bachilleres, Licenciados, Maestros y Doctores, o incorporarse a ella, y llevaren Cathedras, antes de tomar posecion (sic) de ellas, y recevir los dichos grados, o incorporarse hagan la professión de nuestra Santa Fe Cathólica".

Era esta una de las doctrinas fundamentales de aquel tiempo, la cual se profesaba durante las fiestas organizadas para tal efecto y durante las cuales tenían lugar los certámenes literarios. La última de estas fiestas, antes de la de 1682, patrocinada por la universidad había tenido lugar en 1672, aunque no parece haber sido de gran pompa.

Al tomar posesión de la rectoría el joven y rico don Juan de Narváez, doctor teólogo, tesorero del tribunal apostólico, propuso en el primer claustro que presidió "la obligación en que se hallaba la Imperial Universidad de México, de procurar que de entre las cenizas del olvido, en que estaba muerta, renaciesse con presunciones de Fénix la solemne festividad de la inmaculada Concepción de María Santíssima, que anualmente, sin perdonar a los gastos, se celebraba en otros tiempos", según consigna Sigüenza y Góngora en la introducción de la mencionada obra. Como el nuevo rector ofreció pagar los gastos pronto se aceptó la proposición.

Los doctores y ministros de que se formaba el claustro de la universidad se encargaron de los arreglos para la fiesta, se nombraron comisarios "para que en ello entendiessen, y se comenzó a disponer assí el auto Virginal como el Certamen Poético para que aquel se representase con aparatos magníficos, y este se discurriesse con versos suaves, y con cadencias armoniosas". El sábado, 24 de enero de 1682 a las tres de la tarde, comenzó a salir la procesión del templo de San Francisco para la capilla de la Imperial Academia. Las distintas facultades iban representadas en el cortejo y "sobre los hombros de los Mexicanos Doctores, y debajo de un riquíssimo palio de brocado se conducía su Imagen". Adornáronse las ventanas, y paredes de las calles por donde discurrió la procesión "a generosa porfía de sus ilustres dueños, manifestando en ello, no tanto los efectos de su opulencia, quanto los afectos comunes a tan glorioso misterio".

La noche del 24 de enero se pasó cantando vísperas con la solemnidad con que en esos casos se requiere. "Despertó la aurora manifestando no tierno infante entre dudosos crepúsculos, sino entre serenos tornasoles adulto el día, que por ser dichosamente el veinte y cinco de Henero, era el destinado para exordio de la celebridad del *Mariano Triunpho*". El escrupuloso don Carlos invierte casi la mitad de su obra en prolijios detalles sobre el aparato de las decoraciones y adornos del altar y claustro donde se verificó el certamen. Baste decir que las paredes exteriores, así como los "terrados, almenas, y pavimentos de la espaciosa Academia, exalaba fragancias con la variedad de flores que allí se vían (sic)". Ricas telas y codiciables tapices cubrían otras paredes de la Universidad, referida también como Academia. El atrio con un hermoso altar, arcos y pilares conformaba al lujo del resto del edificio. El altar mayor estaba repleto de figuras, candeleros curiosos, y "sobre ayrosissimos follages de hermosa tela se colocaron dos desmedidos cristales, que sirvieron de transparentes doceles a dos Niños mórbidamente entallados". En medio se colocó una pintura de María Santísima. Todo el recinto estaba matizado con colores, verde, azul, encarnado, amarillo, etc.

Había otros altares menores igualmente relumbrantes con epígrafes de letras de oro. Por todas partes se veían luminosas colgaduras, jarras labradas de cristal con floridos ramilletes, pinturas, ricas telas del país y de China, antorchas, lienzos simbólicos de María, brocados de carmesí, etc. Lo más notable de estas peregrinas decoraciones es el gran número de cristales o espejos que se emplean para efectos de luz y reflexión, como es el caso de las antorchas que reflejaban en los cristales, produciendo lo que en tiempos modernos se llama luz indirecta.

La fiesta de la Inmaculada Concepción duró cuatro días, del 24 al 27 de enero. El certamen se había publicado el 18 del mismo mes, seis días antes de que se empezara la celebración de las fiestas, y "corrió por quenta del Bachiller don Lucas de Verdiguer el acto de esta publicación, en cuyas casas adornadas con costosíssimas colgaduras, y coronadas de clarines, y chirimías, estubo fixado el Cartel en vna ayrosa tarja, que se hermoseó con vandas, y plumeros". Estuvo a cargo de dicho certamen el licenciado don Francisco de Ayerra Santa María "poeta admirable, agudo Philósopho, excelentíssimo Jurisconsulto, profundo Theólogo, Orador grande, y cortesano político", según palabras del encomiador don Carlos.

En la aula del General, lujosamente arreglada para las fiestas pasadas, verificóse el certamen literario del Triunfo parténico el día primero de febrero de 1682. Se dispusieron los premios, regalos todos del Rector don Juan de Narváez, y ocuparon sus sitios el Fiscal de la Justa, y los jueces. Don Carlos Sigünza y Góngora, como secretario del certamen, a una seña del virrey que presidía el torneo, abrió el certamen con un breve romance que comienza *Deidad, que en disfraz de pluma*, y en el cual se propone como *motif* de las composiciones poéticas para el certamen a *Delos*, albergue del sol. Termina don Carlos su apertura incitando a sus compatriotas poetas a tomar parte en el certamen:

> Ea pues, Mexicanos Cysnes, vestid el arnés del Sol, y exaltando la quietud desta immaculada, y firmíssima Delos, sea la batalla contraste, en que se apure vuestra fineza, sean tropheos del misterio en la Lid los números de vuestro canto. Al arma, al arma...

Se fijaron varios metros para las cuatro partes de que consistía el certamen. Se presentaron más de quinientas poesías de cuarenta y siete poetas y se premiaron setenta y nueve de ellas, según cifras del Dr. Méndez Plancarte [39]. Hubo romances, décimas, canciones, sonetos, sáficos, octavas, quintillas, sextillas, coplas, redondillas y "centones", es decir, versos sacados de su lugar de las obras de un poeta para componer con ellos nuevos poemas. Figuraron en el certamen doctores, licenciados, bachilleres, prelados, es decir, lo más granado del México de aquellos tiempos.

Entre los participantes merecen citarse Alonso Ramírez de Vargas, quien preparó dos canciones, un centón y tres poemas; también escribió el auto virginal titulado *El mayor triunpho de Diana*, representado durante las fiestas del triunfo. El conocido Lic. Juan de Guevara ganó un premio con un *Centón de versos*, muy gongorinos, por cierto. El Bachiller Pedro Muñoz de Castro, hombre de agudo ingenio, presentó varias poesías, y se distinguió por una *Glosa* en décimas. Fray José de Sigüenza, fué autor de una sáfica latina, de imitación horaciana. El bachiller José Medina fué honrado por sus redondillas castellanas sobre la concepción de la Virgen María. Fueron premiadas también unas octavas reales en castellano del capitán Francisco Deza y Ulloa. Mateo Castroverde escribió un poema que don Carlos calificó de "elegante"; a Gabriel de Santillana le premiaron tres composiciones. Antonio Delgado y Buenrostro "insigne orador y no menos poeta" escribió un soneto para el certamen. Juan Pérez Ribero recibió un reloj de faltriquera guarnecido de porcelana como premio por una de sus composiciones. Francisco de Azevedo, fiscal del certamen, quien recibió tres lauros por su "fácil y numeroso genio" cedió el primer lugar a Sor Juana de la Cruz. Diego de Rivera aportó una *Glosa* en décimas, y el Dr. José Mora escribió algunas poesías sagradas.

Otros poetas representados en el certamen fueron Luis de Sandoval y Zapata, excelente y uno de los mejores poetas; el Dr. José López Avilez, profesor de medicina, considerado por don Carlos como "gran padre de las musas y honra de los certámenes académicos"; Francisco Maldonado, Gabriel de Cervantes, Alonso de Rojas, Andrés Marcano, Juan Jerónimo Duardo, Miguel de Bárcena Valmaceda, etc.

En un período de tan mal gusto es grato ver entre las numerosas composiciones una de Sor Juana de la Cruz, sometida bajo el anagrama de "D. Juan Sáenz del Cauri". Era un romance titulado *Cuando, invictísimo Cerda*. Bajo el pseudónimo de Bachiller Felipe de Salaizes Gutiérrez contribuyó una Glosa, *Con luciente vuelo airoso* la que fué premiada con una taza de plata.

Un hermano de don Carlos, don Diego de Sigüenza y Figueroa, se llevó un premio con un soneto con ecos:

Sonetos con Ecos

Si al alto Apolo la sagrada *agrada*
Piedad Troyana, a que debida *vida*
Tanto asegure, que eximida *mida*
Del veloz tiempo en la jornada *nada*:
 Por tan sublime, tan sagrada *grada*
(En que la luz, como en manida *anida*)

Suba tu amor; no se despida, *pida*
Posteridad, más que aclamada *amada*.
 No en tí su ser, (si se repara) *para*,
Grande Marqués; porque eloquente *quente*
Lo que en el eco, que resuena *suena*,
 Y a que el afecto no disiente: y *siente*,
Que ha de beber a tan clara *ara*
Triunfar tu estirpe en la Agarena *arena*.

El premio que este soneto ganó fué un salero mendocino y su elogio fué hecho en un epigrama que empieza *Tu soneto a que no igualo...*

Don Juan Bautista de Quiñones envió al certamen las siguientes octavas:

 Dos regias voluntades *reverentes*,
En obsequios unidas, *y postradas*,
Se admiraron lucidas, *y excelentes*,
Rindiendo libertades *humilladas*
A la Ciudad, que rayos *refulgentes*,
De inmunidades toca, *tan sagradas*,
Que indemne firme roca, *en sus cimientos*
Crueles desprecia ensayos *de los vientos*.
 En víctimas, y olores *por tributo*
Al que veneran Templo *sus afectos*
Dan en humilde ejemplo, *como fruto*
Religiosos ardores; *que discretos*
Tanto el curso aceleran *absoluto:*
Que huyendo la discordia *sus respetos*
En eterna concordia, *inmortal llama*
Se ven; y solemnizan *en su fama.*
 El Seraphín ardiente, *que ha volado*
Junto al trono de Dios *a ver su alteza*,
¡Oh Francisco! sois vos *que habéis tocado*
Pequeño y obediente *su grandeza:*
Y así los hijos vuestros *que han hallado*
Con unida armonía, *y fiel presteza*
Al trono que es María, *el ser primero*
Hoy le celebran diestros *con esmero.*

El poeta puertorriqueño, Lic. don Francisco de Ayerra y Santa María, "elegante latino, poeta admirable, agudo filósofo", al decir de don Carlos, recibió el "primer lauro" en este certamen por una canción compuesta de centones de Góngora, calificada por don Carlos González Peña de "estrafalaria".

 Poniendo ley al Mar robusto pino,
Velero bosque de árboles, al viento
que lo trata imperioso, alado roble
En campo azul del líquido elemento

Desata montes de inquieto lino:
De escollos mil no hay cabo que no doble.
El Príncipe Troyano el hurto noble
De lo que ilustre luego
En el farol de Tethis hurtó al fuego,
Parte a llevar en tan inciertos mares:
Deidad que en Isla, Delfos algún día,
Inclito es rayo, métrica armonía,
Término fué de este prudente Numa
Que a sus aras llegó, —Pureza suma,
Orbe ya hermoso de sus patrios lares,
Esfera celestial—, donde devoto
Peregrino gentil cumplió su voto.

Propicio albor, Oráculo prudente
El Garzón Frigio (cuando ya en el puerto
Con naval pompa de victoria armado
Este jardín no pisa con pie incierto)
Oye piadoso, admira reverente:
—"¿Veis? (dice el Dios) El Cielo destinado
A más os tiene. Oirá el clarín dorado
(¿Deidad tanta se engaña?)
De vuestra fama —Sol— cuanto el mar baña:
La heroica frente del laurel ceñida,
La antigua Casa de Real Corona,
Del norte helado a la abrasada Zona,
Con rayos dulces mil. valor fecundo,
Duro yugo a los términos del mundo,
De sucesión Real, esclarecida
En Púrpura Romana, dará flores
De Monarcas, de Grandes, de Señores!"

Generoso esplendor, oh tú, de España,
Firme Columna, Estrella de Medina,
De los tres Lilios Reales copia bella,
Soberana Beldad, si no divina,
De aquella hermosa Flor que te acompaña,
—Dos lucientes estrellas la que sella,
Delante quien el Sol aun no es estrella—,
Hará vuestra memoria
Del tiempo y del olvido la victoria.
Madre de perlas ahora, en vez de flores,
La admire el mundo; cuide Real fortuna
Cuna dorada, de sus hijos cuna.
Del verde honor tu Casa esclarecida,
(Clarísimo Marqués), laurel ceñida,
Zodíaco Luciente de Señores
Verá desde hoy con pasos tan seguros
Tierra y mares ceñir, pisar coluros!

No es voz de Deidad ésta consultada,
Que al que idolatra Delos más ardiente
Dora el Sol en Oráculo profano,
De la Virgen al templo indeficiente
Debéis con gran razón edad dorada,
(¡Oh, claro honor del freno Mexicano!),
Coronada la paz de Octaviano
De triunfos inmortales,
Que ilustran a los Cielos de fanales:
Luciente paga de una breve Aurora,
Donde espumoso, redes exponiendo,
Se estremeció, tembló Dragón horrendo.
A vuestros descendientes poca tierra
Verá la gente lo que España encierra,
Cuanto el Mar baña, cuanto Febo dora:
Que la que ilustra el Cielo en luz, segundos
¡Hará multiplicarse, nacer mundos!

Quédate aquí, Canción, pues que ya expira
Avena pastoral mi tosca lira:
Después me oirán del Español Atlante,
De *la Cerda* inmortal, tan gran trofeo,
Que pretenda la voz de algún deseo.

El mismo don Carlos Sigüenza y Góngora se llevó un premio con la siguiente canción, que por cierto es de tan mal gusto como las demás que coleccionó en su *Triunpho Parthénico*:

No del farol de Tetes, cuyas luces
Oriente son de líquidos cristales,
Rayos de nieve apeteciste undosa,
Ave Real; si ardiente te introduces
A agotar los raudales
De ese mar de esplendor, donde, ardorosa
Etérea Mariposa,
Tanto afectas la sed de sus centellas,
Que sientes que de allí la noche fría
(A instancia de su ardiente hidropesía)
Brillos les dé a beber a las estrellas,
En cuyas luces bellas
Quizá tu ardor purpúreo se saciera
Si en sangre su esplendor se equivocara.

Tú, a quien si el aire múrice tributa,
Veneno Tirio le tributa el monte
En cuyas fieras y aves reverentes
Tu monarquía adoran absoluto;
Tú, que en el horizonte
Que a Tebas infamaron impacientes

Espíritus ardientes
De odios fraternos, con sublime vuelo
La que al bosque debió vegetal vida
Lanza no entonces, Parca sí homicida,
Si vapor la sublimas, con recelo
No admitiéndola el Cielo,
Rayo la fulminó, y entre las flores
Vivió otra vez, y respiró verdores.

Bramó entonces el mar, gimió la tierra,
Y a la imperiosa voz de Jove airado
Rota su solidez, franqueó Caronte
Tartáreas sombras que el Averno encierra,
Mientras precipitado
No al cristalino Eridano Factonte,
A Estigio sí Aqueronte
Anfiarao veloz, fuego respira,
En tanto que severo Radamanto
(Las urnas registrando del espanto)
En el huso fatal que Atropos gira
Vital su estambre mira:
Que en él no fué primero, y es lo cierto,
El dejar de vivir, que el estar muerto.

Triunfo mayor, deíficos ardores
Que por su indulto bebes en tu Oriente
Te aseguran, bellísima María,
Cuando en radiantes, en purpúreas flores
Lo traslada a tu frente
El que a tu misma sangre le debía
El Abril que vivía,
Si antes madero vil, Laurel ya ahora:
Pero, ¿cómo no así, si allá en lo eterno
A la voz de la luz roto el Averno
Tus rayos más que sus tinieblas llora,
Porque cándida Aurora
(De sombras de Anfiarao preservada),
¿Toda eras gracia, cuando el mundo nada?

Canción: abate el vuelo;
Que a esta águila real, que adora el cielo,
Has menester, en suma
Para más remontarla, mejor pluma.

CERTAMEN POETICO DEL TEMPLO DE SAN AGUSTIN, 1692.—Para celebrar la dedicación del templo de México de San Agustín se propusieron ocho asuntos, con varias formas poéticas, algunas de las cuales deberían terminar con determinadas palabras. Los jueces del certamen fueron el padre Diego de Villerías, Joseph de Olivares, prior del convento de México, don Alfonso de Abalos Bracamonte, alguacil mayor, Domingo de Retis Largache, caballero de la orden de Alcántara, el capitán don Domingo de la Rea, y el general don Domingo de Gironsa Petris de Crusiati. No se han conservado las composiciones que fueron presentadas en el certamen, pero en las ocho hojas conservadas del certamen se piden cinco décimas en cada una de las cuales debe faltar una de las vocales. También se sabe que el Fray Manuel Argüello contribuyó un poema y que dió su visto bueno para tal torneo [40].

3. EL SIGLO XVIII

El culteranismo de la centuria anterior llega a plena decadencia y dura hasta mediados del siglo XVIII. Entonces los sucesos y las corrientes ideológicas de la Península se reflejan en las costumbres y letras de las colonias. Quebrantada la censura un tanto, el siglo XVIII respira más ampliamente y ocurren acontecimientos de importancia que afectan profundamente las corrientes culturales. Surge a principios de siglo la reacción clásica, movimiento contra el culteranismo que había reinado en la poesía durante el siglo XV . Proviene el clasicismo de la influencia de los clásicos y neoclásicos españoles, propagados en las colonias por los jesuítas. Los colegios de éstos eran hogares de donde emanaban nuevas corrientes orientadoras de la cultura mexicana. Durante el siglo XVIII los jesuítas dejan profundas huellas en las mentes de los novohispanos, pero son expulsados en 1767, interrumpiendo por el momento su obra cultural ya iniciada y en vías de dar fruto.

Este movimiento cultural ya bien iniciado no se corta de plano con la salida de los jesuítas, pero claro está que no existió desde entonces el desarrollo y la actividad literaria que antes de abandonar a México. Ayuda a mantener cierto nivel cultural los viajeros que llegan a América acicatados por la curiosidad del turista, ya en busca de nuevas empresas, o bien en viajes científicos o de exploración. Casi a fines del siglo Nueva España ya cuenta con una revista de carácter periódico, manifestación, en verdad, de la inquietud espiritual de la juventud de aquellos tiempos. En 1784 aparece *La gaceta de México*, primer monumento periodístico de México en el que muchos jóvenes incipientes se lanzan al campo de las letras. La aparición de otras publicaciones de igual carácter da lugar a varios certámenes pasado el filo del siglo XIX. De aquí en adelante empiezan las agrupaciones de literatos, reunidos con un fin más definido que en los certámenes. El siglo XVIII termina, pues, con una renovación intelectual que se transmite al XIX.

CERTAMEN DE SAN JUAN DE DIOS, 1700.—Fué publicado por el presbítero Juan Antonio Ramírez Santibáñez con el título de *Culto festivo. Pompa solemne con que celebró la canonización de el esclarecido padre de padres San Juan de Dios* (1702). El propio Ramírez Santibáñez escribió para este certamen la alegoría *El Hércules de la Misericordia*; el Lic. Francisco Ayerra y Santa María, quien dibujó el *Cartel*, recibió premio por varias poesías; Pedro Muñoz de Castro también ganó un premio por sus *Glosas*. Felipe de Santoyo escribió unas octavas de relativo mérito, y Fray José Gil Ramírez, autor de un romance, también se llevó un premio. Otros poetas de aquellos tiempos que participaron en este torneo literario fueron Antonio Aguilar quien escribió *Canción heroica en elogio de San Juan de Dios;* Fray Diego López Inosu, *Panegírico del glorioso patriarca de los pobres, San Juan de Dios;* Lorenzo González Sancha, *Canción en elogio de S. Juan de Dios;* Baltasar Alcocer y Sariñana, *Oración panegírica en las solemnes fiestas de la canonización de San Juan de Dios;* Fr. José Lanzuela, *Elogio de San Juan de Dios;* D. José Uribe y Castilla, *Elogio de S. Juan de Dios en verso castellano.*

TRIUNPHAL POMPA A LA ENTRADA DEL MARQUES DE CASSA-FUERTE, 1722.—Con motivo de la entrada del virrey Marqués de Cassafuerte, la ciudad de México le tributó con el acostumbrado *triunfal pompa,* el *arco triunfal* y el *prometeo alegórico,* tres partes poéticas de que consistía la fiesta de recibimiento. Las composiciones presentadas al concurso son en varios metros, pero no se mencionan los autores [41].

CERTAMEN A LA JURA DEL REY LUIS I, 1724.—Luis I, llamado "El deseado" y "El aplaudido" había nacido el 25 de agosto de 1707 y la jura de obediencia dió motivo en la capital de la Nueva España a numerosas y lucidas fiestas. El joven soberano fué declarado sucesor de Felipe V el 10 de enero de 1724, y el 9 de febrero del mismo año se le proclamó Rey de España y de las Indias. La noticia de la exaltación del nuevo monarca se recibió en México en junio de 1724, pero la jura se postergó al mes siguiente. Los festejos y el certamen poético organizados por la universidad y la ciudad en ocasión tan solemne los describe Fray Cristóbal Ruiz Guerra y Morales, juanino y maestro de filosofía de la universidad, en *Letras felizmente laureadas* (1724).

La universidad, deseosa de celebrar la exaltación del Rey el 27 de julio, reunió el personal encargado de tales fiestas y se decidió dicho día aunque se esperaba copiosa lluvia; sin embargo, "el cielo lloroso quiso serenar su semblante, para celebridad de nuestro serenísimo rey" y aquel día de fiesta no llovió. Hubo desfile de carros triunfales simbolizando distintos temas y cuerpos facultativos con peregrinas figuras. El 28 de julio se fijó el cartel en la universidad para el certamen poético que había de convocarse el 20 de agosto. El jurado censor estaba integrado del Rector de la Universidad, Pedro Ramírez del Castillo, Fray José de las Heras, catedrático de Prima de teología, Fray Nicolás Ramírez, de retórica y Marcos José Salgado.

En la justa poética el tema fué la aplicación al nuevo monarca de la fábula de Hércules en el trabajo de sustentar el Olimpo en sus hombros, pues Felipe V, padre de Luis I, cedió la corona a su hijo. Se dividió el torneo poético en cinco certámenes, representados por cinco coronas, por haber otras tantas facultades en la universidad. La primera corona requería la composición de un epigrama latino de cuatro dísticos, un soneto encadenado y dos décimas de consonantes agudos cuyo final fuese la letra "L". En la segunda corona se exigían diez senarios yámbicos puros, una octava con ecos, y una canción, imitando la canción tercera heroica de Góngora, y con las mismas consonantes. Pedía la tercera corona una quintilla en cinco décimas, un romance en doce coplas cuyos asonantes deberían ser en "U" y "A", y cuatro octavas de versos partidos que hicieran ocho redondillas de a siete sílabas. Unos versos sáficos latinos eran los requisitos de la cuarta corona, a imitación de Horacio, con cinco estancias, diez quintillas y un soneto que acabara en "CO" paranomástico. La quinta corona dedicada casi en su totalidad a elogios del Marqués de Cassafuerte. Se exigían ciertos metros puestos en determinados temas, todos elogiando las prendas personales del virrey.

Casi todos los autores premiados en este certamen aportaron composiciones de carácter religioso y ninguno llegó a adquirir nombradía como poeta. Ejemplo de los jeroglíficos poéticos que se creaban en aquel tiempo lo ofrece el siguiente romance del Bachiller Pedro Alarcón, "insigne matemático":

> Los Mapas, que en el papel
>   Triunphos con la pluma dicen,
>   No eternizan, como el mármol,
>   A castigo de buriles.
> Vna, que Ophir, o PerV
>   Oro ministra a la insigne
>   Hércule Iberia Columna,
>   A mas passa de lo firme.
> Igual asia sabia aI
>   Si avia otra en tus confines,
>   Que elogie mejor a España
>   En el Cetro, que la rige.
> Solo Roma en ObeliscoS
>   A LUIS Padrones consigne,
>   Quando a la Romana Sede
>   Con su Pueblo la Fe rinde.
> Pueblo decifra la P,
>   Romano R, y Rey inscribe,
>   Como Doctor de allá notó:
>   Bien con Roma el Rey inicie.
> Regiss Columnas PostraR
>   El Tyro Templo dedique
> La de Oro al fuego en PHILIPO,
>   Que Marte su culto admite.
> I la de Esmeraldas sI

Su Fama a los ayres dicte,
Offrecida a Jove, en quien
　La Imagen de Luis admire.
Minerva bolvió AbrahaM
　A Egypto, y por este origen
　Zoroastes a las Columnas
　De galanas Ciencias viste.
Ecos Marinos resuenE
　México en Thetis sublime
　Archipiélago, que apenas
　Nuevo Obelisco publique.
Retoca Ceres su AmoR
　Quadro a a Basa le mide;
　Porque fecunda en sus aguas
　El quarto elemento fixe.
Oy la América AñadiO
　Al resto de otras plausibles
　De su Pyrámide suma,
　Que gloriosa las compite.
Reside Basa de OphiR
　Digno el Campion, que preside,
　En cuyo Bastón el Cetro,
　Como en Casa-Fuerte, vive.
El Dorado fuego obsequiE
　El ayre claro conspire,
　El Mar Mexicano alabe,
Y la Tierra fecundise.
Ya la Esmeralda el RubY
　Encendido affecto signe
　En nuestra nueva Columna
　Las Reales proezas de Alcides.

Amén de esta composición de Alarcón quien ganó una "primorosa caxuela de plata" contribuyeron también al certamen otros poetas apenas conocidos: Cayetano Cabrera y Quintero, José de Sigüenza, Nicolás de León, Francisco de Aguirre y Espinosa, Antonio de Heredia, Bernardo Joaquín Borrego de Mata, Fernando Gutiérrez, Ildefonso de Rojas y José Elizalde.

CERTAMEN EN HONOR A LA CANONIZACION DE SAN JUAN DE LA CRUZ, 1729.—Fué promovido este certamen por los carmelitas descalzos de la provincia de San Alberto y dicha canonización fué celebrada a la vez en otras ciudades, además de la capital. Se escogió como tema comparar al Santo canonizado con el mitológico Proteo. La convocatoria fué escrita en pomposas octavas reales y se fijaron tres metros y diversos asuntos y la manera como debían tratarse. La colección de poesías y relato de las fiestas aparecieron en 1730 en libro titulado *Segundo quince de enero*.

Participaron con las siguientes composiciones doña María Dávalos y Orozco: *Estancias*; Miguel Aroche: *Panegírico de San Juan de la Cruz*; Manuel Castellano: *Festivos cultos*; Fr. Antonio Díaz: *Panegírico de San Juan de la Cruz*; Fr. Antonio Morales: *Elogio del glorioso patriarca S. Juan de la Cruz*; Fr. Francisco Moreno: *Panegírico de S. Juan de la Cruz*; Juan Cabrera Fernández Dávila: *Soneto*; Domingo de la Vega Jiménez: *Romance*; Antonio de Padilla Niño de Córdoba: *Canción*; Manuel González: *Redondillas*; Diego de Tapia: *Décimas*; José García de Villalobos: *Romance*; Francisco González: *Coplas*; Tomás Gómez: octavas, soneto, redondillas, quintillas, etc.; la "poetiza de Bethlen" pseudónimo de una dama "para zelar su nombre descubriendo sus gracias con modestia" glosó cinco décimas; la madre Catharina Josepha de San Francisco "famosa poetisa del monasterio antiguo de la Concepción de esta corte" presentó una copla en cuatro décimas.

Además de las *Estancias* de doña María Dávalos, escribió esta distinguida señora la siguiente composición, que creemos merece copiarse:

EN LA CANONIZACION DE SAN JUAN DE LA CRUZ

Dos contrarios afectos, no enemigos,
Hijos de un mismo amor puro y constante,
Luchan de Juan en lo interior del alma,
Y cuando más contrarios más amigos.
No ya cuál de los dos vence triunfante,
Sino cual de los dos en dulce calma
Cede al otro la palma,
Da fin a su victoria;
Porque de Juan es gloria
En lucha tan extraña y tan ajena,
Padecer el gozar, gozar la pena.
De la Cruz en los brazos adoptado,
Cuando la busca más, más se le aleja:
Incentivo a la sed de su esperanza,
Siendo favorecido de su Amado,
Ausente de su Cruz tierno se queja,
Ansioso de la pena que no alcanza;
Muriendo en la privanza
De su amor, advertido
Que al verle dolorido
Siente como penosos los favores
Privado del amor de sus dolores.
¿Cuál de estos dos afectos es más fina?
¿Penar en las caricias halagüeñas,
O gozarse en la Cruz de su paciencia?
¡Oh! y cuánto participa de divino
¡Quién logra de su dicha tantas señas!
Mas del amor sagrado la alta ciencia,
En tan dulce experiencia,

Padece porque goza;
Ni tanto se alboroza
Cuanto teme su pena y su cuidado
Mirarse de su dueño tan pagado.
Gozarse del trabajo y la fatiga,
Es ser Juan de la Cruz y la Cruz suya,
Que donde no halla Cruz halla tristeza:
Gemir porque la pena se mitiga;
Temer que el padecer se disminuya,
En lides de amor santo es fortaleza:
Pensar que siempre empieza,
De sí mal satisfecho,
No creyendo a su pecho,
Es vivir siempre en sí crucificado,
Imagen más expresa de su amado.
   Canción, suspende el vuelo;
La decisión se quede para el cielo.
Lo cierto es que de Juan en el aprecio
Primer lugar se mereció el desprecio,
Siendo gloria la Cruz y Cruz la gloria,
Imán de su memoria,
Y en su penosa vida
Una y otra por Cruz apetecida.

CERTAMEN EN EXALTACION DE FERNANDO VI, 1748.—El ascenso al trono de España en 1746 de Fernando vi dió motivo dos años más tarde a muchos torneos, corridas de toros, esplendorosos *Te Deum* y dos certámenes literarios en la capital mexicana, uno convocado por la universidad, el otro por el Colegio de San Ildefonso. La fiesta en honor al rey español también se celebró con gran fastuosidad en los estados.

En el certamen de la universidad, consistente de seis partes, fueron premiadas las décimas acrósticas de Mariano Navarro, un soneto acróstico de Francisco Javier de la Zerda Morán y Aponte y cuatro octavas divididas en redondillas de Ana María González. También se dieron a conocer por sus poemas al certamen José Francisco de Cueva Aguirre y Espinosa, Baltasar Ladrón de Guevara, Francisco Adán, Juan Ignacio Rodríguez Cardoso, José Joaquín de Aguilar y Benítez, Francisco Javier Núñez, Juan José Pérez Cano, Antonio de Urizar y Bernal, y algunos otros. El Lic. José Rodríguez de Arizpe se encargó de preparar la colección de poesías, publicada bajo el nombre de *Coloso elocuente* ese mismo año de 1748. Los premios otorgados a los vencedores eran brazos de plata, cucharas, salvaderas de plata, tinteros, piletas para agua bendita, cajas de polvos de plata, fuentes de plata, cocos guarnecidos de plata, jarros de plata, etc.

En el certamen del famoso colegio jesuíta de San Ildefonso, celebrado el 23 de enero de 1748, señalóse el extravagante tema: "las grandes excelencias del número seis", por ser éste el orden de sucesión del rey don Fernando. Lo interesante del caso es que, a pesar de lo raro del tema, se premiaron ciento treinta y tres composiciones en la convocatoria, unas en latín, otras en castellano. La colección se publicó bajo el título de *Cifra feliz de las dichas imponderables que se promete la monarquía española bajo el suspirado dominio de su Augusto soberano el señor D. Fernando* VI.

Los estudiantes de medicina de la universidad también celebraron la proclamación de Fernando VI con fiestas y torneos literarios casi a fines de año, el 6 de diciembre de 1748. El médico Miguel Sánchez escribió para tal ocasión un romance endecasílabo y una canción; hubo un soneto del bachiller Francisco Antonio Sánchez de Ibáñez, un epigrama latino de Jorge de Ayana, sonetos anónimos y otras composiciones. Algunas de estas composiciones y la descripción de las celebraciones fueron publicadas por Juan Gregorio de Campos en *El iris, diadema inmortal* (1748).

Es de suponerse que en esta época de la mitad del siglo XVIII existía en Nueva España tan gran entusiasmo por las musas como lo hubo en 1585 en el certamen de Balbuena o en 1604 cuando el mismo Balbuena vuelve a hablar del mismo asunto. Si en el certamen del colegio de San Ildefonso se premiaron ciento treinta y tres composiciones, fácilmente se podría calcular que otras tantas se excluyeron; y si a estas cifras se añaden las composiciones del certamen de la universidad y de los estudiantes de medicina, se puede formar una idea del furor poético que prevalecía en México en aquellos tiempos.

CERTAMEN DEL NIÑO JESUS, 1753.—Los Colegios Máximo de San Pedro y San Pablo de México celebraban para la noche de Navidad un certamen poético cada año en honor del Niño Jesús bajo la alegría de Pan. Parece ser que ninguno de estos certámenes se imprimieron. Sin embargo, se tiene vaga noticia de uno de estos certámenes, el de 1753, en el que Francisco Javier Clavijero aportó una composición poética. También hay indicios de que el padre José Lucas Anaya, alumno del colegio de San Ildefonso, preparara otro de estos certámenes en honor del Niño Jesús en 1769 [42].

CERTAMEN A LA EXALTACION DE CARLOS III, 1761.—Fué convocado el 31 de enero por la universidad y resumido en *Amorosa contienda de Francia, Italia y España*, obra publicada ese mismo año por el Colegio de San Ildefonso y editada por el Dr. Manuel Ignacio Beye Cisneros y Quijano, rector de la Universidad.

Consistió el concurso de tres certámenes con diversos asuntos exigidos en cada uno. Participó una buena concurrencia y entre los participantes figuraban don Nuño Núñez de Villavicencio quien alcanzó el primer premio de un cintillo de diamantes; Miguel Primo de Rivera también se llevó uno de los primeros lugares por unas octavas, lo mismo que se honró a José Moche por una canción, a Clemente José Contreras por una silva y a otros. Entre ellos figuran un número crecido de mujeres, doña Josefa Gómez y Carrillo, doña María Manuel Martínez de Velasco, doña Nicolasa Hurtado de Castilla, doña Ana María Sánchez y Anaya, doña Juana Inés, doña Micaela de Neyra, doña Josefa de Campos,

CERTAMEN A JUAN DE PALAFOX. PUEBLA, 1768.—Al enterarse los vecinos de Puebla de que la congregación de Ritos sancionaba el buen nombre y la buena fama de don Juan de Palafox se organizó un certamen público. Se premiaron las mejores poesías con 50 y 100 pesos, entre las que figuraban una décima de Manuel del Castillo y una quintilla del padre José Muñoz, del colegio de San Luis [43].

EXEQUIAS A LA MUERTE DE DON ANTONIO MARIA DE BUCARELLI Y URSUA, 1779.—A la muerte de este virrey de la Nueva España hubo solemnes fiestas para honrar la obra del distinguido funcionario. Las exequias tuvieron lugar el 25 y 26 de junio de 1779 en la catedral de México, y sólo sabemos que concurrieron a la solemne ocasión algunos buenos poetas que prepararon composiciones especiales para el caso [44].

CONCURSO LITERARIO EN HONOR A CARLOS IV, 1790.—Fué este torneo dirigido a elogiar las virtudes de Carlos IV y para exaltar su entronamiento. Fué organizado por la universidad y celebróse el 28 de diciembre de 1790 aunque fué anunciado el 9 de marzo del mismo año. Presidido por el virrey, Conde de Revilla Gigedo, constituyó un imponente acontecimiento en la capital. Los jueces calificadores fueron el Dr. Francisco García Berdeja, rector de la universidad, Dr. Gregorio Omana, Dr. Joseph Uribe, Dr. Francisco Beye Cisneros y Dr. Antonio Venegas. El secretario del certamen fué el Dr. Pedro Foronda.

Las composiciones premiadas se ajustaron al plan anunciado anticipadamente en la manera siguiente:

Un Discurso Panegírico latino, y otro castellano, cuya lectura no pase de media hora, ni dure menos de un quarto.
Un Poema Heroico latino que no exceda de cien hexámetros ni tenga menos de cincuenta.
Otro castellano de quince a veinte octavas, o un Romance endecasílabo.
Una Oda latina y otra castellana en el metro que más adaptare.

También se aceptaron composiciones cortas, como epigramas, décimas y sonetos.

Tomaron parte en este certamen con sus respectivas composiciones: Francisco de Castro Zambrano, con una oración en latín premiada con dos medallas de oro y cuatro de plata; Feliciano Paulo Mendívil, quien recibió también dos medallas de oro y cuatro de plata por un elogio de Carlos IV; igual número de medallas le adjudicaron a José Manuel Sartorio por otro elogio en castellano; una medalla de oro y dos de plata recibió José de Ayarzagoitia por un discurso en castellano; Manuel Gómez Marín, una de oro y dos de plata por su *Canto* en elogio de Carlos IV; Manuel Calderón de la Barca, otra medalla de oro y dos de plata por otro poema semejante; y también fué premiada una composición de Juan Francisco de Castañeda, *Oda*; José Mariano de Castro, por un romance endecasílabo en elogio de Carlos IV; sonetos por el Dr. Juan José Gamboa, y otros. Relación completa de este certamen salió de la imprenta de don Mariano de Zúñiga y Ontiveros, bajo el nombre de *Obras de elocuencia y poesías premiadas por la real universidad de México en el certamen literario que celebró el día* 28 *de diciembre de* 1790. México, 1791.

CERTAMEN DE BERISTAIN EN MEMORIA DE CARLOS IV, 1803.— El día 9 de diciembre de 1803 se descubrió en la capital mexicana una estatua de bronce del rey Don Carlos IV, con suntuoso espectáculo y solemnes ceremonias públicas [45]. Era a la sazón virrey don José de Iturrigaray, quien acompañado de la Real Audiencia y otras oficialidades, dió con su presencia carácter oficial a las funciones. Relata la *Gazeta* del 7 de enero de 1804, órgano oficial del gobierno, que en tal fiesta, en medio de alegre repique de campanas, de cañonazos y de las salvas de la artillería, se descubrió en la Plaza de Armas de augusta figura del rey español, con extendido brazo empuñando el cetro, montado en magnífico caballo. Las fuerzas reales saludaron con tres ruidosas descargas; la artillería disparó diez piezas, y las bandas de música de los regimientos de la Corona y de Nueva España tocaron himnos apropiados. El pueblo aclamó al rey y al virrey con vítores, exclamaciones de entusiasmo y fiestas que incluían corridas de toros, muy populares en aquellos tiempos. Durante tres noches estuvo la capital iluminada conmemorando y demostrando el regocijo general por tal acontecimiento. (Por coincidencia histórica se encontraba en la capital mexicana el Barón de Humboldt durante la inauguración de esta estatua de Carlos IV).

Esta estatua ecuestre de Carlos IV no había sido la primera elevada en la capital de México en su honor, pues ya en 1795 siendo virrey don Miguel de la Guía Talamanca y Branciforte, Marqués de Branciforte, se le había erigido una estatua al rey español, pero fué de madera y temporal [46].

Siguiendo la costumbre de celebrar todo acontecimiento público con un concurso literario, el deán de la catedral de México, don José Mariano

Beristain de Souza, organizó un certamen literario en loor de Carlos IV, fiesta de gran resonancia celebrada el 6 y el 7 de diciembre de 1803. La adjudicación de los seis premios de cincuenta pesos cada uno tuvo lugar en los salones del Palacio Real con la pompa y ceremonia que requería el caso. Los temas y premios fueron anunciados sólo unos días antes de la adjudicación, pues tal anuncio apareció en la *Gazeta* del 28 de noviembre en la forma siguiente:

> Una persona, amante de las Bellas Letras y de las Nobles Artes, ofrece a las Musas Mexicanas los *Premios* siguientes:
>
> 1. Cincuenta pesos, o una alhaja equivalente, a la mejor *Inscripción latina* a la estatua equestre de *Carlos IV*.
> 2. Lo mismo al mejor Soneto en elogio de la bondad con que *Carlos IV* concedió a México el honor de su Estatua.
> 3. Lo mismo a las mejores *tres octavas*, alabando la generosidad con que el Exmo. Sr. Marqués de Branciforte ha costeado la *Estatua*.
> 4. Lo mismo al mejor *Epigrama latino* en alabanza de Don Manuel Tolsa, natural de Valencia, Director de escultura de la Real Academia de las Nobles Artes Artífices de la Estatua.
> 5. Lo mismo a la mejor *oda castellana* de seis estrofas, elogiando la lealtad de los mexicanos.
> 6. Lo mismo al mejor Romance, que pinte la *Plaza, Pedestal* y *Estatua*.

De esta cita tomada de la *Gazeta* del 28 de noviembre de 1803 [47] hay que hacer dos observaciones. La primera es que la inauguración de la estatua de bronce en 1803 fué, en efecto, costeada por el virrey Branciforte, pues dicho señor había provisto en su presupuesto para la estatua de madera (1795) y para la de bronce, cosa de la cual, su sucesor, el virrey Iturrigaray, se regocijó en gran manera. La segunda observación se refiere a lo que dice Luis G. Urbina en *La literatura mexicana durante la guerra de la independencia*, obra de grandes méritos por la delicada interpretación literaria de aquellos tiempos y por los nuevos datos que revela. Al hablar someramente Urbina sobre el certamen organizado por Beristain nos asegura que "lo que no dice la Gazeta, y este es el punto interesante para el presente estudio, es que el señor don José Mariano Beristain de Souza, deán de la Catedral, abrió un certamen literario". Urbina cita la *Gazeta* del 7 de enero de 1804 para referirse al relato de las ceremonias del descubrimiento de la estatua, en cuyo número citado de la *Gazeta*, es muy cierto, nada hay del certamen, pero esto ya se había publicado unas cinco semanas antes. Además Beristain publicó el anuncio de los premios anónimamente, aunque esto no hubiera sido problema para el señor Urbina, si hubiera examinado otros números de la *Gazeta*.

Considerando la brevedad del tiempo, se convidó solamente a las musas mexicanas, "esto es, *a las que viven en México*; pues aunque por esta expresión pudieran y debieran entenderse *todas las musas de este Reyno*, hubiera sido ridículo convidarlas el 24 de Noviembre para un certamen que había de celebrar el 6 de Diciembre" [48]. Concurrieron al certamen más de doscientos poetas de la nación y las obras premiadas las dió a luz Beristain en 1804 bajo el título de *Cantos de las musas mexicanas en la solemne colocación de la estatua ecuestre de bronce de Carlos IV en la plaza de México*, cuyo "Breve prólogo del que ofreció los premios sirve de fuente para estos datos". Actuaron de jueces en la adjudicación de los premios Ciriaco González Carbajal, el Dr. José Mariano Beristain, y el Dr. Gaspar González de Candamo.

Los participantes y las obras presentadas en este concurso fueron: en las *inscripciones latinas*, Manuel Gómez, catedrático de teología del Seminario Tridentino de México, que llevó el primer premio. También presentaron semejantes inscripciones el Dr. Joseph María Couto, catedrático de retórica de la universidad de México, el Dr. Juan Santa María, el Dr. Manuel Ramírez, colegial teólogo de oposición en el Tridentino Seminario, y otros. Hubo *sonetos* de Joseph María Villaseñor y Cervantes, de Juan Francisco Azcárate, abogado de la Real Audiencia, de Antonio Méndez Prieto, de Luis Sánchez Velázquez, de Manuel Antonio Valdés, algunos anónimos y hubo poetas que aportaron más de un *soneto*. Tocante a las *octavas* el primer premio lo ganó doña Josefa Guzmán, colegiala de San Ignacio, y el segundo puesto Manuel Ramírez. Bruno Francisco Larrañaga, tesorero de los propios de la nobilísima ciudad de México, ganó el premio en los *epigramas latinos*. Entre las *odas* la de Francisco Sánchez de Tagle, entonces alumno del Colegio de San Juan de Letrán de México, fué la que se llevó el primer premio, y mereció segundo lugar la de Joseph Nicolás Irigoyen, oficial segundo del Real Tribunal de la Minería. Manuel Gómez, quien había ganado el primer premio en las *inscripciones latinas* también recibió el mismo honor en los *romances*; Francisco Sánchez Tagle obtuvo el segundo. En todos los casos el primer nombre recibió el primer premio; los demás fueron mención honorífica.

Las poesías de *Cantos de las musas mexicanas* son obras representativas de aquel período de decadencia literaria, poesías prosaicas, de estilo pomposo y de poca moya. A pesar de esto, copiamos de esa colección la oda de Sánchez de Tagle, por haberse dado a conocer el poeta en público en este certamen de Beristain. A propósito de la participación de Sánchez de Tagle en el concurso y de habérsele premiado su oda titulada "En la colocación de la estatua ecuestre", declara en sus obras poéticas:

Era yo entonces alumno del más antiguo de San Juan de Letrán, y mi Rector, Dr. D. Francisco Antonio Marrugat y Boldú se empeñó en que se presentase alguno del colegio al certamen, y me escogió a mí, obligándome a trabajar, de las piezas señaladas, la oda y el romance. Obedecí como era preciso, y trabajé esta composición, que obtuvo el premio.

  Do en otro tiempo en el nopal había
El curso suspendido, el pie sentado
La ave audaz que dirige
Su vuelo al astro que preside el día,
Vió el mejicano pueblo alborozado,
Que a quien sabio lo rige,
Grandiosa estatua la lealtad erige:
Vela, y pronuncia luego entre mil vivas,
De su Carlos el nombre venerado:
Y céfiro a los bosques sus festivas
Voces lleva exhalado
A Eco y demás deidades que allí habitan,
Para que el "viva" sin cesar repitan.

  Y cuando más el alborozo crece,
Febo suspende el curso presuroso;
Rómpase el aire puro,
Y entre celages rojos aparece
Una ninfa de rostro magestuoso,
No obstante que era obscuro;
De oro en un globo sienta el pie seguro,
Bellas plumas dan sombra a su cabeza,
Un manto de algodón de su hombro pende,
Carcax y flechas realzan su grandeza;
El pueblo se suspende,
Y ella, cual si el Monarca la escuchara,
Así con voz suavísima le hablara.

  Escelso Carlos, príncipe benigno,
Monarca venturoso, pues se ajusta
A tu querer el cielo,
Del amor del íbero objeto digno:
Torna, torna veloz la faz augusta
Hacia el indiano suelo,
Do el águila altanera paró el vuelo;
Allí cual otra vez, el venerando
Coro verás de Vates, la templada
Lira en tu loor ir acordando;
Y ante Jeová postrada
La estirpe de Leví, por tu reposo,
No interrumpir el ruego fervoroso.

Presurosos verás correr al templo
Con trémulas pisadas los ancianos,
Los niños inocentes,
Las matronas virtuosas, y a su ejemplo
La vergonzosa virgen, con las manos
Llenas de diferentes,
Que a ofrecer van, purísimos presentes,
Porque felicidad te dé cumplida
El Ser que al universo puso leyes,
Y que a su grado quita y da la vida
A príncipes reyes.
Oirás también que claman "Dios del trueno!
No nos prives de príncipe tan bueno".

Los robustos varones mejicanos
Vieras abandonar la luz del día,
Y de la avara tierra
Al centro, por tu amor bajar ufanos,
Do cada cual de su vigor se fia,
Hace a Cibeles guerra,
Y los bronces le arranca que allí encierra:
Hacerte en ellos inmortal pretende
¡Oh Carlos! y te erige estatua eterna.
Mirándola la fama humilde desciende.
Y con afición tierna
Tu frente ciñe con la verde rama
Que del rayo jamás probó la llama.

Y al instante con ala voladora
Va y dice a Europa: "que de amor movida
Aquesta retirada,
Venturosa nación, do lealtad mora,
En bronce a Carlos da perenne vida;
Y amante a par de amada,
Esta toda a su Carlos consagrada",
Dió fin aquí la ninfa a sus acentos:
No sin pesar cesamos de escucharlos,
Ella se esconde en los ligeros vientos
Y el pueblo grita: "Carlos,
Te hemos de amar mientras su luz ostente
Ese planeta que arde indeficiente" [49].

Esta oda encomiástica de Sánchez de Tagle, que ha sufrido algunas alteraciones menores en sus distintas ediciones, también llevaba por subtítulo "A la lealtad americana", por lo que no hay que confundirla con un drama heróico de Fernando Gavila, primer actor del Coliseo, intitulado "La lealtad americana" y estrenado en la misma fiesta de la erección de la estatua ecuestre de Carlos IV. A continuación de la representación de dicho drama, declara Manuel Mañón, se cantó "una tonadilla y ejecutándose en seguida un baile trágico-cómico, cuyo argumento era la historia de Muley Eliacid, emperador de Marruecos, recientemente fallecido" [49].

A fines del siglo XVIII la monotonía de la vida capitalina se interrumpía entre los cultos leyendo libros y esperando la llegada de las *Gazetas* y de los folletos. Estas publicaciones fueron desde entonces los medios de popularización de las letras en México. Las *gacetas*, de vida intermitente y no muy edificante, se conocían en Nueva España desde el siglo XVII. Eran en un principio hojas de noticias publicadas a la llegada a Vera Cruz de barcos de España. Entre las innumerables noticias, se publicaban artículos de materias graves, ensayos de tipos o costumbres, de vez en cuando aparecían trabajos literarios que eran meras imitaciones españolas, con el culteranismo y conceptismo característicos de la época anterior. Sin embargo, ya iniciado el siglo, especialmente de 1810 a 1821, las agitaciones sociales de aquellos tiempos produjeron nuevas formas literarias. No obstante, las *gazetas* eran los órganos más importantes de disiminación, que aunque enteramente de carácter político, para un pueblo inactivo dichos periódicos tenían verdadero valor informativo y eran esperados con verdadera ansiedad.

La primera de estas *gacetas* fué la establecida por el padre José Antonio Alzate, llamada *Gaceta de literatura*, que apareció el 15 de enero de 1788 y se publicó con regularidad hasta el 17 de junio de 1895. Ya en 1768 el padre Alzate se había iniciado en el periodismo con su *Diario literario*, que salió en marzo pero que murió en mayo del mismo año. Manuel Antonio Valdés y Saldaña fundó la *Gaceta de México* publicada de 1784 a 1809, la que en este año se convirtió en el periódico oficial del gobierno y cambió su nombre a *Gaceta del Gobierno*, con cuyo título apareció por primera vez el 2 de enero de 1810. El 29 de septiembre de 1821 adoptó el nombre de *Gaceta Imperial*.

CERTAMEN DEL DIARIO DE MEXICO, 1805.—Además de las *gacetas* ya mencionadas ven la luz en la primera década del siglo XIX el *Diario de México* (1805-1817), el primer diario de México, que constituye con sus doce años de vida una colección de veinticinco tomos de valor inestimable. Fundado por Jacobo Villarrutia, con permiso del virrey don José de Iturrigaray, y editado por Carlos María de Bustamante, el objeto del *Diario* era la difusión de decretos y disposiciones gubernativas, noticias sobre el culto religioso, el comercio, necrologías, sobre ciencias y artes. El último objeto de dicho papel, según el prospecto del propio periódico debería ser "un artículo de varia lectura, que unas veces hablara al literato retirado, otras al proyectista bullicioso". Publicaba también literatura ligera contribuída mayormente por el público. Para ello había buzones en doce puntos de la ciudad donde se vendía el periódico y en ellos podían los aficionados depositar sus composiciones. Escribieron en el *Diario de México* unos ciento veinte poetas, según cálculo de José María Lafragua [50]. Fué el *Diario* el único medio de divulgación poética en los primeros años del siglo XIX y de ahí su importancia. En política "simpatizaba con la rebelión y hacía milagros para disfrazar esa simpatía y no caer en la violenta censura que imponía el gobierno virreynal", como dice el profesor don Julio Jiménez Rueda [51].

Los contribuyentes al *Diario* eran en su mayoría desconocidos aficionados, oriundos no sólo de la capital sino de lejanas tierras del interior del país. En este periódico desahogan esos jóvenes poetas su vago "deseo de dar carácter nacional a las formas, estilos y géneros de que se valían para la expresión de su pensamiento", como declara Urbina muy acertadamente [52].

Colaboradores del *Diario* fueron Francisco Manuel Sánchez de Tagle, Juan Wenceslao Barquera, Anastasio Ochoa y Acuña, José María Lacunza, y Mariano Barazabal, cinco escritores que se iniciaron en el *Diario*. Figuran además entre otros colaboradores José Victoriano Villaseñor, Andrés Quintana Roo, Joaquín Conde, Agustín Pomposo Fernández de San Salvador, José Mariano Rodríguez del Castillo, Francisco Estrada, el Deán Beristain, José Manuel Mariano Aniceto Sartorio y otros de menos nombre. Hay en el *Diario* muchos escritos anónimos y obras con anagramas.

El más distinguido de todos estos colaboradores resultó ser un desconocido poeta que empezó a publicar sus poesías con la inicial "N" en el *Diario* el 2 de enero de 1806, aunque ya se tenían vagas noticias de él. Fray Manuel de Navarrete (1768-1809) se inició en el *Diario* en esa fecho con una de sus *Odas*, la titulada *Las flores de Clorila*, precedida de un prólogo que empieza:

¿Preguntarás acaso
lector, si en mis acentos
tienen parte los dioses
que cuidan de los versos?

Al prólogo sigue Oda número I, la cual en realidad es la tercera, según rectificó el director del *Diario* el 29 de abril del mismo año. Por nota de *Barueq* (Juan Wenceslao Barquera) sabemos que Navarrete le envió sus primeras composiciones poéticas para que las publicara en el *Diario*. Barueq aclara en el número del 20 de nov., 1805, que publicará las composiciones de Navarrete con la inicial "N", y las suyas bajo "B". El padre Navarrete apenas vivió cuarenta y un años y su gloria literaria está concentrada en los últimos años de su vida. Publicó muchas composiciones sin poner su nombre y la última publicada en el *Diario* apareció el 17 de enero de 1810, unos cinco meses después de su muerte. Casi todas sus poesías se dieron a conocer en el *Diario,* y a este semanario y al hecho de ser mayoral de la *Arcadia Mexicana* (1808) se debe el conocer su obra. Aún no era Navarrete miembro de la *Arcadia* cuando publicó en el *Diario,* el 31 de enero de 1806, el primero de sus célebres *Ratos tristes,* aquél que recuerdan las nostalgias de Garcilaso de la Vega y un tanto a Bécquer:

> Mortal hipocondría,
> que siento como daños
> de mis molestos infelices años
> enferma de mi musa la alegría.
> Ya no, como solía,
> canta de los pastores
> inocentes amores;
> ya no cantan las simples zagalejas
> coronadas de flores
> tras de blancas ovejas;
> ya no canta ¡ay de mi! la *Doris* bella,
> ni la *Clori* serrana
> esta grata, y aquella
> tan cruel como hermosísima tirana.
> ....

Indudablemente por error tipográfico apareció esta composición bajo las iniciales "J.M.N.", pero en el índice va anotada "F.M.N.", y estas mismas iniciales se repiten en otras composiciones siguientes de Navarrete. Lo extraño es que ni se sabía quién era este nuevo poeta bucólico que enviaba sus poesías de fuera de la capital. Por eso el diarista puso una nota biográfica al publicar el primer *Rato triste,* que dice "El autor de estos *ratos tristes,* es el mismo de las *Flores de Clorila.* Se nos ha remitido una carta en que se dice ser natural de la villa de Zamora. Otros dicen que es de Celaya y nosotros hemos dicho que es de Querétaro". Como ahora se sabe, Navarrete, en efecto, nació en Zamora de Michoacán, hizo el noviciado en Querétaro, y estudió también en un convento de Celaya.

El 8 de abril de 1806 publicó su primer soneto, *Ecce Futurus Populus,* escrito con motivo de ciertos exámenes públicos de primeras letras celebrados en le pueblecito de Silao y presididos por el maestro Don Pedro Antonio Hernández. Los ocho niños de once a trece años que participaron en la prueba impresionaron a Navarrete de tal modo que, declara él mismo en breve nota preliminar, "no pude menos que espresar mi regocijo en e' siguiente soneto".

> Gratas esencias las recientes flores
> Respiran en su alegre lozanía
> Al influjo del sol, que les envía
> La luz de sus benignos resplandres;

> Con motivos no menos superiores
> La tierna juventud que Hernández cría,
> De ciencia y de virtud en este día
> Exhalan mil suavísimos olores.
> ¡Oh sabio el preceptor, que ha demostrado
> En tantos niños de su docta escuela
> Lo que puede el estudio y el cuidado!
> ¡Venturoso Silao! corre, vuela,
> Ciñe su frente de laurel sagrado
> Y en tu futuro pueblo te consuela.

Para nuestro estudio de las justas y reuniones literarias el *Diario de México* asume importancia por los concursos literarios que organizó.

El 10 de diciembre de 1805 estableció el *Diario* el primer concurso dramático y ofreció un premio de veinticinco pesos al autor que presentase el mejor sainete antes del 15 de febrero del año entrante. La medida o duración de las piececillas deberían ajustarse a las del sainetista español Ramón de la Cruz. Para poder considerar cualquier obra era condición de evitar chistes que pudieran "ofender la modestia y el decoro". El director del *Diario* procuraría que el sainete se representase en el teatro y también lo haría imprimir, según anuncio preliminar [53]. El 20 de diciembre se abrió el concurso y a los cuantos días recibió el *Diario* un sainete, que según el diario "tiene mérito, pero no es *sainete*, que es lo pedido, sino *tonadilla* [54], o letras de *tonadilla*, y lo avisamos sin pérdida de tiempo, porque el autor podrá aspirar al premio en el que falta, y podrá servir de advertencia a otros que hayan incurrido en la misma equivocación" [55]. En ocasión anterior ya el diarista hace distinción entre "saynete" y entremés: "Nosotros no adoptamos la denominación francesa de pequeñas piezas, porque no tiene aun carta de naturaleza, ni se necesita, pues tenemos el de *saynete* para las unas, y el de *entremés* para aquellas piezezitas antiguas, por lo común ridículas, inocentes y despreciables, que ya no tolera ni el mosquete" [56].

Recibió el *Diario* un solo sainete en el primer plazo fijado, *Al mayor libertinaje la prudencia corta el vicio*, pero el comité encargado de examinar las obras remitidas, lo rechazó. Los tres censores convinieron en que dicha obra no tenía los méritos necesarios para ser premiada. Para expresar la circunspección y escrupulosidad con que tal obra se examinó se inserta el dictamen del primer censor, con que se han conformado los otros dos.

En el segundo plazo se sometieron a aprobación solamente dos sainetes, lo que hace exclamar al director de dicho periódico "que sean tan pocos los que se an dedicado a este jénero tan útil de poesía, abiendo tantos injenios, que indican las disposiciones para él" [57]. *El blanco de por fuerza* fué obra de Antonio Santa Ana, militar de Vera Cruz, de noventa años de edad, según rezaba en el sobre. Fué premiada, y representada el 9 de julio de 1806. El segundo sainete fué *Las quejas infundadas*, cuyo autor no se menciona.

El 20 de junio de 1806 el *Diario* anunció dos premios: uno para un sainete; otro para un drama. El sainete había de presentarse antes del 4 de noviembre de dicho año, y la pieza tendría que tener méritos propios en sí para obtener el premio, que también era de veinticinco pesos. Aun más, agregaba el anuncio "no bastará que la pieza sea la mejor de las presentadas, sino que sea buena en sí misma, de modo, que se premiará la mejor entre las que se califiquen buenas".

Iguales condiciones debería cumplir la comedia presentada al concurso, la cual se debía presentar antes del 13 de junio de 1807. El premio para el drama era de cien pesos.

El sainete *El miserable engañado y la niña de la media almendra*, de José Escolano y Obregón fué adjudicado el mejor de cuatro que se presentaron, y el accésit lo recibió *El hidalgo de Medellín*, de Juan Policarpo. En el término señalado para las comedias se disputaron el primer lugar sólo dos intituladas *La Manola*, y *La Florinda*. Parece ser que estas dos obras obtuvieron éxito teatral, según el *Diario* [58], aunque Urbina cree que no fueron representadas [59].

En 1808 *El Diario de México*, juntamente con *La Gazeta*, convoca a un certamen de tragedia, pero es tan poco el entusiasmo, que se recibe sólo una obra llamada *Xochítl*, la que se premió.

CERTAMEN A LA EXALTACION DE FERNANDO VII, 1809.

—Para exaltar al trono al rey Fernando VII la universidad de México, siguiendo la costumbre ya establecida, celebró otro certamen el 29 de octubre de 1809. El certamen fué anunciado con bastante anticipación, el 7 de enero de 1809, pues para atraer más a los nobles y la alta clase los censores "mandaron imprimir y repartieron entre la Nobleza y Doctores que residen en esta capital 800 cartas de convite". Tal convocatoria iba dirigida a los jóvenes de todo el país, pero especialmente a los colegiales del Seminario de San Ildefonso y de San Juan de Letrán, quienes tomaron gran parte en las fiestas. El 27 de septiembre (1809) se anunciaron las piezas de prosa y poesía que se habían entresacado para el premio y accesit y las que habían de ser identificadas ante el secretario del certamen, Dr. Joseph Ignacio Grageda. El rector de la universidad, Dr. Josef Julio García de Torres y el señor Abad de la Insigne y Real Colegiata de nuestra Señora de Guadalupe, Dr. Francisco Beye Cisneros, y un alumno, Juan Dosamantes, iban a la cabeza de la comitiva.

El certamen consistió en las siguientes obras, que habían de ser presentadas a los señores comisionados en la secretaría de la universidad dentro del término perentorio de tres meses contados desde la publicación del concurso en la *Gaceta*. Las obras habían de consistir de una oración latina y otra castellana, cuya lectura no pasase de media hora, ni durara menos de un cuarto; un poema heroico latino que no excediere de cien hexámetros, ni tuviese menos de cincuenta; otro castellano en octavas reales, y un romance endecasílabo; asimismo, se admitirían composiciones cortas como epigramas, sonetos, odas, décimas y cualquiera otra acreedora al certamen.

El comité examinador de las obras asignó el primer premio destinado para cantos en octavas a uno póstumo del padre Navarrete, que comienza "En tanto que Minerva celebrando". Carlos María de Bustamante ganó el segundo premio entre las oraciones académicas por la que empieza "Cuando esta real academia convida a sus hijos los sabios". Don Francisco Manuel Sánchez de Tagle se llevó el premio entre las odas castellanas por la que empieza "Oíd los sonetos de mi dulce lyra". También fueron premiadas composiciones de Ramón Quintana del Azebo, miembro de la *Arcadia* y colaborador del *Diario*, Bruno Larrañaga, Francisco Conejares, Mariano Barazabal, Josef Igancio Franco, Dr. Manuel Gómez [60].

CERTAMEN EN HONOR AL REGRESO DE LOS JESUITAS, 1816.— Con motivo de la vuelta de los jesuítas a la capital mexicana se celebró el domingo 19 de mayo de 1816 la restitución solemne de la compañía de Jesús a su antiguo ministerio. Fernando VII había expedido un real decreto el 29 de mayo de 1816 ordenando al mismo tiempo la pompa y solemnidad "con que el superior gobierno da hoy posesión a los religiosos, que se hallan en esta capital, de su antigua casa del real colegio de S. Ildefonso" [61]. Fué este certamen promovido y dirigido por el ya citado don José Mariano Beristain y se verificó el 10 de agosto de 1816 en el General del Real Colegio de San Ildefonso después de dos aplazos para dar más tiempo a los jueces a estudiar las obras presentadas.

El certamen se comenzó por una pieza trabajada por el secretario para servir de introducción, y terminó con otra compuesta por el fiscal del certamen. Mientras cada autor recibía su premio de manos del Excmo Sr. Virrey, la orquesta "cantaba el coro y la respectiva estrofa de una letrilla trabajada al intento y puesta en música por D. Manuel Corral".

El premio destinado al primer asunto que debía desempeñarse en una canción, fué una miniatura representativa del glorioso S. Igancio de Loyola con cerco de oro y pendiente de un bejuguillo del mismo metal. Lo obtuvo el subdiácono Br. D. Anastasio María de Ochoa y Acuña [62]. El premio a la oda fué adjudicado a José Joaquín Hogal, ex-catedrático de latinidad de Puebla. Un colegial, José Mariano Delmotte, ganó el premio destinado a la oda sobre otro asunto; Delmotte también obtuvo otro premio por una silva. El Lic. D. Juan Neponmuceno Mier y Altamirano ganó el premio del epigrama, y el padre D. Juan Ignacio Villaseñor y Cervantes, presbítero del oratorio de S. Felipe Nery de México, se llevó el premio destinado al mejor soneto. Estas composiciones, según Beristain, fueron publicadas.

Capítulo II

EL SIGLO XIX

El siglo XIX es la época de la independencia en toda la América. El continente sufre una honda transformación. La preparación intelectual de los cuatro o cinco lustros anteriores sirven para culminar las aspiraciones de emancipación política. En México la sociedad está ya esperando el momento propicio para desechar el yugo español. Se han leído a escondidas libros franceses; han visto otras regiones del continente americano conseguir su independencia. Animados, pues, por el ejemplo de otros países y con amor para defender su libertad, indios, criollos y mestizos dan el golpe de mano que había de romper los lazos entre España y México. A raíz de los disturbios en España, el esperado levantamiento ocurrió el 16 de septiembre de 1810. Este acontecimiento operó profundos cambios en la sociedad mexicana y en las corrientes intelectuales y literarias de aquella época. La literatura de entonces era principalmente política y de propaganda.

Al empezar el siglo XIX la renovación intelectual iniciada a mediados del anterior ya había producido frutos. Es cierto que la evolución intelectual no se había consumado todavía, pero el desarrollo de múltiples medios de expresión, como las revistas periódicas, folletos y panfletos, y el notable interés en divulgación científica, así como los numerosos versificadores siempre prestos a cantar en voz amanerada las musas, todo esto presagia un florecimiento literario que los sucesos políticos habían de interrumpir.

Hubo en el aspecto cultural elogiable iniciativa e impulso en la enseñanza y creación de centros culturales durante las tres primeras décadas del siglo. Se hacían esfuerzos para renovar la Academia de San Carlos y la universidad; se fundó la Academia de Cadetes en 1827, que más tarde (1834) se convirtió en el Colegio Militar. Los estudios de medicina fueron organizados en 1833 por el Protomedicato. También en 1833 se creó la Sociedad de Geografía y Estadística, digna corporación que es orgullo del pueblo mexicano. Se creó también en esta época la Dirección General de Instrucción Pública.

En lo literario el siglo XIX ábrese con la nota atenuada del prosaismo de la centuria anterior. En el gran silencio de los primeros años se destacan nuevas voces poéticas, diferentes de las del siglo XVIII. Pero ahora esas voces revisten ecos heroicos y se nota un afán de restaurar el gusto literario, que en efecto, se encauza por senderos inspirados.

Las letras mexicanas de principios del siglo XIX son un puente que unen la nueva mentalidad revolucionaria y patriótica a la antigua intelectualidad de la Nueva España colonial. El período entre 1810 y 1821 ve consumarse la independencia política respecto de España, y ahora el sentimiento nacionalista se acrisola y la lira reviste nuevas formas. En este período es cuando se mezclan las dos corrientes antigua y moderna y que en forma organizada culmina en la Academia de Letrán, constituída por exponentes de la antigua literatura colonial y de las nuevas fuerzas nacientes en los campos del comercio, de la industria y de la agricultura. Lo extraño de este período de transición es el aparente amigable maridaje de tendencias opuestas, hombres como Ignacio Ramírez, Guillermo Prieto, Manuel Payno, etc., codeándose con Joaquín Arróniz, José T. Cuellar, Castillo, etc. Tal vez las nuevas corrientes aun no estaban hondamente arraigadas en la nueva generación.

En la alborada del siglo XIX la poesía estaba rezagada a imitaciones serviles de los modelos anteriores. Aparecían composiciones sin forma, tal vez porque los poetas no se atrevían a identificarse a despecho de ser víctimas de las burlas. Las composiciones en este período eran en su mayoría de asuntos triviales, piezas fugitivas de carácter de pasatiempo. Sin embargo, a medida que los espíritus inquietos de aquella época se reúnen en grupos y forman tertulias, la producción literaria toma una fisonomía propia. El primer cenáculo de este carácter es la *Arcadia Mexicana*.

Es un hecho conocido de que lo ajeno se conoce mejor que lo de casa. Conocidas son de casi todo lector inteligente la Academia de Platón, y los salones literarios franceses de los siglos XVII y XVIII. Pero excepto un puñado de especialistas, pocos conocen sino de nombre el papel trascendental que las sociedades y academias literarias desempeñaron en México en el forjamiento de la intelectualidad nacional. Las academias o tertulias literarias son reuniones de gente culta e ilustrada que tienen por fin el estímulo del amor a las letras y el fomento de la cultura intelectual. Estos saraos literarios se conocían entre los intelectuales de Grecia y Roma. Antes del Renacimiento se propagaron por Europa, y en Italia, Inglaterra, Francia y España son célebres estas reuniones de literatos y sabios, sobre todo los salones franceses organizados por damas aristocráticas. A imitación de las academias italianas florecieron en España en los siglos XVI y XVII y de la península pasaron a las Américas donde florecieron bajo la protección de los nobles y virreyes. Estas tertulias de ingenios, y aficionados a las letras tomaban títulos extraños y raros, y sus socios llevaban nombres poéticos, alusivos a la noche, a cierta dama, o de carácter bucólico y pastoral. Tal ocurrió con *La Arcadia Mexicana*.

LA ARCADIA MEXICANA - 1808

El estímulo del *Diario de México* en asuntos literarios fué instantáneo. Los grandes ingenios de la capital colaboraban en él, y los jóvenes literatos recurrían a sus páginas para ensayar sus prendas poéticas. Se puede afirmar que los principios literarios del siglo XIX se inician en el *Diario de México*. En abril de 1808 la mayoría de estos colaboradores se constituyeron en la *Arcadia Mexicana*, la primera agrupación literaria del siglo XIX que había de ser imitada repetidas veces en el transcurso de aquel siglo. La *Arcadia* es, a su vez, copia de la *Academia de los árcades de Roma*, célebre centro fundado en Roma en 1690 por Juan María Crescimbeni, versificador de poca monta pero erudito, historiador, literario, con el objeto de combatir el mal gusto literario.

Dice uno de los fundadores de la *Arcadia*, José Victoriano Villaseñor, al hablar de la fundación de dicha sociedad, que trataron de asociarse en público "por la dedicación mutua de nuestras composiciones, como se ha visto en el *Diario* de nuestra capital. Ojalá y los ilustres poetas que brillan en el periódico tuvieran la bondad de asociarse a nuestra pequeña arcadia, para darnos honor, como lo ha hecho el caballero Marón Iknaat (Ramón Quintana del Azebo), con el nombre de Dametas" [1]. El *Diario de México*, agrega Villaseñor, será el órgano de dicho grupo que servirá a la vez de estímulo para toda clase de composiciones.

Pero es necesario, continúa el director del *Diario*, que los socios se esfuercen a sostener el nombre de arcadia, puliendo con más cuidado todo lo que presentaren, lo que no es difícil, consultando recíprocamente por medio de la crítica y examen privado... La fábula, el epigrama, la sátira, la sentencia, y otros objetos interesantes, deben ser sus materias: el amor, la más común, tan trillada y tan variada, debe tocarse en sus composiciones sólo por incidencia para adorno o para avisar algún cuadro. Las descripciones exactas y sentenciosas, cuidando de la propiedad de las voces, y del giro de la expresión, defecto en que se incurre a cada paso, debe ser el principal cuidado de los socios, de quienes esperamos un adelantamiento honroso [2].

A pesar de haberse iniciado la *Arcadia* con halagüeño futuro, fué, sin embargo, de corta vida, debido, según Guillermo Prieto, a los "muchos nombramientos de mayorales y pastores, mutuas alabanzas propagadas por la imprenta y en sustancia serviles imitaciones de la corrompida literatura española" [3]. El plan original de fundar una academia fué de José Mariano Rodríguez del Castillo, y el primer mayoral o presidente fué Fray Manuel de Navarrete. Fué Navarrete hecho mayoral aun sin ser conocido personalmente en la capital, honor otorgado al vate michoacano sólo por el mérito de sus poesías, conocidas ya por el *Diario,* y el entusiasmo de sus admiradores. Los miembros de la *Arcadia* pensaron hacer un viaje a Morelia para conocerle [4].

Era la moda de este tiempo ocultarse tras un seudónimo más o menos significativo, y así los miembros de la *Arcadia,* llamados "árcades", a imitación de la italiana y de la escuela poética de Meléndez Valdés, tomaban nombres pastoriles. Al momento de la fundación de la academia los árcades eran José Victoriano Villaseñor que usaba el nombre de *Delio;* Anastasio de Ochoa y Acuña, *Damón;* Juan María Lacunza, *Batilo;* Mariano Barazabal, *Anfriso;* José Mariano Rodríguez del Castillo, *Amintas.* Hubo algunos de estos escritores que empleaban más de uno de estos apodos enrevesados, amén de iniciales. Lacunza se llamó también *El ingles Can-azul;* Barazabal, *El aplicado;* Juan Wenceslao Barquera, *El zagal quebrantar* y *El caballero Arbueraq.* Quintana del Azebo se llamaba *El tío Carando;* Ochoa y Acuña, *El tuerto;* Sánchez de Tagle, *Nicolás Fragcet.* Otros miembros de la *Arcadia* fueron: Juan José de Güido (*Guindo*), José Leal de Gauce (*Fileno*), Agustín Pomposo Fernández de San Salvador (*Mopso*), el padre Sartorio (*Partenio*), Ramón Roca (*Marón Dáurico*).

Otro distinguido socio de la *Arcadia,* además de Navarrete, fué Anastasio María de Ochoa y Acuña (1783-1833), uno de los originales fundadores de la academia. Su nombre pastoril de *Damón* más tarde lo cambió por el de *Astanio.* Estando todavía estudiando cánones en la universidad en 1806 se inició en el mundo literario con el seudónimo de *Atanasio de Achoso y Ucana,* publicando en el *Diario* del 17 de mayo su primer obra a las musas, titulada *Letrilla:*

¿Con una tinta, que venden
Esquisita en el portal
Dizque se curan su mal
Los que de cisnes se ofenden
Con presunción estremada?
 No sé nada.

¿Dizque es el gasto crecido,
Que hacen hombres y mugeres
En perfumes y alfileres;
Y de la coqueta ha havido
Mil quejas, por que ha subido
el presio de la pomada?
 No sé noda.

¿Y del Parnaso una espía
Dizque abisó, que en el diario
Se encontró más de un plagiatio,

Que lucirlo pretendía
Con lo ageno, que cogia,
Siempre la boca callada?
No sé noda.

¿Dizque dice tales cosas
Con su ínsula tonadilla
Esta pequeña letrilla,
que a unos parecen graciosos,
Y a otros son tan fastidiosos
Que el oírlas les enfada?
No sé nada [5].

A propósito de la elección del sucesor de Fray Navarrete a su muerte en 1809 en la que salió electo presidente Francisco Manuel Sánchez de Tagle, el fundador de la *Arcadia*, Rodríguez del Castillo se queja de que la sociedad va decayendo notablemente [6].

Capítulo III

ACADEMIA DE SAN JUAN DE LETRAN · 1836

La revolución impuso la necesidad de vivir en una vida febril que se oponía al trabajo que antes meditaba el sabio en su sosegado gabinete. Por las circunstancias y las vicisitudes en que se hallaba el país era imposible crear una literatura nacional, pues la literatura de un pueblo no es obra de un hombre ni de un número determinado de años. La literatura política predominaba en este torbellino revolucionario y apenas había literatos mexicanos dedicados a las letras patrias. La aparición de algunos periódicos literarios como *El Iris* (1826), *El observador* (1827-28), *El amigo de la juventud* (1835), *El mosaico* (1836-37) y otros de menor importancia, fué un acontecimiento literario de trascendental importancia. Sin embargo, la *Academia de San Juan de Letrán* fué el primer y mejor ejemplo del anhelo de asociación que tanto contribuye al desarrollo de la inteligencia.

Hablando Bernardo Couto de su amigo Manuel Carpio describe la Acadecia de Letrán en estos términos:

> ...reunión de personas dadas a la literatura, que desde el año 1836 hasta 1856 acostumbraba juntarse una vez cada semana en el colegio de ese nombre, para leer y examinar mutuamente sus composiciones, y discutir los principios de arte. Aquella reunión, a la que pertenecían D. Andrés Quintana Róo, Don José María y D. Juan N. Lacunza, D. Joaquín Pesado, Don Guillermo Prieto, D. Francisco Ortega, D. Alejandro Arango, y algunos otros de los que luego se han distinguido, fué útil para hacer revivir un estudio que tan abandonado yacía. El papel de Carpio en la Academia era siempre el de mantenedor de los principios severos del gusto clásico; en el tribunal de su juicio no alcanzaba indulgencia lo que no se ajustaba estríctamente a esos principios [1].

En efecto, unidos a Manuel Toniat Ferrer y Guillermo Prieto, ilustres próceres de la época, los hermanos Lacunza, José María y Juan, ilustres abogados a la sazón y antiguos alumnos del Colegio de San Juan de Letrán, habían fundado en 1836 una Academia literaria, que tenía sus reuniones en el mismo colegio. El jefe de este grupo original de fundadores era Don José María, quien hacía vida de anacoreta en el colegio. Huérfano de temprana edad quedó al amparo de su tía doña Guadalupe Blengio, a quien José María consideraba como verdadera madre. El joven se distinguió en el Colegio de San Juan de Letrán como estudiante, fué protegido por un rico y estudió ciencias naturales e idiomas. Por sus vastos conocimientos, su memoria prodigiosa y su primor talento daba o suplía en el colegio cátedras de diversas materias. Ocupaba don José María un cuarto, que Prieto describe más como una celda que habitación, "con sus altas ventanas, sus desnudos ladrillos y su cancel en la puerta, estaba totalmente tapizado de libros, sin más claros que el que ocupaba una angosta mesa que sería calumnia no llamar bufete, y en un extremo de la pieza y en el opuesto un catre aislado y como llevado con carácter provisional a aquel lugar" [2].

Si modesto principio tuvo la Academia de los Lacunza y de sus amigos, mayor novedad tuvieron sus reuniones, pues era costumbre poco conocida hasta entonces. Las semanales tertulias privadas pronto alcanzaron fama en el país y a los dos años de iniciadas se constituyeron en una sociedad de carácter formal con el nombre de Academia de San Juan de Letrán. José María Lacunza fué elegido presidente, y en su nuevo cargo dió el discurso inaugural en el banquete improvisado que festejó el acontecimiento en una tarde de junio de 1836. De esta manera los cuatro amigos abrían al público selecto las puertas de una de las academias más famosas en la historia de México. En la segunda sesión asistieron además de los cuatro fundadores, Eulalio M. Ortega, Joaquín Navarro y Antonio Larrañaga.

Los fundadores se negaron a todo reglamento pero "se dictó una ley fundamental, no escrita, que el que aspirase a socio presentara una composición en prosa o verso y que hecha la aprobación de la candidatura fuera lo bastante para la admisión" [3]. Toda composición se discutía en la sesión. La presidencia duraba un mes y el presidente nombraba su secretario.

Con el tiempo los escritores más influyentes de México fueron socios de la *Academia de San Juan de Letrán*, centro intelectual al que se debe el significado impulso a los estudios literarios de aquella época. Las reuniones amistosas de la Academia produjeron a los más distinguidos ingenios de la capital y a medida que pasaba el tiempo dicho cenáculo literario adquiría mayor prestigio. Allí acudían los amigos de literatos con rollos de versos en los bolsillos preparados para someterse a la crítica de tan augusto tribunal. Socios y huéspedes leían las composiciones por turno, las pulían de correcciones y todo se criticaba. En estas reuniones de San Juan de Letrán se sustanteron tesis, se hizo crítica; allí se sentó la base de una nueva literatura netamente mexicana. Allí se discutieron las reglas del arte literario, citando modelos contemporáneos y de la antigüedad. Las discusiones obligaron a los socios a estudiar gramática, temas de geografía y de otros asuntos. Estas discusiones eran a veces violentas, pero tenían el valor de ser ejercicios literarios, que dirigidos por José María Lacunza, eran verdaderos estudios formales y académicos, según expresa Prieto en sus *Memorias*.

Entre los muchos hombres de letras que deben el principio de su carrera literaria a la *Academia de San Juan de Letrán* se deben mencionar a Joaquín Navarro, que se dió a conocer en esa sociedad y quien fué uno de los primeros en presentar una composición ante la concurrencia. Era Navarro un consumado ideólogo que asombraba por su talento y profundos conocimientos. En las discusiones se extendía en asuntos de remotas relaciones. Eulalio Ortega, hijo de Don Francisco Ortega, se dió a conocer en las letras con su *Netzula*; Antonio Larrañaga, con su *Lucero de la tarde*; Joaquín Cardoso, con un discurso sobre la insurrección; el futuro obispo Munguía, con un estudio de Abelardo. Tomaron parte en éstas y otras discusiones Félix M. Escalante, Casimiro del Collado, José Joaquín Pesado, Ignacio Aguilar Marocho, Francisco Modesto Olaguíbel, Manuel Eduardo Gorostiza, Alejandro Arango y Escandón, Manuel Carpio y muchos otros.

No pasó la *Academia de Letrán* sin sus incidentes de interés y curiosos episodios. Una lluviosa tarde del primer año de la fundación de la sociedad, según uno de sus propios socios, Guillermo Prieto, llamó a la puerta de la Academia un viejecito de penoso andar pero de inteligente aspecto.

—"Vengo a ver qué hacen mis muchachos —dijo el viejecito, quien era Andrés Quintana Roo. Al momento su nombre fué pronunciado por todos los labios y el júbilo fué acogido de todos los presentes. Quintana Roo fué nombrado Presidente perpetuo por aclamación con motivo de esta visita tan inesperada".

Otra tarde se recibió en la Academia un pliego dirigido al secretario. Contenía una oda que aunque de versificación trabajosa revelaba un sentimiento tierno y un ingenio nada vulgar. Después de reñida discusión se comisionó a Lacunza y a Prieto a contestar al anónimo autor. A la sesión siguiente presentóse éste, quien era Ignacio Rodríguez Galván. Fué acogido con gran respeto y entusiasmo. Rodríguez Galván leyó en aquella ocasión una composición que gustó mucho. Desde aquel momento le acogieron Juan María Lacunza, Francisco Ortega, José Joaquín Pesado y otros. Bajo la protección de estos escritores y otros miembros de *Letrán* se inició la carrera literaria de Rodríguez Galván, y tal vez la semilla del romanticismo mexicano encontrara en aquella agrupación de amigos letrados fértil germinación. En efecto, en opinión de Guillermo Prieto el romanticismo fué introducido en la Academia de San Juan de Letrán por Ignacio Rodríguez Galván. El hecho de que Fernando Calderón, y Galván, los iniciadores del romanticismo mexicano, pertenecieran a la vez al mismo cenáculo, tertulia repleta de eminentes ingenios, conocedores todos de las nuevas corrientes, no se ha de pasar por alto al estudiar el origen y el desarrollo del romanticismo en México.

Fernando Calderón y Beltrán (1809-1845) al llegar a la capital a mediados de 1836 ya era algo conocido por algunas obras dramáticas. Pero hay que consignar que la gloria de Calderón empezó en la *Academia de Letrán*. Fué admitido en dicha corporación leyendo *Rosa marchita*, ya conocida, pero ahora corregida. Leyó más tarde *El soldado de la libertad*, imitación del *Pirata* de Espronceda; en otra ocasión recitó *El sueño del tirano*. Estas dos composiciones alcanzaron merecida resonancia por las circunstancias del momento.

Ignacio Ramírez fué aceptado socio de la *Academia de Letrán* en circunstancias más interesantes de lo que se acostumbraba. Su amigo Guillermo Prieto nos da una relación pormenorizada de la primera visita del *Nigromante* a la *Academia*:

"...Una tarde de Academia, después de oscurecer, percibimos, al reflejo verdoso que comunicaba a la luz el velador de la bujía que nos alumbraba, en el hueco de la puerta, un bulto inmóvil y silencioso, que parecía como que esperaba una voz para penetrar a nuestro recinto.

"Lo vió el señor Quintana y dijo: ¡Adelante!

"Entonces avanzó el bulto y ante una claridad muy indecisa, vimos acercarse tímido, a la mesa del Presidente, un personaje envuelto en un capotón o barragán desgarrado, con un bosque de cabellos erizos y copados por remate.

"¿Qué mandaba usted?

—"Deseo leer una composición para que ustedes decidan si puedo pertenecer a esta Academia.

—"Siéntese usted.

"Sentóse Ramírez junto al señor Quintana y entonces, dándole de lleno la luz en el semblante, pudimos examinarle con detenimiento.

"Representaba el aparecido de dieciocho a veinte años. Su tez era oscura, pero con el oscuro de la sombra. Sus ojos negros, parecían envueltos en una luz amarilla tristísima. Parpadeaba a menudo y de un modo nervioso... Nariz afilada, boca sarcástica... Pero sobre aquella fisonomía imperaba la frente con rara grandeza y majestad y como iluminada por algo extraordinario.

"El vestido era un proceso de abandono y descuido: abundaba en rasgones y chirlos, en huelgas y descarríos.

"En el auditorio reinaba un silencio profundo.

"Ramírez sacó del bolsillo del costado un puño de papeles de todos tamaños y colores. Algunos impresos por un lado, otros en tiras, como recortes de molde de vestido. Y avisos de toros y de teatros. Arregló aquella baraja y leyó, con voz segura e insolente, el título que decía ¡NO HAY DIOS!

"El estallido inesperado de una bomba, la aparición de un monstruo, el derrumbe estrepitoso del techo, no hubiera producido mayor conmoción. Se levantó un clamor rabioso que se disolvió en altercados y disputas. Ramírez veía todo aquello con despreciativa inmovilidad.

"El señor Iturralde, Rector del Colegio, dijo:
—"Yo no puedo permitir que aquí se lea eso. Este es un establecimiento de educación.

"Y el ministro señor Tornal:
—"Este es un cuarto en el que todos somos mayores de edad...
—"Que se ponga a votación si se lee o no, dijo Munguía.

"Yo no presido donde hay mordaza, exclamó Quintana levantándose de su asiento.

"Iturralde:
—"No se hará aquí esa lectura.

"Tornal:
—"Se hará aquí o en la Universidad.

—"O en mi casa —dijo don Fernando de Agreda— que asistía a la asamblea como aficionado.

"...¡Que hable Ramírez!
—"¡Que sí... que no... que hable, que hable!

"Se hizo el silencio. Y después de un exordio arrebatador y como calculada divagación, pasó en revista el autor los conocimientos humanos. Pero revestidos de tal seducción, pero radiantes de tal novedad, pero engalanados con lenguaje tan lógico, tan levantado, tan realzado de vivo colorido, que marchábase de sorpresa en sorpresa, como si estuviésemos haciendo una excursión al infinito por senderos sembrados de soles... Astronomía, matemáticas, zoología, el jeroglífico y la letra, y el dios...

"Y todo esto sin esfuerzo, resonando la trompa épica de lo sublime y el tamboril de los pastores de Virgilio; empleando el decir flúido de Herodoto o la risa franca y picaresca de Rabelais.

"A las exclamaciones de horror y de escándalo se mezclaban palmadas, gritos de admiración y vivas entusiastas.

"El señor Quintana, muy conmovido, puso la mano sobre la cabeza de Ramírez, como para administrarle el bautismo de la gloria...

"La discusión se abrió y si se hubiera dado a la Prensa, formaría época en la historia del progreso intelectual de México. ¡Qué erudición de Carpio y de Pesado! ¡Qué tersura de dicción, qué lógica, qué poderosa palabra la del doctor Guevara! ¡Qué destreza, qué irradiación, qué flexibilidad admirable en el decir de Lacunza! ¡Cuánto talento de Eulalio Ortega!

"Ramírez a todos replicaba. Unas veces sabio; las más, insolente y cínico.

"Iturralde le argüía que la belleza de Dios se veía en sus obras.

—"De suerte —replicaba Ramírez— ¿qué usted no puede figurarse a un buen relojero jorobado y feo?

"...La composición de Ramírez era visiblemente un pretexto para hacer patentes sus estudios de muchos años. Y como a su pesar, se traslucía la jactancia de malas cualidades (que no tenía), fué aceptado con entusiasmo y cariño aun por los que se presentaron con el carácter de enemigos...

"A Ramírez no se le ha juzgado con justicia como gran poeta y como gran filósofo, como sabio profundo y como orador elocuente. Y Ramírez era, en el fondo, la protesta más genuina contra los dolores, los ultrajes y las iniquidades que sufría el pueblo...

"En política, en literatura, en religión, en todo, era una entidad revolucionaria y demoledora. Era la personificación del buen sentido que, no pudiendo arrojar sobre los farsantes y los malvados el rayo de Júpiter, los flajelaba con el látigo de Juvenal y hacía del ridículo la picota en que, a su manera, los castigaba. Pero para esto necesitábase un gran talento, un corazón lleno de bondad y una independencia brusca y salvaje sobre toda ponderación..." [4].

El germen literario de Guillermo Prieto se echó en la *Academia de San Juan de Letrán*. Fué, en efecto, alumno en el colegio y uno de los miembros que formaron el cuadrilátero fundador de dicho centro, según él mismo dice en sus *Memorias*. Con motivo de la distribución de premios entre los alumnos del Colegio de San Juan de Letrán el 27 de agosto de 1837, Prieto leyó la siguiente *oda*:

> Todo rinde homenajes a la ciencia;
> Le franquean sus antros los abismos,
> Su alcázar la divina omnipotencia,
> Y sobre el carro de la ilustre fama,
> De la inmortalidad con la aureola
> Por el vasto universo por sí sola
> La luz, la vida y el poder derrama.

La *Academia de San Juan de Letrán* no fué sólo un centro de tertulias literarias sino que también se concedió muchas horas de esfuerzo a las ciencias de aquella época, tal como la filosofía, la zoología, la botánica, la lógica, la psicología, la química, etc. La *Academia* ayudó a democratizar los estudios literarios, como dice Prieto [5]. En aquel centro se consideraba sólo el mérito, no la edad, ni la posición social, ni bienes de fortuna, ni nada que no fuera justo y elevado. Fué *Letrán* el primer gran esfuerzo para iniciar un movimiento literario que había de aparecer en el horizonte cuando las circunstancias lo permitieran. Indicaciones de este esfuerzo se ven en los múltiples escritos de muchos de sus miembros en revistas como *Año Nuevo, El*

Mosaico, El Museo, El Liceo, El Ateneo, en los que descuellan Prieto, Arango, José Sebastián Segura, Vicente Sebastián Segura, Escalante, Layno y Franco, Lafragua, Roa Bárcena, etc.

Dice el distinguido profesor Carlos González Peña que "en la Academia de Letrán empolló la generación que hubo de llenar medio siglo de la historia de nuestras letras" [6]. Opinión semejante expresó en 1855 el poeta español José Zorrilla, residente por aquellos años en la capital mexicana. Dijo entonces que la fundación de la academia marcaba "el verdadero punto de partida de lo que hoy (1855) puede llamarse literatura original mexicana, porque empezó a volar por sí misma" [7]. Y agrega el autor del *Tenorio*:

> Esta academia dió nacimiento a Rodríguez Galván, quien desde la oscuridad de la librería de un su tío, remitió a la academia una composición que le valió el ser honoríficamente admitido en su seno; a Antonio Larrañaga, mozo lleno de interés, poeta de buenas esperanzas, muerto en flor a los diez y nueve años; a Eulalio Ortega, poeta de corazón; a Paino (sic), narrador fácil y prosista castizo, quien bajo el epígrafe del *río bravo*, publicó una serie de artículos en los cuales llenó de interés y de poesía a los indios salvajes, en un género semejante al de las buenas novelas de Cooper; a Juan N. Navarro, médico y poeta, versificador armonioso y correcto...
>
> De esta academia salieron también Ramón Isaac Alcaraz, joven de íntima y melancólica inspiración [7].

La revolución de 1846 causa el principio de la decadencia de la *Academia de Letrán*, pero gracias al celo de don Joaquín Navarro continúa floreciendo una década más y deja de existir en 1856. En sus últimos años las discusiones y sobre todo las diferencias de opiniones, seguramente más políticas que literarias, produjeron dos bandos que establecieron dos periódicos literarios: *El mundo* (1843) y *El liceo* (1844) [8].

Capítulo IV

EL ATENEO MEXICANO - 1840
Y
EL LICEO ARTISTICO Y LITERARIO - 1851

Concibióse *El Ateneo Mexicano* (1840) en la capital mexicana el 22 de noviembre de 1840 por iniciativas de don José Gómez de la Cortina, Conde de la Cortina y del ministro de España en México, D. Angel Calderón de la Barca [1]. En la primera junta celebrada en esa fecha para tratar del establecimiento del Ateneo, reunión que tuvo lugar en la Sala rectoral del Colegio Mayor de Santa María de Todos los Santos, asistieron a dicha asamblea preparativa los dos instigadores ya mencionados, Juan Nepomuceno Almante, Luis González Cuevas, Andrés Quintana Roo, Juan Bautista Morales, José María Casasola, Joaquín Ramón, Manuel Moreno y Jove, Miguel Valentín, Guadalupe Arriola, Pedro Ahumada, José María González de la Vega, Agustín Flores Alatorre, Pablo Vergara.

La junta de 1840 y otras dos celebradas en 1841 (4 de enero y 20 de abril) fueron reuniones del *Ateneo* que podrían llamarse de fundación o preparativas. La primera reunión formal del *Ateneo* no se celebró hasta cuatro años más tarde, postergación descomunal que no podemos explicar. La primera lectura se hizo el 25 de febrero de 1844 en el Salón de la Universidad, bajo la presidencia efectiva de don José María Tornel; en la junta del 4 de enero de 1841 salió electo presidente don Miguel Valentín, pero seguramente en el transcurso de poco más de tres años hubo algunos acontecimientos desconocidos que cambió la fecha de inauguración y el personal administrativo. Otros miembros de la junta directiva eran: Mariano Otero, vice-presidente; Pedro Fernández del Castillo, primer consiliario; Benigno Bustamante, segundo consiliario; Lorenzo Hidalgo, tesorero; José María Lafragua, primer secretario; Guillermo Prieto, segundo secretario; Isidro Rafael Gondra, bibliotecario.

Entre los primeros miembros cuya cooperación aseguró el éxito del *Ateneo* estaban, además de los ya mencionados: Félix M. Escalante, Rafael Palacios, Manuel Payno, Alejandro Arango y Escandón, Manuel Carpio, Francisco Ortega, Ramón I. Alcaraz, José María Lacunza, Juan Navarro, Joaquín Navarro, Casimiro del Collado, Rafael Espinosa, José Joaquín Pesado, y otros.

Para ser socio del Ateneo había que pagar la pequeña cuota de un peso, cantidad que más tarde aumentó a tres. Además de celebrar reuniones en las que los miembros leían ensayos y composiciones, El *Ateneo* auspiciaba la publicación de obras de sus miembros, como fué el *Elogio de Cristóbal Colón*, por Eulalio María Ortega, publicado en 1846. En su primer año de actividades, en 1844, apareció el primer número del órgano del centro, también llamado *El Ateneo Mexicano*, pero que según todos los indicios no llegó a publicarse más que una vez, un tomo de 427 páginas, de obras de carácter misceláneo, de gran número de los socios, como Ramón I. Alcaraz, Guillermo Prieto, Manuel Díaz Mirón, padre del más famoso Salvador Díaz Mirón, quien escribía de Vera Cruz, y otros no tan distinguidos. En 1845 D. Francisco Fagoaga, ilustre filántropo y político que amparó y socorrió a muchos necesitados, abrió un concurso literario auspiciado por el *Ateneo*, ofreciendo un premio para el mejor trabajo sobre los medios de desterrar la embriaguez. Don Francisco Ortega se llevó el premio.

El Ateneo Mexicano difiere de otras sociedades literarias por su carácter algo pedagógico, no obstante ser una sociedad estrictamente literaria. Se concibió dicho centro para "formar una reunión amistosa en la que proporcionándose al pueblo los medios de instruirse sin gastos, se fomentase el espíritu de asociación que tantos y tan señalados bienes produce hoy en el mundo civilizado"[2]. En otra ocasión, los fines del Ateneo se expresan así: "El Ateneo mejicano es una sociedad de amigos, que se reunirá legalmente con el objeto de propagar los conocimientos útiles, adquirir nuevos y solazarse con el trato mutuo"[3].

Hablando el poeta español José Zorrilla de la época de la decadencia de la Academia de Letrán, dice que "por el mismo tiempo se abrió un Ateneo, en cuyos salones Carpio y Lafragua hicieron lecturas y discursos, páginas ricas de erudición y utilísimas a la juventud, y dió sus lecciones de historia don Lucas Alamán"[4]. Refiérese Zorrila a los años 1846 y siguientes, e indudablemente que el "Ateneo" ha de ser *El Ateneo Mexicano* aunque no se fundara en 1846, como ya hemos visto.

Otro contemporáneo del Ateneo consigna el hecho de gran significado patriota de que el propio presidente del país tomó parte en la inauguración del referido centro. Hablando Arróniz del *Liceo Hidalgo*, fundado en 1849, dice que el presidente de la república asistió a la inauguración, y agrega que "un acto como éste sólo se había verificado seis años antes, pero a él contribuyeron con su apoyo todas las notabilidades del país, y el gobierno tomó parte también en la inauguración de aquel importante establecimiento, que llevó el título de *Ateneo Mejicano*, y que no tardó mucho en cerrar sus puertas"[5]. Sobre la fecha de su desaparición poco se sabe de este centro. Sabemos que casi desapareció en 1851, no mucho después de abrir sus puertas, pero según datos de aquellos tiempos se restableció y se presentaron y admitieron muchos señores[6].

EL LICEO ARTISTICO Y LITERARIO - 1851

Es este establecimiento de escasa importancia en las letras mexicanas de mediados del siglo XIX. No dejó rastro alguno, pues apenas se consigna su sesión inaugural verificada el 18 de enero de 1851 en el Gran Teatro, bajo la presidencia de D. José María Lacunza. Lucrecia Borgia socia facultativa y fundadora abrió la sesión, y siguió el discurso inaugural de Lacunza publicado en *El Siglo* XIX (21 de enero de 1851). Leyeron composiciones don José T. Cuéllar, la que comienza *Tímida asoma la rosada aurora. Con tibia luz iluminando al mundo;* Miguel Agustín, *El romanticismo,* y Marcos Arróniz, Emilio Rey, Francisco G. Bocanegra, socio fundador y secretario. En esta sesión hubo varios números de música, pero las poesías fueron lo más importante del programa [7].

Capítulo V

LICEO HIDALGO - 1849

En las últimas agonías de la *Academia de San Juan de Letrán*, la mayor parte de sus socios dejaron de asistir a sus reuniones, pues no todos seguían el pensil ameno de las musas, mientras que otros se dedicaban con mayor ardor a otras carreras más lucrativas. Siguió, pues, un período de silencio al gran impulso literario de San Letrán, pero el 15 de septiembre de 1849, con motivo de las fiestas patrias, unos jóvenes literatos, todavía no conocidos en las letras, emprendieron el mismo camino que sus antecesores y sin más recursos que la inspiración fundaron el *Liceo Hidalgo*. Zorrilla tiene razón al asegurarnos que "de la Academia de San Juan de Letrán nació más tarde el Liceo Hidalgo" [1]. Es natural que algunos de los miembros del Liceo lo fueran a la vez de la *Academia de Letrán*.

Sobre la fecha de fundación del *Liceo Hidalgo* hay opiniones divergentes; aun los propios socios de tiempos de la fundación están en desacuerdo, pues escriben en años posteriores y su memoria no siempre es muy segura. José T. de Cuéllar dice que "en 1851 se fundaba el Liceo Hidalgo" [2], fecha en que concuerdan Francisco Pimentel, quien declara que a la "Academia de Letrán sucedió, en 1840, *El Ateneo*... Después, en 1851, se estableció el Liceo Hidalgo" [3]; y Olavarría y Ferrari, al decir "La Falange del Estudio y el *Liceo Hidalgo* en 1850 y 1851, tienen por órgano *La Ilustración Mexicana*" [4]. Es cierto que Olavarría no dice que estas son fechas de fundación, pero *La Falange* se fundó en 1850 en Guadalajara y hemos de suponer que se refería en ambos casos a fechas de establecimiento. Antonio García Cubas, sin embargo, dice que el *Liceo Hidalgo* existía en 1850 [5]. Pero lo curioso de todo esto es que para celebrar el primer aniversario de la sociedad hubo el 15 de septiembre de 1850 una función literaria en el Salón de Actos del Colegio de Minas de la capital, como expresamente lo consigna uno de los presidentes del Liceo, el escritor Marcos Arróniz en su *Manual del viajero en México*. Al hablar de los escritores de aquella época declara Arróniz que "trabajan con una asiduidad y constancia que los honra, y el 15 de septiembre de 1850, en celebridad del primer aniversario de su instalación, ofrecen una función literaria" [6]. El año de la fundación del Liceo, 1849, vuelve a ser confirmado por José Galindo quien el primero de enero de 1851 leyó un *Elogio de Sócrates* en el Liceo Hidalgo, y empezó así el conferenciante: "Hace algunos meses, que al celebrar este liceo el primer aniversario de su instalación, dediqué un elogio histórico al héroe cuyo nombre lleva" [7]. El referido primer aniversario fué ocasión de verdadera solemnidad, pues asistió el presidente de la República, aunque no fué esta la primera vez que el primer magistrado de la nación asistiera a acto de este carácter; como ya hemos visto, ya en 1844 había tomado parte en la inauguración del *Ateneo Mexicano*.

En la primera reunión se nombró junta directiva, con presidente, secretario, tesorero y bibliotecario. En las sesiones, que tenían lugar los días festivos, se levantaban actas de la sesión. En algunas épocas del Liceo las sesiones eran semanales. La pequeña biblioteca en sus principios fué acumulación de obras compradas con dádivas de los miembros administradores, o regalos de los mismos. Para sufragar los gastos, los socios pagaban una pequeña cuota mensual.

El *Liceo Hidalgo* tuvo tres épocas distintas. La primera abarca escasamente los tres primeros años de su existencia, con gran actividad en 1851. No se oye casi nada del *Liceo* hasta 1873 cuando Ignacio Altamirano toma la presidencia y revive el muribundo centro, constituyendo ésta su segunda época, y por cierto la de mayor bullicio y esplendor literario. La tercera época comienza en 1884 y dura hasta su muerte, que es algo indefinida, pero que tal vez acaeciera allá por 1894. Precisemos esta última fecha probable. *La juventud literaria* del 11 de diciembre de 1887 relata que "desde que Pimentel dejó la presidencia del Liceo Hidalgo comenzó a decaer esta sociedad, que hoy no existe más que de nombre". Y el 11 de febrero de 1894, Luis González Obregón, hablando de Altamirano dice en *El Renacimiento* que el autor del *Zarco* "días y años consecutivos presidió el Liceo que ahora se enorgullece con su nombre". De modo que parece que todavía existía el *Liceo* en 1894, pero no hemos podido encontrar datos que lo corroboren.

La primera época del *Liceo Hidalgo* la constituyen José María Lacunza, Félix Escalante, José María Lafragua, Manuel Orozco y Berra, Florencio del Castillo, gran patriota y novelista romántico; Francisco Granados Maldonado, presidente del *Liceo*, quien en mayo de 1851 dedicó a dicho centro un estudio publicado en *La Ilustración*, llamado "Observaciones sobre el género a que pertenece la literatura sentimental, particularmente la poesía". Francisco González Bocanegra, dramaturgo, autor de *Vasco Núñez de Balboa*, y presidente de la sociedad; Vicente Segura y Sebastián Segura (hermanos), admitidos el 13 de junio de 1851 con dispensa de los requisitos de reglamento. Don Sebastián dió un discurso el 20 del mismo mes [8]. Epitacio J. de los Ríos, quien el 23 de enero de 1851 escribe una poesía "A mis respetables consocios del Liceo Hidalgo". Francisco Zarco, presidente, quien el 1 de junio también de 1851 pronunció un discurso titulado *El objeto de la literatura*, con motivo de asumir la presidencia del *Liceo*. Marcos Arróniz, bajo cuya presidencia se aprobó en la reunión del 13 de julio de 1851 un dictamen de los señores Lafragua, Teodosio Lares, y Escalante, fijando el orden que para lo sucesivo, deberían examinarse las composiciones poéticas de los socios. Pedro Dejarano, quien leyó en la reunión del 20 de julio del mismo año *La libertad en sus relaciones con la época*. El 8 de enero de 1856, Altamirano pronunció un discurso en la velada en honor de Gorostiza.

En la segunda época, más florida y fecunda, el Liceo Hidalgo era el centro literario más renombrado y de mayor influencia de aquellos tiempos y acogía bajo su órbita las mentalidades más preclaras de la capital. Allí se iniciaban jóvenes literatos, y allí se debatían los más arduos problemas estéticos. En esta segunda etapa el *Liceo* empezó otro intento para reanimar el espíritu de asociación literaria de la capital, escasamente logrado en la primera época [9].

La década de 1870 al 80, sobre todo los años de 1872 y 73, son de una actividad literaria asombrosa. En mayo de 1872 era el *Liceo* la corporación más nombrada de la capital y a la sazón la presidía don Ignacio Ramírez. Don Francisco Pimentel ya había entrado en su seno en marzo del mismo año. El ingreso de Pimentel en esta sociedad revistió una importancia trascendental en el desenvolvimiento intelectual de México. En abril de 1874, cuando el *Liceo* celebró una velada en honor de Zarco, era don Francisco su presidente.

Francicso Pimentel e Ignacio Ramírez eran los gallitos del *Liceo*. Por ideologías eran opuestos; como hombres eran amigos. Sus divergentes puntos de vista nunca dieron lugar a crear dos bandos militantes, pues el *Liceo* tenía por fin hacer de los diversos grupos literarios una agrupación que siguiera las aspiraciones del arte y las leyes de la estética. De ahí que todos los miembros del Liceo estaban unidos en una vocación artística sin rivalidades, ni literarias ni personales. El *Nigromante*, escritor de conocimientos profundos y universales, discutía con Pimentel sobre alta estética, pero la integridad del contrario, su honor y su dignidad jamás se atacaba. Al terminar la sesión los dos maestros se daban la mano como si nada hubiera pasado. Esto ocurrió en 1872, cuando Ramírez leyó un importante discurso sobre la poesía erótica de los griegos, la que fué impugnada por don Francisco Pimentel.

En la sesión celebrada el 13 de enero de 1873 se puso a discusión un soneto de Juan A. Mateos, intitulado *A la muerte de Sócrates* en que participaron los señores Ramírez, Altamirano, Félix Romero, Pimentel y el propio autor Mateos. A las once de la noche la discusión no había terminado, a pesar de haberse abierto la sesión a las ocho y media, y el tema quedó pendiente para la próxima reunión. Reanudóse, pues, la discusión del soneto en la velada del 20 de enero, con un ataque por parte de Pimentel y defendido por Altamirano, Riva Palacio, Mateos y Ramírez. Según el cronista del *Siglo* XIX.

La discusión no pudo ser más luminosa, más animada, ni más erudita; allí campeó la originalidad de las ideas con la fuerza y el lujo de las apreciaciones históricas; los combatientes blandieron los aceros hasta romper la coraza al enemigo común y dejarlo jadeante en el palenque.

Hubo aplausos, sonrisas, rumores y todo cuanto acompaña una justa en regla, donde antes que el *juicio de Dios*, se buscaba el juicio de la historia [10].

La reunión siguiente (27 de enero) fué destinada a obsequiar a los periodistas de La Habana que visitaban a México en aquel entonces. Fué numerosa la concurrencia de socios y de miembros de la prensa mexicana, la cual se asoció al *Liceo* para agasajar en tal ocasión a los escritores de Cuba. Presidida la sesión por el Sr. Altamirano, Félix Romero leyó un elocuente discurso en que hizo un cumplido elogio del famoso Conde de Villamediana. El señor Diego Bancomo leyó un soneto a Isabel la Católica, Mateos también leyó tres sonetos, uno a Garcilaso, otro a Villamediana y el tercero a Cervantes; Gerardo Silva leyó un elogio a Fray Bartolomé de las Casas, y Joaquín Téllez un cuento titulado *Don Juan de las viñas*.

Después de la lectura de estas composiciones, todas muy aplaudidas, se propuso un tema de discusión, y el ministro de España sugirió las obras de Santa Teresa de Jesús y Sor Juana Inés de la Cruz. Empezó entonces una de las más bellas e interesantes discusiones que hasta entonces había tenido el *Liceo*. Terminada esta discusión, el señor Altamirano propuso que los poetas españoles (cubanos) y los mexicanos escribieran una serie de romances sobre el General Prim, con motivo de los buenos resultados que el general español había llevado a cabo para mejor fraternidad entre España y México. Dichos romances deberían constituir una especie de *Romancero* a imitación del Romancero del Cid [11]. Para iniciar dichos romances Altamirano leyó un bello romance que había escrito aquella misma mañana.

La reunión del 3 de febrero de 1873 es importante porque en aquella sesión se discutió el poema *Ante un cadáver* de Manuel Acuña. Tomaron parte en el debate, en pro, los señores Riva Palacio, Juan A. Mateos, Justo Sierra, Eduardo Zárate, Gustavo Baz, R. Manterola y Félix Romero; y en contra, Arcadio Zentella, Ramírez, Pimentel, Rodríguez y Cos y Altamirano. No terminó la discusión por estar ya avanzada la noche. Lo importante de este debate es que consistía, en realidad, en la lucha entre la escuela clásica y la romántica [12]. Aunque Manuel Acuña era miembro del *Liceo Hidalgo*, su nombre, sin embargo, está más bien asociado a la *Sociedad Netzahualcóyotl*

(1867) que estudiaremos más adelante. Digno es consignar el hecho de que en mayo de 1873, siendo presidente del *Liceo* el Dr. Manuel Peredo, era vice presidente Manuel Acuña [13].

La primera reunión de junio fué presidida por la recomendable señora Josefina Ocampo de Mata. "Se leyó una delicada composición del Sr. Argandar titulada, "Melancolía", que provocó una agradable discusión entre los señores don Ignacio Ramírez, don Guillermo Prieto, Rodríguez, Zentella y Zárate". Y continúa la reseña del cronista "El lunes próximo promete estar mucho más concurrida y animada, con la asistencia de muchos socios que anoche faltaron, por la llegada del gran Valero a quien fueron a recibir" [14]. Este gran Valero era el famoso José Valero, primer actor del teatro español, fundador y presidente del conservatorio de declamación de México, director de la compañía dramática que en aquel entonces trabajaba en el Teatro de Hidalgo.

En honor de la eminente poetisa cubana doña Gertrudis Gómez de Avellaneda celebró el *Liceo* su reunión del 30 de junio de ese mismo año. También esta sesión fué presidida por la señora Josefina Ocampo de Mata. Como de costumbre, la velada tuvo lugar en el salón de la Sociedad de Geografía y Estadística. Fué en esta ocasión cuando el joven Acuña leyó su *Oda a Gertrudis Gómez de Avellaneda* [15]. Varias señoritas desconocidas recitaron algunas poesías, la señora Ocampo de Mata pronunció un discurso y hablaron los señores Altamirano, Prieto, Severo Campero, Baz, José María Vigil, J. S. Segura, y Acuña [16].

Después de celebrar algunas reuniones en honor de personajes de alguna distinción, como fué la sesión del 5 de julio en loor de Nicolás Copérnico y la del 25 de agosto dedicada a la memoria del malogrado poeta cubano Juan Clemente Zenea, se decidió en septiembre abrir un concurso literario. Consistiría éste de tres partes: un concurso para un estudio biográfico sobre don Miguel Hidalgo y Costilla, y el segundo y tercero para dos piezas dramáticas que se "representarán en el teatro del Conservatorio de Música y Declamación" [17]. La comisión nombrada para el concurso de biografía se componía de Peredo, Prieto y Riva Palacio; para las piezas dramáticas de Ramírez, Altamirano y Pimentel.

En veladas sucesivas se honró la memoria de Fernández de Lizardi, Servando Teresa de Mier, Sor Juana de la Cruz, y Francisco Zarco. Se distinguieron por su oratoria y elocuencia Guillermo Prieto y la señora Laureana Wright de Kleinhans, sobre todo en la velada pública dedicada a la memoria de Zarco. En esta sesión en honor del colaborador del *Siglo* XIX, el número de mujeres que asistió a la reunión fué mayor que de costumbre. Se había venido notando esto de un poco tiempo atrás, lo cual indica que el bello sexo en México iba adquiriendo ilustración y que por consiguiente iban desapareciendo por fin las preocupaciones que mantenían a las señoras alejadas de cierta especie de solemnidades.

Los años 1874, 75, 76 y 77 no fueron tan productivos en el *Liceo Hidalgo* como en 1873. Las crónicas de aquellos tiempos apenas registran veladas dedicadas a personas notables. Sin embargo, José María Vigil pronunció un discurso en la velada literaria que el Liceo dedicó a Sor Juana de la Cruz, la noche del 12 de noviembre de 1874, al celebrar el aniversario del natalicio de la ilustre poetisa. A principios de 1875 tuvo efecto en el Teatro del Conservatorio una lucida velada dedicada a la eminente trágica y distinguida dama Adelaida Ristori. Fueron notables las poesías de Justo Sierra, Luis G. Ortiz y José Rojas... El 12 de julio de ese año, Vigil pronunció un discurso sobre Juan Valle, y el 8 de mayo otro para honrar a Miguel Hidalgo. Casi a fines del mismo año de 1875 se celebró otra velada literaria, esta vez para honrar la memoria de Juan Ruiz de Alarcón en la que tomaron parte el Dr. Peredo, la señora de Kleinhans, y otros. La sesión del 17 de enero de 1876 fué dedicada a honrar al señor Manuel Eduardo de Gorostiza, y la del 21 de febrero a la memoria de la malograda artista Pilar Belaval de Muñoz. Los laureles en esta sesión fueron recogidos por Nacho Altamirano quien pronunció un discurso lleno de erudición y elegancia [18]. El 8 de mayo de 1877 celebró el Liceo velada en honor del inmortal cura de Dolores.

Cuando el *Liceo Hidalgo* contaba en 1884 treinta y cinco años y casi en sus últimas agonías, si es que no había muerto por completo, se puso al frente Altamirano y con la ayuda de otros activos escritores lo reanimó y le dió vida. Tal vez dicho centro no había existido entre 1876 y 1884; de todos modos, esta nueva organización constituye la tercer época del *Liceo Hidalgo*. Altamirano y sus asociados lo dotaron de una revista, *El Liceo Hidalgo, periódico de literatura, órgano de la Sociedad del mismo nombre*, cuyo primer número fué del 15 de septiembre de 1884. Dicho órgano pronto dejó de existir y hoy es una rareza bibliográfica.

En verdad este Liceo de 1884 es ya otro centro distinto del anterior, con propia constitución, y sin embargo es a la vez continuación del *Liceo* original fundado en 1849. Así también lo quisieron consignar los propios directores de la resucitada sociedad. En su primera junta del 3 de septiembre de 1884 anunciaron que iban a "instalar" una asociación literaria llamada el *Liceo Hidalgo*. Y agregan en el primer número de la revista del centro:

> La sociedad literaria que con este nombre acaba de formarse, tuvo ayer su primera junta preparatoria en el salón de sesiones de la Sociedad de Geografía y Estadística.
> Se procedió a la elección de mesa y fueron nombrados: Presidente, al Lic. D. Ireneo Paz; vice-presidente, el Sr. D. Juan de Dios Arias, y

secretarios, los señores Lics. D. Ramón Manterola y don Manuel A. Romo.

El mismo Altamirano declaró a la semana siguiente "que en su concepto, aunque el Liceo lleva el mismo nombre que las sociedades literarias que en épocas diferentes han existido en la capital, debe considerarse como una asociación enteramente nueva, no obstante que muchos de sus miembros han pertenecido a las anteriores" [19]. En efecto, casi las mismas caras se ven en el nuevo Liceo. Don Francisco Sosa es uno de los nuevos miembros del resucitado Liceo, quien con Altamirano y Pimentel formaban una de las dos comisiones designadas por la mesa directiva para organizar las diversas actividades de la asociación.

En la sesión del 16 de septiembre de 1884 se discutió la redacción de un reglamento que fué aprobado a las tres semanas, se presentaron proyectos de propiedad literaria en México, y con el objeto de que las nuevas sesiones del Liceo tuvieran interés y se reviviera el centro pronto, se propuso que se comenzasen las lecturas literarias. Resultado de esta primera runión del nuevo *Liceo* fué un programa para que en turnos sucesivos se desarrollaran los temas siguientes: Altamirano, "Estudio de la poesía épica en México"; Ulluo, "Una composición dramática que va a estrenarse próximamente en el teatro Hidalgo"; Joaquín D. Casasús, "Traducción del poema 'Evangelina de Longfellow' "; Pimentel. "Historia de la novela en México"; Altamirano, "La novela intitulada 'El Zarco' " [20]. Sobre esta novela se ha de tener en cuenta que no se terminó hasta 1888, y fué publicada en 1901.

En las dos últimas décadas del siglo pasado y la primera del presente existió en la capital de la República el *Liceo Altamirano*, sociedad también de reconocida fama. Parece ser que el *Liceo Altamirano* era continuación del *Liceo Hidalgo*. Hablando el señor Iguíñiz de Altamirano declara que perteneció a "diversas agrupaciones científicas y literarias, y llegó a ser presidente de la Sociedad de Escritores Públicos, del Liceo Hidalgo, que después llevó su nombre y de la Sociedad Netzahualcóyotl" [21]. Ya funcionaba el *Liceo Altamirano* en 1893, pues Luis G. Urbina dice refiriéndose a Manuel José Othón: "Una mañana, en 1893 o 94, estaba yo en *El Siglo* XIX, escribiendo mi articulejo, cuando entraron a buscarme Pepe Bustillos, Antonio Peña y Reyes, Fernangrana, Micros. Me dijeron: —Ahí abajo está Manuel Othón, con toda la pandilla del Liceo Altamirano. Sal pronto, que nos vamos a retratar en grupo" [22]. Dos o tres años más tarde ingresó al Liceo Rafael Delgado, donde presentó de vez en cuando estudios sobre conocidos literatos, tales como Bécquer, Leopardi, Núñez de Arce, estudios que ya había leído en ocasiones anteriores en la Sociedad Sánchez Oropesa, cuando residía en Orizaba [23].

En 1905 todavía funcionaba el Liceo Altamirano en la capital de México, pero con poca energía e influencia. En ese año dicho centro abrió un certamen para celebrar el tercer centenario del *Quijote*, en el que Nemesio Garcia Naranjo recibió laureles merecidos [24]. El 9 de noviembre de 1907 D. Joaquín Casasús pronunció un discurso en la sesión solemne que en memoria del señor Alfredo Chavero celebró el *Liceo Altamirano*; y el 21 de diciembre del mismo año, Casasús también dictó para honrar la memoria de don José Peón Contreras [25]. El *Liceo Altamirano* todavía funcionaba en 1914.

Capítulo VI

PROTECTORES DE LETRAS

El siglo XIX rebasa con tertulias y asociaciones literarias de efímera existencia. Hasta aquí hemos visto aquellos centros serios y formales sucederse uno al otro; constituyen una continuidad en el siglo XIX que sirve de base de contacto de todas las generaciones de escritores. Sin ese hilo de unión los escritores pierden la perspectiva en el campo literario, y mayormente, los jóvenes novatos carecen de estímulo, de guías, de albergue y de oyentes de fino gusto.

Además de las sociedades literarias ya estudiadas pululaban el ambiente literario grupitos privados auspiciados por algún ricachón, o por algún respetable aficionado a las letras. Amén de estas reuniones pasajeras, de cuando en cuando se celebraban fiestas de carácter público que revestían la forma de lo que más tarde llega a ser los juegos florales. Por su carácter tan circunscrito y hogareño son muy escasos los datos de estas reuniones "en famille". También de interés literario son las peñas, y las amistosas asociaciones en los cafés, en las editoriales y en las librerías.

Una de las tertulias privadas de principios del siglo XIX de que tenemos noticias es la auspiciada por cierto Dr. Luis Montano, del que nadie parece saber más que su nombre. A la llegada de Francisco Ortega en 1814 a la capital fué presentado al Dr. Montano "en cuya casa se reunían las personas más señaladas por su saber, talento y posición, y que era, puede decirse, una academia en que se discutían con independencia y recto juicio las composiciones literarias de los concurrentes, y aun de autores extranjeros", relata Francisco Sosa en su famosa *Biografía de mexicanos distinguidos* [1]. Francisco Ortega, que llegó de Puebla donde había estudiado, llegó a ser uno de los que más frecuentaba esta sociedad del Dr. Luis Montano, y fué en esta agrupación que recibió un premio por su poema *La venida del espíritu santo*, que por no ser muy accesible copiamos aquí parte del famoso poema:

Préstame en esta vez tu acorde lira,
¡Oh Musa celestial! y dulce acento
A mis labios inspira:
Que inflamado mi pecho en sacro aliento
Del espíritu Santo
La venida triunfal, y el vencimiento
Del soberbio satán celebro y canto

Y tú, numen sagrado,
Que en la cumbre del Oreb, el armonioso
Són acordaste al vate, que inspirado
Con tu soplo ardoroso,
De Jehová creador y poderoso
Las obras ensalzó, mi lengua impura
Mueve también, tu auxilio me asegura:
Y quedarán confusas
Mi voz oyendo las mentidas musas.
  Ya en las alas del viento
Y de ardientes querubes ascendido,
El inmutable asiento
Ocupaba el Ungido
A la diestra del Padre. Conturbados
Los discípulos fieles, silenciosos,
Tristes y pesarosos,
Gemían del Maestro abandonados:
Que mientras se cumplía
La promisión eterna
Que al elevarse a la mansión superna
Les dió Jesús en tan glorioso día,
De tímidas pasiones
Libres no estaban aún sus corazones.
Ellos la escuadra electa
Formaban, que impertérrita calcando
Al infernal Satán, y su impía secta
Como ligera niebla disipando,
Valer haría por el orbe entero
El precio de la sangre del Cordero.
  Ya el tiempo señalado
A la gloriosa lucha se aproxima:
Los olmos campeones,
Con ánimo concorde y humillado
Al Padre, de Sión en la alta cima,
Dirigen sus fervientes oraciones,
Tal suelen antes de la lid sangrienta
Los guerreros vibrar la aguda lanza,
Del caballo adestrarse en la carrera,
Mientras la voz cruenta
Oyen del general, que a la matanza
Los llama, enarbolando la bandera.
El príncipe infernal que así los mira
Arde en furiosa ira.
Su imperio destruído,
Sus astucias burladas
Y sus leyes tiránicas holladas
Le hacen lanzar un hórrido alarido;
Mas su soberbia loca
A terrible venganza le provoca.

Sus ojos centellantes
Más susto imprimen que en oscuro cielo
Cometas rutilantes,
Nuncios infaustos de terror y duelo.
Agita su cabeza furibundo
De silbadoras víboras crinada,
Que en roscas mil se encogen y repliegan,
Y queda envuelto el anchuroso mundo
En una noche lúgubre y nublada,
Cuando sus negras alas se desplegan.
Tres pasos, vomitando viva lumbre,
Da de Sión al Etna cavernoso,
Y por la abierta cumbre
Baja en torcido vuelo al reino umbroso,
Y en su trono sentado,
con voz honditonante,
Como el trueno del rayo fulminante,
Manda junta al infernal senado.
 ¡Oh musa divina! tú que comprendes
En un instante solo,
Cuando tu vista abrazadora tiendes,
Cuando pasa del uno al otro polo:
¿Quiénes los principales
Espíritus se hallaron congregados,
A contrastar osados
De Jehová los designios eternales?
 Belzebub fué el primero
Que la diestra ocupó de Satán fiero.
El coloso de Rodas afamado,
Cuya enorme figura
Setenta codos numeró de altura,
Nada fuera a su lado:
¡Tanto es disforme su hórrida estatura!
Los ángeles rebeldes le miraban
Como a uno de sus príncipes mayores;
Los de Acarón sin seso le adoraban
Tributándole inciensos y loores.
Al trono de Satán con orgullosos
Pasos se acerca, dobla la rodilla,
Y al sentarse en su silla
Retiemblan los abismos tenebrosos.
 Sigue en orden Moloc, cuyo santuario
De víctimas humanas
Sembraba el amonita sanguinario,
Sofocando cruel sus quejas vanas
Con timpanos y pífanos tañidos
En medio de sus ayes doloridos.
Ente monstruo fatal, de sangre hebreo
Hartado, anduvo errante
En regiones diversas y apartadas:

> El fanatismo emplea
> Su astucia vil, trayéndolo triunfante
> De Anáhuac a las tierras desdichadas,
> Huitzilipochtli le llamó al tirano,
> Y lo hizo dios del ciego mexicano.
> Camos, deidad lasciva del moabita,
> Y de Sión la inverecunda Astarte
> Tras el cruento Moloc vienen ligeros:
> Los tres del sabio rey israelita
> En la impía adoración tuvieron parte,
> Y eran inseparables compañeros.
> Después sigue Dagón, monstruo biforme
> Del filisteo insensato venerado,
> Aun cuando mutilado
> Lo dejara e informe
> El Señor de Israel, y castigara
> De este modo su intento temerario
> De usurparle el santuario,
> Y a la suya acercar su inmunda ara.
> Baal, dios de Moab, Fenicia, Asiria,
> De Judea y Samaria:
> Belial sin ley ni freno;
> Remmón, numen de Siria,
> Y otra turba de dioses adversaria
> De la cruz del ungido Nazareno,
> cuyos nombres rehusa
> Memorar la sagrada pía Musa,
> Viene del ángel fiero a la llamada
> Con frenética furia desusada.

El propio don Francisco Ortega y su esposa también celebraban "salón littéraire" en su residencia. Este matrimonio se había consagrado con religioso empeño a la educación de sus seis hijos. Vivía la familia en la calle de las Escalerillas, número 2 y en los bajos de la casa Don Francisco había establecido una pequeña imprenta para que sus hijos aprendieran el arte de impresor. Tenían los Ortega en casa un escenario en donde representaban obras dramáticas; también organizaban conciertos musicales, pues algunos de los familiares tocaban instrumentos musicales con bastante perfección.

Amenizaba esta tertulia familiar Luis Martínez de Castro, joven reservado y discreto pero lleno de alegría y juguetón, quien con el correr del tiempo se dió a conocer por artículos humorísticos, entre los cuales se destaca *Don Pomposo Rimbomba*. Otro amigo de casa era Antonio Larrañaga, prodigio malogrado. Ignacio Rodríguez Galván, nacido en Tizayuca y traído a la capital por su tío, el librero don Mariano Galván, también frecuentaba la casa de don Francisco Ortega, lo cual indica que las tertulias de Ortega duraron bastantes años, pues Rodríguez Galván no llegó a la capital hasta 1827.

Otra casa particular donde se llevaban a cabo intercambios literarios fué la de Peña y Llerena, padre de Rosario, joven de quien los biógrafos de Manuel Acuña creen que el vate mexicano estaba enamorado. Rosario declara con motivo de Acuña "Mi casa era un centro de reunión preferido por los más distinguidos literatos de entonces" [2]. Se refiere a los pocos años después de 1865, fecha en que Acuña llega a la capital. Fué en casa de Llera y Peña donde escribió Acuña su *Nocturno*, seguramente recitado a solas a Rosario.

Además de estas casas particulares y de otras que no tenemos datos concretos se reunían los ociosos más para matar el tiempo que para cambiar impresiones literarias en los cafés. En los países latinos el café ha sido desde últimos del siglo XVIII lugar predilecto de reunión de aficionados a las letras. En México también fué importante centro de reunión desde principios del siglo XIX para clérigos, militares, escritores, y de gente ociosa. Congregados allí con la excusa de beber el negro líquido, comer dulces o natillas, o jugar un tresillo, la mayoría de los menos pacíficos pasaban el tiempo discutiendo temas del momento a raíz de las noticias de los diarios capitalinos. Los disturbios políticos en España, con el Rey intruso en el poder atraía mucha atención a los mexicanos. Esto daba tema a poetas y oradores para poner de manifiesto sus capacidades ya de escritor o de hablista. Por eso casi todas las obras de la época tienen alusiones odiosas a los Bonapartes.

Guillermo Prieto cuenta que cuando él era etudiante el *Café del Sur*, situado durante su juventud en el Portal de Agustinos, "era como la crema, la sinopsis y exposición perpetua de lo más granado" de que se componía la sociedad de entonces [3]. Solían reunirse los literatos en un rincón donde se discutían y recitaban obras de Tagle, Navarrete, Couto, Carpio, Barquera, y de otros. Los aficionados al teatro también tenían su mesa aparte.

Allá por 1865 existía en el Portal de Mercaderes un viejo café de muy interesantes tradiciones. Era este café de un estilo madrileño donde se reunían revolucionarios y escritores de aquel tiempo. Aquí los parroquianos se entregaban a referir historietas y leyendas, y los escritores, periodistas y artistas a hablar de todo y entre ello de literatura. Allí Ignacio Ramírez redactó muchas de las cuartillas con que fustigaba a los conservadores desde las columnas de *Don Simplicio* [4].

Los libreros y editores siempre han sido protectores de literatos y no es extraño encontrar a mediados del siglo XIX a varios Mecenas de las letras mexicanas. José Gómez de la Cortina, Conde de la Cortina, tertuliano por afición a las letras y versificador regular, dedicó mucho tiempo y dinero al fomento y a la protección de las letras. Era el Conde de la Cortina hermano del marqués de Morante, bibliófilo y latinista. Don José fué más bien gramático y filólogo que poeta, interesado en el purismo del lenguaje. En sus críticas azotaba a los malos escritores en su periódico *El Zurriago*, que tenía por lema "El peine que más raspa es el mejor para quitar la caspa". Por medio de esta revista ejerció poderosa influencia en las letras mexicanas. Era exigente en pequeñeces gramaticales, pero sus preceptos sirvieron para neutralizar el descuido de forma que prevalecía entonces en el país. Prestó el Conde de la Cortina altos servicios a la cultura de España y México. Protector de las letras españolas y mexicanas, su casa en Madrid y en México era punto de reunión de los literatos más distinguidos de su tiempo. Era hombre de mundo, buen organizador, rico y desinteresado y siempre presto a ayudar a todos. Dotó a muchos establecimientos científicos y literarios de México y a algunas sociedades de buenos libros, mapas, instrumentos, minerales, monedas, etc.

Otro notable protector de las letras y cuya editorial era una verdadera academia con él a la cabeza, fué el editor Ignacio Cumplido. Era don Ignacio un hábil hombre de negocios, simpático y agradable que "adivinaba los hombres que le convenía atraer a su negocio, los enamoraba y valuaba, y creaba un verdadero tesoro de inteligencia para su periódico *El Siglo* XIX", según Guillermo Prieto. Agrega Prieto, uno de los periodistas que escribían para dicho periódico, que de "ese modo llegó a figurar en la redacción del *Siglo* una verdadera pléyade de hombres eminentes, entre los que figuraron Morales, Otero y Pedraza, Joaquín Cardoso y Luis de la Rosa, Agustín Franco y Carrasquedo, Payno y Castera, José María Iglesias y Zarco, el Conde de la Cortina, Lafragua, Orozco y Berra, sin contarme yo en la crónica porque no lo merezco, pero que trabajé arduamente en *El Siglo*, y tuve la honra de llamar mis compañeros a hombres tan distinguidos" [5].

El 8 de octubre de 1841 apareció el primer número de *El Siglo* XIX periódico que señala una fecha de verdadera importancia en las letras mexicanas. Se publicó con algunas interrupciones hasta 1896. *El Siglo* XIX fué esencialmente un periódico de carácter político, de ideas liberales; pero también publicaba artículos científicos, históricos y literarios, sobre todo escritos de polémica. Esto explica por qué se creara alrededor del fundador Ignacio Cumplido un grupo de literatos que discutían asuntos literarios. Al despacho de don Ignacio concurrían además de los mencionados por Prieto, Roa Bárcenas, José María Vigil, Emilio Rey, Angel Pola, el *Nigromante*, formando todos una verdadera academia presidida por el señor Cumplido. Allí se leían versos, contaban chascarrillos y allí se revelaban obras en proyecto. Ignacio Cumplido fué un inspirador de todos estos jóvenes escritores invitándolos a colaborar en sus periódicos. Su afición a las letras y su exhortación a la juventud de su tiempo no se limitaba a los escritores de sus periódicos. En 1849 llama la atención a los jóvenes de Puebla, Morelia, Jalisco y Oaxaca a que se asocien y se reúnan y den uniformidad a sus obras literarias. Ofreciéndoles las columnas del *Album mexicano* dice "Los primeros ensayos del poeta, lo mismo que los áridos cálculos del sabio, tienen un periódico en el nuestro en que si pudiera haber especulación, la queremos combinada con el bien y con los adelantos del país" [6].

Ignacio Cumplido venía de una familia distinguida de Guadalajara y por su laboriosidad, buena administración y fieles empleados llegó a ser uno de los impresores y libreros más distinguidos de su época. Al llegar a México hacia 1832 ya sabía bien su oficio de impresor y trabajó en *El Cosmopolita*, de Rodríguez Puebla. Más tarde empezó su empresa publicista en la casa número 2 de la Calle de los Rebeldes y para 1836 anunció las nuevas reformas en maquinaria que había importado del extranjero. Por su habilidad comercial el señor Cumplido pronto llegó a ocupar un puesto envidiable entre los impresores y protectores de las letras mexicanas. Fundó *El mosaico mexicano* en 1836 y puso a Victoriano Roa de director. Las estampas litográficas estaban a cargo de Rafael Rafael, y entre sus colaboradores había Payno, Prieto, Luis de la Rosa y otros tan distinguidos. En 1843 fundó *El museo* y *El álbum mexicano* en 1849. También publicó muchos libros.

Bondadoso y cordial, a la muerte de Manuel Acuña el 6 de diciembre de 1873, Cumplido al enterarse en seguida abrió una suscripción para el entierro y hacer los debidos honores al malogrado poeta.

En los últimos años de su vida Cumplido no publicó obras tipográficas como las de sus años de esplendor. Otros impresores le adelantaban y como los tiempos habían cambiado Cumplido no se preocupaba mucho entonces. Murió de apoplegía cerebral el 30 de noviembre de 1887 en la misma casa que ocupó cuarenta y siete años y fué enterrado en el Panteón Francés.

Por aquellos años cuando el Conde de la Cortina y don Ignacio Cumplido atraían la atención de los jóvenes literatos de la capital mexicana, existían numerosas librerías y bibliotecas particulares que también eran centros de reunión de los hombres de letras de aquel entonces. Esos puestos de libros usados y antiguos que encontramos en nuestros viajes por históricas ciudades son rica fuente donde entresacar interesantes pormenores de la vida literaria y de las reuniones de hombres de letras. La más rica y de mayor prestigio de estas librerías es la librería de don Mariano Galván Rivera, notable protector de las letras de México.

Fué don Mariano Galván Rivera uno de los primeros libreros comerciales de la capital. Trasladado a la capital de su pueblo natal de Tepotzotlán, Estado de México, a la edad de cerca de treinta y tres años lo encontramos establecido con una tienda de libros en el número 3 del Portal de Agustino, y dos años más tarde abrió una pequeña oficina tipográfica en la calle de la Cadena número 2, hoy de Venustiano Carranza.

El bibliógrafo don Joaquín García Icazbalceta escribía en 1858 que Galván Rivera "fué el primero que después de la independencia comenzó a generalizar los conocimientos literarios, y a excitar a los literatos para que escribieran y tradujeran algunas obras destinadas a la imprenta, procurando también que los estudiantes desvalidos se animasen a buscar algún alivio de sus necesidades por tan honroso medio". Guillermo Prieto en sus mencionadas *Memorias*, valioso documento para todo lo literario de su tiempo, dice que en la librería de don Mariano Galván Rivera "había tertulia perpetua de literatos, chancistas, clérigos de polendas, como el doctor Quintero, Moreno y Jove y otros, y poetas como Carpio, Pesado y algunos más".

Don Mariano hizo venir en 1827 a la capital a su sobrino Ignacio Rodríguez Galván cuando éste tenía sólo once años, quien trabajaba en la librería del tío. En sus ratos desocupados, particularmente en la noche, el joven Ignacio se dedicaba a leer. Aquí lo veía Prieto aseando y barriendo la librería y haciendo mandados. Prieto agrega que "la discusión sobre libros y asuntos literarios impresionaron a Rodríguez, que no leía, sino que devoraba los libros, sobre que llamaba la atención a los parroquianos de Galván". Ignacio Rodríguez Galván permaneció al lado de su tío hasta 1840 cuando se dedicó de lleno a los estudios literarios para llegar a ser uno de los más inspirados poetas románticos de México. Se puede decir que fué Galván quien abrió el camino de las letras a que estaba destinado. Con sólo este acto de protección merecería don Mariano Galván Rivera un capítulo aparte en las letras mexicanas.

En 1837 empezó Galván Rivera *El año nuevo. Presente amistoso*, publicado hasta 1840. Fué una revista de carácter literario que estimuló grandemente a la intelectualidad mexicana. Publicó don Mariano muchas otras revistas y libros que tuvieron gran resonancia e influencia en el pensamiento contemporáneo mexicano. De sus prensas salieron obras maestras de tipografía y primeras traducciones de obras de mérito mundial. Pero los sucesos políticos arruinaron a Galván y su establecimiento de libros pasó a manos del librero y bibliógrafo don José María Andrade. En vez de desalentarse abrió don Mariano otra librería en la que volvió a animar las antiguas tertulias literarias y asociaciones de aficionados a las letras. Entre los contertulianos figuraban el doctor J. Guadalupe Arriola, el licenciado don Marcelino Castañeda, Agreda y Sánchez, Larraínzar, y otros. Hombre de sincera afición a las letras y bellas artes, consagró sus esfuerzos a la ilustración del pueblo mexicano. al desarrollo de la literatura de su país, y a promover entre los escritores mexicanos el afán por las letras.

Otro lugar de reunión y tertulia literaria de aquellos tiempos de mediados del siglo pasado era la librería Murguía. Concurrían a esta animada asociación de amigos literatos numerosos poetas ansiosos de recitar sus últimas composiciones, o bien simplemente para charlar y matar el tiempo. También protector de escritores fué Juan Buxo quien animaba las tertulias de su trastienda con su presencia. El conocido don Francisco Gamoneda no sólo fué hábil librero sino propulsor de la cultura procurando publicaciones al alcance de todos, organizando conferencias literarias y agrupaciones científicas. El impresor don Francisco Díaz de León también auspiciaba grupos literarios, todos encaminados al desarrollo de las letras patrias.

Por los años de 1861 existía en el número 6 de la Calle de Escalerillas, ahora Avenida de la República de Guatemala, un pequeño expendio de libros, propiedad de don Luis Abadiano. Era considerada esta librería como una de las más antiguas de México, pues la había fundado en el siglo anterior el padre Jáuregui, y había pasado de mano en mano hasta llegar a las de don Luis y de éste a las de su hijo don Francisco. Era librería católica casi en su integridad y en ella había a diario tertulia de los escritores más conocidos de la época. Duró hasta 1900, año en que don Genaro García adquirió la tienda y la clausuró.

Don José María Andrade empezó como simple vendedor de libros, pero su fino gusto literario y su talento de escritor pronto le hicieron un literato y un bibliófilo de los más respetados de México. Tenía su establecimiento en el portal de Agustinos y logró acumular tan cuantiosa y valiosa biblioteca que acudían a él a consultar sus obras antiguas y modernas ilustres escritores que por su posición en el mundo de las letras constituían una verdadera academia literaria. Las reuniones en la librería de Andrade eran por las tardes, a eso de las tres y estaban formadas por casi todos los literatos de aquella época, hombres como García Icazbalceta, Pimentel, Francisco Sosa, Agreda, Peredo, García Cubas, el Conde de la Cortina, Couto, Riva Palacio, Mier y Terán, Arango y Escandón, el Conde José María Basoco, Francisco Cosmes, Pesado, Quintana Roo, etc.

En esas amenas reuniones amparadas por el amable e infatigable bibliófilo don José María Andrade se discutían temas de diversa naturaleza, los sucesos del día, pero siempre recaía la discusión en las últimas obras recibidas de Europa, como las publicadas en México. Eran dichas tertulias ocasión para anécdotas divertidas y graciosos chistes. Cuenta uno de los tertulianos, Antonio García Cubas en el *Libro de mis recuerdos* que en una de estas tertulias se discutía el origen de cierta palabra muy usada por aquel entonces por la gente baja del pueblo. Se emitieron dos o tres opiniones, pero en esto dió la casualidad de que don Andrés Quintana Roo pasara frente de la puerta de la librería. Uno de los contendientes se asomó a la puerta y le preguntó a Quintana Roo el origen de la palabra, a lo que contestó el distinguido patriota.

—¡De la pulquería!

Centro protector de letras de aquellos tiempos que narramos es el *Casino Español*. Aunque no es un centro literario, sino social y de beneficencia, ha organizado en el transcurso de su historia muchas veladas literarias de verdadera importancia. Pocos años después de su fundación en 1861, el Casino Español celebró fiestas literarias para conmemorar los días de la reina Isabel II, en 1865. Dos años antes, sin embargo, el poeta español José Zorrilla, ya había leído en sus salones algunas de sus poesías. A la vez que se celebraban bailes y tertulias familiares, que por cierto en aquella época eran de fama, también se representaban dramas [7] a los que asistían distinguidos escritores mexicanos [8], y se organizaban alocuciones con motivos especiales, como fué la celebrada para honrar los funerales del escritor don Anselmo de la Portilla [9].

Capítulo VII

VELADAS LITERARIAS - 1867-68

El período de 1821 a 1867 es ciclo de luchas de partido, de guerra civil, de guerra extranjera (invasión norteamericana, invasión francesa) y de grandes acontecimientos políticos. En 1867 se restaura el gobierno republicano, vuelve Juárez al poder y el país por fín se halla emancipado del regimen colonial. Ahora México siente correr por sus venas sangre nueva. Ya reposado el ánimo de las anteriores ansiedades y pesares, los amantes de las letras descuelgan sus arpas y entonan nuevos cantares de alegría y de esperanza en sus horas de ocio para entregarse al seno de la amistad y a la expansión del espíritu. Con la paz y la restauración de las libertades viene el renacimiento de las letras patrias, iniciando una nueva era de desarrollo y producción literaria que prospera a medida que corre el tiempo. Aparecen entonces un buen número de publicaciones literarias, como el *Semanario ilustrado* (1868), *La vida de México* (1868), *El renacimiento* (1869), *Las violetas* (1869), *El anáhuac* (1869), etc.

Por los años de 1868, al comienzo de esta nueva era literaria, quedan en México algunos de los antiguos maestros que con los más jóvenes forman un grupo de laboriosos escritores, agrupados sobre todo alrededor de Zarco y de Altamirano. Todavía viven Escalante, Téllez, Cuéllar, Castillo, Ortiz, Arróniz, Ramírez, Cardoso, Prieto y otros. Cansados ya de la pólvora y ansiosos de hacer de las letras un arma de defensa, como dice Altamirano [1], crean entre ellos las famosas *Veladas literarias* como medio de comunicarse sus inspiraciones y de estimular los trabajos literarios.

Las *Veladas literarias* tuvieron como antecedente un pequeño núcleo de literatos y artistas, llamados *La bohemia*, que desapareció al emerger las veladas. Fué *La bohemia literaria* una asociación de jóvenes amantes de lo bello, fundada en la capital mexicana en 1860 por don Francisco Monte de Oca, Luis Ponce, y otros [2]. Tomó tal nombre este grupo no porque fuese su vida errante y extremada su pobreza, sino por la manera que tenían de ganarse las voluntades y por la amistad que los unía. Constituían la asociación "jóvenes de ilusiones, y de deseos, de esperanzas y sueños", como dice uno de los contemporáneos [3]. Integraban el grupo no sólo escritores sino actores como Eduardo González, Guasp de París, Muñocito, don José Valero; diplomáticos, como el ministro de España, don Feliciano Herreros de Tejada, y su secretario don Justo Pérez Ruano; artistas como Enrique Tamberlick, y Luis Gassier. Estaba encabezada *La bohemia* por Ignacio

Altamirano, a quien todos llamaban afectuosamente "El Maestro", y se reunían a veces en el Conservatorio de Música, otras en casa de algún amigo. En 1867 los miembros de *La bohemia* dieron principio a reuniones fraternales celebradas semanalmente por turno en las casas ya de literatos, ya de admiradores de literatos. De esta fecha en adelante las runiones de estos escritores y artistas que constituyen *La bohemia* se suelen llamar *Veladas literarias*. En 1869 fundan el ameno e instructivo semanario *El Renacimiento*, revista de trascendental influencia en las letras de esa época, el mejor periódico en su género de cuantos antes y después han salido de las prensas mexicanas. El director de dicha publicación, Altamirano, declara en el número inicial su agradecimiento a los miembros fundadores, dicidiendo "La misma familia literaria que estableció las primeras reuniones el año pasado, es la que viene hoy a patrocinar y a plantar este joven árbol, que no arraigará sino con la protección generosa de nuestros compatriotas que no pueden ver con indiferencia los adelantos de su país [4].

No fueron las *Veladas literarias* una verdadera asociación con casa propia, reglamentos y presidente. Eran reuniones de ocasión que tuvieron su origen en circunstancias muy interesantes. En noviembre de 1867 el literato Enrique de Olavarría y Ferrari acababa de refundir una pieza para el teatro, *Los misioneros del amor*, comedia en tres actos [5], y creyendo necesitar la opinión ajena recurrió a su amigo don Joaquín Moreno para que le recomendase al conocido literato y entonces redactor de *El Diario Oficial*, don Luis Gonzaga Ortiz. Don Luis no sólo aceptó gustosamente oír la nueva refundición sino que se le ocurrió la idea de congregar un grupo de amigos literatos para el caso, y pidiendo permiso a Olavarría se reunió la tertulia a mediados de noviembre de 1867 en la propia casa de Ortiz para escuchar la lectura de la comedia y hacer las observaciones que creyeran justas. Además de los mencionados, asistieron a esta velada exploratoria Anselmo de la Portilla, redactor de *La Iberia*, José T. de Cuéllar, Manuel Peredo, Lorenzo Elízaga, Ignacio M. Altamirano, y otros menos conocidos [6].

Esta tertulia en casa de Ortiz fué de carácter preliminar, pero resultó tan halagadora que allí mismo se convino en reunirse y repetir tan agradable reunión. Don Ignacio Altamirano, que nos ha dejado imperecederos recuerdos de esas veladas, al momento ofreció su casa para la siguiente reunión que tuvo lugar el 6 de diciembre de 1867 [7]. Fué el objeto principal de esta velada dar a conocer a don Guillermo Prieto que regresaba expatriado de los Estados Unidos trayendo consigo un caudal de poesía patriótica y rico bagaje literario. Altamirano preparó una esquela a modo de programa que decía entre otras cosas: "Hablaremos de literatura y oiremos a Guillermo Prieto, que nos leerá algunas de sus nuevas composiciones" [8].

El cronista Luis G. Ortiz que era amigo de Altamirano y uno de los invitados a la velada describe la casa de Altamirano así:

> Un saloncillo bello y confortable, donde no se veía el lujo del magnate sino la bella sencillez del hombre de genio y de talento. Un menage carmesí; algunos buenos grabados en sus cuadros dorados; un gran espejo sobre una consola que sostenía dos candelabros con muchas luces, magníficas ediciones de todos los clásicos antiguos y modernos en elegantes repisas; un piano sencillo; y en el centro del saloncito, por fin, una mesa con libros, albums, tazas y elegantes jarrones, que sostenían ramilletes de tímidas y perfumadas violetas, que hacían dulce y sensual la atmósfera de aquel agradable recinto [9].

En esta reunión, según las crónicas de aquellos días [10], don Guillermo recitó cerca de una docena de poemas que había escrito contra el imperio, y a cada uno de ellos siguió una tempestad de aplausos. Leyó Prieto también alguna composición patriótica donde el poeta sollozaba por la remota patria. Después Vicente Riva Palacio cantó su *Siesta*; José T. de Cuéllar en seguida leyó uno de sus apólogos, *Los árboles*. Siguió luego Ignacio Altamirano cantando con la exuberancia y riqueza que le caracterizaba el *Atoyac*. Luis G. Ortiz, llamado el cantor de los amores, leyó hermosos versos; el doctor Manuel Peredo contó una apología, y Riva Palacio volvió a tomar parte otra vez improvisando un romance que tituló *El segundo toque* [11]. Alfredo Chavero y Lorenzo Elízaga improvisaron elegantes composiciones, las que iban acompañadas de música tocada al piano por varios de los concurrentes.

En esta reunión se formuló la proposición de establecer las reuniones semanarias y se acordó publicar las composiciones y darles el título de *Veladas literarias*. De aquí que esta segunda reunión se suela llamar la Primera Velada. Para formalizar este acuerdo se firmó un acta. También se convino en no dar a esta sociedad de amigos íntimos el carácter grave de academia, ni hacer reglamentos, ni imponer obligaciones, ni penas.

La primera *Velada* oficial fué de un éxito más resonante que la anterior. Para las letras mexicanas fué el asentamiento seguro y el estímulo acogedor para los entusiastas contertulianos. Los versos de carácter patriótico y nacional de *Fidel* (Guillermo Prieto) provocaron una reacción halagüeña dentro y fuera de las *Veladas*, y sobre todo estimuló a otros poetas a escribir en semejante vena.

Tuvo lugar la segunda Velada en casa de Agustín Lozano, amigo de literatos, hombre afable, fino y rico por añadidura, el viernes, 13 de diciembre. Fué también esta reunión organizada en honor de Guillermo Prieto para la cual don Agustín proveyó un elegante salón con múltiples flores y elegantes jarros, una orquesta, y exquisitos bocadillos de una gran variedad;

se sirvió sabroso vino, excelentes helados y otros manjares de exquisito gusto. Nada faltó en casa de Lozano; había de todo y en abundancia. Luis Gonzaga Ortiz declara en su "Revista de la Semana" que escribía para *El Siglo* XIX [12] que "la velada fué deliciosa. Las composiciones leídas, llenas de entusiasmo, de patriotismo y de amor. Los abrazos, las felicitaciones, los chistes oportunos y las centuplicadas libaciones no faltaban". Sabemos que asistieron casi todos los concurrentes de la velada anterior, pero sólo se sabe que Cuéllar recitó *Las flores*.

Luis Gonzaga Ortiz ofreció su casa para la siguiente Velada que se celebró el lunes, 30 de diciembre en un elegante salón, bien amueblado y con piano. A las ocho y media estaba lleno el salón, se empezó la lectura de las composiciones interrumpiéndose sólo para pasar a la pieza inmediata a saborear los ricos pasteles, el vino y el ponche. El poeta cubano Juan Clemente Zenea, entonces en la capital mexicana, entonó su lira evocando ideas de libertad. Siguió Joaquín Villalobos quien recitó una larga composición en octavas reales titulada *Los dos mundos*. Juan Mateos recitó la introducción, en octavas reales de su poema *Jesucristo*. José Rivera y Río recitó una composición que impresionó vivamente. Después Cuéllar leyó otro de sus apólogos, *Las palomas*. Tal fué la impresión que causó esta composición que Altamirano escribió en su reseña del día para *El Siglo* XIX que "Cuéllar inicia una escuela nueva en nuestro país, y en cuanto a su forma nueva en el mundo seguramente. Es la poesía revistiendo la ciencia. Es la lira transformándose en cátedra" [13].

Después de Cuéllar, leyó Manuel Sánchez Facio de quien declaró también Altamirano:

> Este joven comienza a hacerse conocer como poeta. Ya era estimado por sus estudios serios sobre historia nacional, que ha publicado en su folletín el Correo, y cuyo estilo ha agradado por su brillo y por su suavidad. Leyó un romance asonantado y que tituló: *La vida*. El título prometía un estudio filosófico, y el poeta lo desempeñó, aunque en pocos versos, con talento; recorriendo a grandes pasos la vida del hombre, desde su infancia hasta su muerte. Hay en esa composición algo que la hace asemejarse con una de esas melancólicas canciones alemanas, llenas de filosofía y de resignación, que dicen mucho en pocas frases, y que hace pensar al que las escucha o al que las lee [14].

Siguió el propio Altamirano con la recitación de su *María* y después el Dr. Manuel Peredo leyó *Silva a la noche*. Alfredo Chavero en seguida leyó una traducción de Homero *A Baco*, Joaquín Téllez hizo pensar y reír con una de sus festivas composiciones titulada *La cereza*, y Julián Montiel leyó *Luz*. La sesión se cerró con una composición de Ignacio Ramírez. *El Nigromante* anunció que iba a leer; extendió un papel con su gravedad acostumbrada, hizo una breve introducción en prosa, manifestando que su composición no tenía título, pero que podía llamársele *Te Deum Laudamus*, la que resultó ser una sátira llena de chistes y de color. "Apenas había acabado de recitar el primer terceto, declara Altamirano [15], cuando estalló una risa tempestuosa en el auditorio, una risa homérica y que no se extinguió sino para renovarse en el segundo y así sucesivamente hasta que aquel hombre cesó de hablar".

La cuarta *Velada* tuvo lugar en casa de Manuel Payno, número 23 de la calle de Santa Clara, a las siete y media, el lunes, 13 de enero de 1868. Las lecturas fueron numerosas y animadas, entre las que deben mencionarse las de Prieto, Talavera, Alcalde, Riva Palacio, Joaquín Villalobos, Ramírez, Frías, Téllez, Peredo, que leyó una preciosa comedia en dos actos titulada *Todo o Nada* [16]. Algunas de las lecturas fueron amenizadas con música y los espíritus se animaron con delicados vinos y exquisita mesa. La reunión acabó con una composición graciosísima en castellano antiguo dirigida a su anfitrión, con motivo de los *rodeos* y de las *puches*, con alusiones a los tiempos de la infancia de ambos escritores.

La casa de Joaquín M. Alcalde, situada en el número 4, Cerrada de Santa Teresa, fué la escena de la quinta *Velada*, celebrada el 20 de enero de 1868. La reunión fué numerosa y asistió el general Díaz, llegado a México el día anterior. También asistió el gobernador de Vera Cruz. El joven poeta José Rivera Río leyó una composición en cuartetos endecasílabos cuyo título era *Corazones blindados* y que trataba del mismo género del que ya en otra velada había expuesto el poeta. Guillermo Prieto leyó su oda *Fe*, composición que conmovió al auditorio. Juan Pablo de los Ríos también leyó otra composición en la que expresaba un profundo acento de ternura de la fe religiosa. El anfitrión don Joaquín Alcalde había preparado una tiernísima elegía con motivo de la muerte de su esposa. Joaquín Téllez estuvo romanesco y recitó una composición *A la luna*; Manuel Sánchez Facio leyó una composición *A Cuba*, "magnífica, valiente, patriótica". El doctor Manuel Peredo recitó otra silva "*A la esperanza*", la cual hizo a Altamirano escribir en la reseña de la semana "las composiciones serias de este joven tienen el sabor de las de Garcilaso o de los Argensola" [17].

El ya conocido José T. Cuéllar leyó a petición de varios amigos su magnífico apólogo *Los árboles* que dió a conocer en una de las primeras veladas, pero que no habían escuchado todos los presentes en esta velada. Rafael González Páez recitó dos sonetos, uno amoroso, el otro satírico y gracioso llamado *Un clérigo a su sotana*, y el cronista Gonzaga Ortiz leyó *Dos palmas*. Julián Montiel recitó unas quintillas, hermosísimas, dirigidas a la mujer de su alma. Montiel al igual que Ortiz escribía poesía erótica de igual ternura pero de entonación más fuerte. Presentado por Altamirano el joven Valentín Uhink hizo su debut en esta *Velada* en casa de Alcalde y fué el primero que leyera algo en prosa. Hizo un paralelo entre Lutero y Rabelais. Comparó a estos dos personajes contemporáneos desde el punto de vista social y moral, y su influencia sobre sus respectivos pueblos.

Justo Sierra, joven estudiante de leyes, leyó una composición en versos alejandrinos, titulada *El canto de las hadas*, trabajo que le abre el futuro literario en su carrera de poeta, cuentista, historiador, etc. Presentado a la tertulia por Altamirano predice éste que Sierra "pronto será un poeta notable" [18], opinión acertadamente justificada en los años siguientes y basada, se diría, casi exclusivamente en ese poema leído el 20 de enero de 1868 y calificado por Altamirano como "poesía llena de imaginación y de suavidad". Aunque ya antes de esa fecha Justo Sierra había publicado una que otra poesía, era, sin embargo, poeta casi desconocido hasta que su futuro Macenas Altamirano lo presentara en casa de Joaquín Alcalde.

La presentación del joven Justo Sierra a la congregación de literatos de estas veladas es aún punto algo confuso. Ninguna crónica anterior a la velada celebrada el 20 de enero en casa del señor Alcalde menciona a Sierra. Aún más; Altamirano se desvivía en elogios del futuro poeta sólo al oír *El canto de las hadas*, y esta composición fué leída en casa de don Joaquín Alcalde. Todo esto según las reseñas de aquellos días cuando el joven Justo se estaba iniciando en las letras. Pero lo curioso del caso es que el propio Sierra declara que al día siguiente de haber sido presentado a Altamirano en ese mismo año de 1868, y se ha de entender que fuera poco antes de la reunión de la quinta velada, dice don Justo que Altamirano "me llevó a una velada literaria en la casa del señor Payno". Esto lo escribió Sierra casi veinte años más tarde, y muy bien pudiera ser que se equivocara de nombre, aunque esto, en verdad, es muy improbable. Por otra parte, esta presentación en casa del señor Payno pudiera haber sido mucho antes que la iniciación de las Veladas literarias que venimos analizando, algo también improbable por las circunstancias ya expuestas. De todos modos, en aquella velada, fuera en casa de Alcalde o de Payno, donde se reunía "la alta nobleza de las letras", el joven vate conoció a los más distinguidos hombres de entonces y casi todos le ofrecieron protección. Declara Sierra.

> Prieto me llamó su hijo con olímpica ternura; Ramírez me dió un consejo o una broma; Payno brindó conmigo; Riva Palacio me habló de porvenir; Gonzaga Ortiz se informó de mis aficiones literarias en un tono un poco *marqués*, es cierto, y Portilla, nuestro siempre llorado D. Anselmo de la Portilla, me comunicó instantáneamente su fervor por el ideal y por el arte. Y Altamirano, que era allí el niño mimado, me tomaba con tanto ardor bajo sus auspicios, que cuando conté todo esto, exagerándolo un poco, a mis compañeros de colegio, les pareció que había yo crecido ,y algunos me dijeron *adiós* como si

nos fuéramos a separar para siempre. Era verdad; el claustro de la Encarnación me ahogaba, las columnas del Vinio me parecían una montaña, sobre mi pecho, y huí rumbo a los versos, rumbo a la gloria, me decía confidencialmente a mí mismo; ¡ay! era yo muy niño. Dos días después leí a Altamirano por primera vez, unos versos. (*La Playera*). Me dijo lo que sentía, y para animarme me leyó su María, y me pidió mi opinión; pasamos juntos muchas horas. Y aquella visita se repitió cuatro o cinco años día por día [19].

Por ser *El canto de las hadas* de tanto mérito y la primera composición que su autor recitó en público, la reproducimos a continuación:

   Las flores recogían el perfumado bronce,
   Las sombras desplegaban su fúnebre capuz,
   En tanto que los astros, las flores de la noche,
   Abrían en los cielos sus pétalos de luz.

   Al apagarse todo, murmullos y rumores,
   Gemidos de amargura y besos de placer,
   Cruzaron el espacio bellísimos fulgores,
   Exhalaciones blancas con formas de mujer,

   Llegaban, se tendían sobre el follaje espeso
   Do exhala su perfume el pálido azahar:
   Allí escuché su trova, sonora como el beso
   Que imprime sobre la onda la brisa de la mar.

   Doblaron sus rodillas sobre movibles rosas,
   Y unidas cual guirnalda de diáfano cristal,
   Lanzó su seno henchido de notas misteriosas
   Un canto, eco perdido de la región ideal.

   Los pájaros callaron, la luna solitaria
   Detuvo en el vacío su lámpara gentil,
   Las hadas entonaron su cándida plegaria,
   Botón de lirio abierto del cielo en el pensil.

   Llore, ¡ay! que recordaba con íntimo embeleso
   Los cantos de mi madre, la calma del hogar:
   Oid su dulce trova sonora como el beso
   Que imprime sobre la onda la brisa de la mar.

      La voz de los dolores
      Se eleva desde el suelo,
      El hombre llora y vaga
      Bebiendo amarga hiel;
      Las copas donde llanto
      Vertiendo va su duelo,
      Queremos compasivas

Tornar por don del cielo,
En ánforas colmadas
De aromas y de miel.

Lleva en la mano el arpa,
Laureles en la frente,
Dentro del pecho el fuego
De sacra inspiración,
Y canta hasta que el prisma
De brillo indeficiente
Se empaña con el soplo
del mundo indiferente;
Y calla el cisne y muere
Su férvida canción.

Entonces ¡ay! empieza
La ruta del calvario,
Do van agonizantes
Los hijos del dolor,
Fingiendo entre las nubes
Un cielo imaginario,
Que al fin se torna en negro
Tristísimo sudario,
Cambiando en voz de muerte
Su cántico de amor.

Y la mujer, que cruza
Encantadora y bella,
Llevando en sus miradas
El brillo del safir,
De todos adorada
Por su fulgor de estrella,
Mientras preciadas flores
Indiferente huella
Y se oye en los festines
Su cándido reír.

Y luego allá en su estancia
De sueños rodeada
Sus ojos vagan tristes
Del astro rey en pos,
Un fino pliegue muestra
Su frente destocada,
Y el llanto con que moja
Su mano nacarada,
En cálices lo guardan
Los ángeles de Dios.

. . . . . .

Tú, hombre, que conviertes
La vida en agonía;

Niña, que un dardo guardas
En tu alma virginal,
Dormid, somos del sueño
La mágica poesía,
Nosotros conocemos
La misteriosa vía,
Do esconde la ventura
Su rostro celestial.

Que a nuestros blancos brazos
Se acerquen los que lloran
Que a nuestro seno vengan
El néctar a libar;
El néctar que refresca,
Las auras que enamoran,
En lechos donde sueños
Y amores se atesoran,
Podrán en paz serena
Felices disfrutar.

En vasos de alabastro
Las lámparas guardamos,
Que en la callada noche
Derraman blanca luz,
Con nuestro aliento puro
Mil flores perfumamos,
Y en la hora de los sueños
Con ellas reemplazamos
Del hombre que padece
La ensangrentada cruz.

Llevamos a la almohada
Visiones de oro y rosa,
Mujeres revestidas
Con túnica de tul;
Amamos al poeta
De frente fulgorosa,
Y suenan nuestros labios
Sobre su boca ansiosa
Como un besar de estrellas
En el espacio azul.

De la cuitada virgen
Que llora sin consuelo,
A mitigar volamos
El fiero sinsabor,
Y en sueños ve la niña
Una corona, un velo,
Un corazón que late

> Junto del suyo, el cielo
> A cuya puerta un ángel
> Murmura: amor, amor...
>
> Mortal, a nuestro seno
> De inmaculado armiño
> Ven antes que la aurora
> Se tiña de arrebol;
> Velamos en la noche
> Con maternal cariño,
> Y columpiando al mundo
> Decimos: duerme, niño,
> Hasta que en Oriente
> Brilla sereno el sol.
>
> Todo calló: las hadas en grupos se marcharon,
> Dejando un surco de oro sus alas al volar,
> Y al punto nuevos astros en el zafir brillaron,
> ¡Purísimos diamantes del mundo sideral!

Aunque *El canto de las hadas* apareció impreso en la *Tercera Velada*, fué dada a conocer esta composición, sin embargo, en la Quinta Velada, pues la propia poesía lleva la fecha de "enero de 1868", mientras que la Tercera Velada se verificó, como ya hemos visto, el 30 de diciembre del año anterior.

Acudió Justo Sierra lleno de entusiasmo en busca de Altamirano para que lo presentara a la sociedad literaria, y después de oír al joven estudiante de leyes recitar su poema declara el autor del *Zarco* con igual entusiasmo:

> Este es *El canto de las hadas.* Justo Sierra, que dentro de poco será un poeta notable, lee mucho a Victor Hugo, porque su estilo parece saturado de ese sabor que tienen las incomparables poesías del grande hombre.
> Lo repetimos, Sierra adquirirá en el mundo literario un nombre que honre a su ilustre padre.
> ...*El canto de las hadas,* es una de esas visiones que la fantasía forja en el fondo azul del cielo, dando formas al resplandor de la luna, a la tenue luz de las estrellas y a los blancos velos de las nubes. ...Es un sueño de poeta enamorado que se transporta a la región del ideal, que se baña en una atmósfera de delicia y que ve desplegados ante su vista fascinados los encantos, todos los misterios del apocalipsis de la imaginación [20].

También primicias de la juventud de Justo Sierra fué su famosa oda a *Dios,* dedicada a Altamirano y recitada en una de estas veladas. Empero de mayor significado para emprender su carrera literaria fué la publicación de una especie de introducción, un trozo de literatura que ni es artículo de costumbres, ni es novela, ni disertación, ni colección de anécdotas, ni sátira. Este género era algo más. Se llamaba este género *Conversación* y empezó a salir en abril de 1868 en *El monitor republicano*, redactado entonces por los señores Prieto, Castillo Velasco, Altamirano y Ramírez. Apareció en la sección del folletín dominical bajo el título de *Conversaciones del domingo*. Parte de la primera conversación sigue, donde se verá el talento del joven vate yucateco.

Creedlo, soy un escapado del colegio que viene rebosando ilusiones, henchida la blusa estudiantil de flores, y encerrados en la urna del corazón frescos y virginales aromas, frescos y virginales, como los que exhala la violeta de los campos.

He allí mi tesoro, he allí lo que compartí con vosotros. ¿Hago mal? Puede ser: pero ¿cómo impediríais al impetuoso manantial estrellar sus aguas cristalinas en las peñas y correr empañado por el suelo?

La mano del invisible traza un sendero; por ahí vamos...

Traigo de mis amadas tierras tropicales el plumaje de las aves, el matiz de las flores, la belleza de las mujeres fotografiadas en mi alma.

Traigo al par de esos murmullos de ola, perfumes de brisa, y tempestades y tinieblas marinas, y el recuerdo de aquellas horas benditas en que el alba tiende sus chales azul-nácar, mientras el sol besa en su lecho de oro a la dormida anfitrite.

Todo eso y algo más os diré, amados lectores; acaso logre agradar a aquellos de vosotros para quienes aún guarda ángeles el cielo y colorido la naturaleza.

Me he bajado aquí al folletín para hacer la tertulia, porque ¿qué queréis? Allá en el piso alto no puedo veros de cerca, ni arrojar, niñas, una flor a vuestros pies. Y luego, me gusta estar próximo a la calle para poder escaparme a mi capricho, que asaz antojadizo me hizo Dios, y ratos tengo en que detesto las ciudades, me marcho a la pradera y gusto de trepar a alguna altura, desde donde se dominan las colinas, y donde al cabo llego a forjarme la ilusión de que veo inmóviles las olas de esmeraldas de mi golfo.

¿De qué os hablaré? ¿Acaso de literatura o de filosofía, tal vez de política? Un poco de todo. Pero no os alarméis con los nombres que acabo de escribir. Propóngome haceros gustar, cuando se ofrezca, alguna de esas cuestiones delicadas y enfadosas, como si saboreaseis algunos bombones.

¿Qué es esta *conversación* de Justo Sierra? ¿A qué género pertenece? Pues no es más que una *causerie* francesa introducida a la literatura mexicana por primera vez. La *causerie* es un género de origen francés, pero que puede naturalizarse en todas partes, porque todos los idiomas y todos los pueblos se prestan a ello. "Es un género, declara Altamirano, que debe ocupar el *folletín*, usurpado por la novela y por la revista. En México, a Justo Sierra pertenece el honor de haberlo introducido, y ¡cuán ventajosamente! [21]

La sexta Velada tuvo lugar el lunes, 3 de febrero de 1868 en la magnífica casa del general Vicente Riva Palacio, calle de Donceles, número 11 [22]. Se dió a conocer en esta ocasión Martín Fernández de Jaúregui con un romance de costumbres llamado *El coleadero*, que más tarde apareció en el *Semanario*. Esteban González Verastegui leyó una leyenda titulada *Granada*, dedicada a Enrique de Olavarría y Ferrari, pero escrita en Granada en 1864. Gonzalo A. Esteva también hizo sus primeras armas en esta velada con una poesía ligera y graciosa llamada *Tú y yo*.

> La luz eres que colora
> Sobre el firmamento el alba;
> Yo el ave soy pasajera
> Que canta por la mañana
>
> Eres la hechicera rosa
> Que en los pensiles se alza;
> Yo el aura soy peregrina
> Que la acaricia y que pasa.
>
> Arroyo eres tú que corre
> En lecho de verde grama;
> Yo el vientecillo que riza
> En mil espumas el agua.
>
> Eres melodiosa nota
> Que se desprende del arpa;
> Yo el eco que la recoge
> Para armonizar las auras.
>
> La ilusión eres que finge
> De los poetas el alma;
> Yo soy el alma que encierra
> Esa ilusión adorada.
>
> Eres ángel que del cielo
> Para consolarnos baja;
> Yo el poeta que te adora
> Y tus perfecciones canta.

Se verificó la séptima *Velada* el lunes, 10 de febrero en casa del Licenciado Rafael Martínez de la Torre, calle de la Palma, número 5. Era Martínez de la Torre un verdadero Mecenas, el Lúculo de los poetas mexicanos. Abrió la sesión el anfitrión hablando brevemente para dar la bienvenida a los concurrentes y el auditorio saludó su discurso con un aplauso nutrido. Alfredo Chavero leyó una composición original a Ruíz de Alarcón; José María Ramírez leyó un artículo intitulado *Hombres y doblones*; Justo Sierra recitó su linda canción *Playeras*; Peredo leyó *Consorcio imposible*; Juan Mateos leyó un juguete, *Su imagen*; Julián Montiel, unas quintillas a Josefina; Guillermo Prieto recitó *Eter y ensueños* y *Flores marchitas*; Joaquín Villalobos *La ausencia*; Riva Palacio, un apóstrofe a Orizaba; y Joaquín Alcalde leyó una sentidísima composición al Sr. don Mariano Riva Palacio con motivo de la muerte de su hija. También leyeron poesías Manuel Sánchez Facio, José Rivera y Río, Joaquín Téllez y alguno que otro más.

Cuenta Juan de Dios Peza que él era un polluelo de quince años y asistía a esta reunión, llevado por un socio. "Me conmoví con cuanto pasó en ella, y al salir fuí a despedirme de Altamirano, a quien ya le habían dicho que yo escribía, digo mal "perpetraba" versos. Altamirano, con mucho cariño me dijo: "Ahora sí, hijo mío; a estudiar mucho y a escribir sin miedo; ha renacido la literatura nacional, y hay que cantar a la patria libre y unida" [24]. El cronista de esta Velada también tiene palabras alentadoras para el futuro literario, pues asegura que "Las veladas literarias son un progreso que es preciso fomentar a toda costa" [25].

La octava *Velada* fué en casa de Alfredo Chavero, número 16 de la calle de la Acequia, celebrada el 7 de marzo, y en la que también actuó como anfitrión don Juan A. de Mateos. Se introdujeron en esta reunión algunas reformas para el futuro, sobre todo en lo que se refería a la sencillez de dichas reuniones. Las veladas anteriores se habían distinguido por el lujo y abundancia de manjares. Unidos Chavero y Mateos inician el regreos a la sencillez y modestia sin temor de hartazgo. A pesar de esto, el salón estaba bien amueblado, había libros, y en una pieza inmediata una mesa llena de pastelería, confituras y vinos importados.

Tomaron parte en esta velada Esteban González, quien ya se había dado a conocer con su leyenda *Granada*, leyendo en esta ocasión el primer canto de otro poema, también de inspiración española, *Zaragoza*. José Rosas leyó algunas bellas composiciones, lo mismo que hizo Olavarría y Ferrari. Joaquín Alcalde leyó los primeros capítulos de la novela de Riva Palacio, *Calvario y Tabor* que se publicó ese mismo año de 1868. Altamirano leyó *Los naranjos*, que aunque escrito en 1854 no lo había leído hasta esta ocasión.

La famosa velada en casa de Altamirano en la que Justo Sierra se llevó la palma se celebró el 14 de marzo de 1868, como claramente anuncia *La Iberia*: "Velada Literaria: Tendrá lugar a las siete y media de esta noche, en la casa núm. 2 de la calle de Gante. Se invita a los literatos y poetas que fueron a la anterior velada". Y tres días más tarde repite el mismo periódico: "Velada Literaria: Hubo una el sábado pasado en casa del Sr. Altamirano".

Estaban encargados de dicha reunión Ignacio Ramírez y Agustín Silicio. Este, a guisa de introducción leyó un corto discurso excusando la humilde casa en que se recibía, pues siguiendo las recomendaciones adaptadas anteriormente, se despojó la habitación de todo lujo y ostentación. El salón era un cuarto sin alfombras, con muy pocas sillas para los concurrentes, unas estampas en las paredes y una mesa en el centro. En un rincón un montón de libros de diversas clases. A pesar de la escasez de comida y bebida la velada fué muy cordial y alegre debido a las finezas de los dos anfitriones y el dueño de la casa. La reunión duró hasta las altas horas de la noche. El cronista de *La Iberia* resume la reunión en estos términos:

> Excusado es decir que los que asistieron a ella pasaron gratísimas horas oyendo leer hermosas composiciones de todos géneros y en todos los tonos. Graciosa y elegante fué la prosa que para empezar leyó el Sr. Silicio; magnífica como siempre la del Sr. Altamirano; bellísimos los sonetos del Sr. Villalobos, y del Sr. Chavero; armoniosos los versos del Sr. Alfaro; lleno de sal un cuento del Sr. Cuéllar, palpitante de interés el pedazo de una novela que está escribiendo el general Riva Palacio... Otros dirán lo que pasó en la velada, porque nosotros no tenemos tiempo ni espacio para referirlo; mas no podemos menos de manifestar que entre todas las producciones que se leyeron aquella noche, la de D. Justo Sierra nos llevó a todos de un verdadero asombro. Era un sueño acerca de Dios, y el poeta se remontó hasta los cielos para embelesarnos con sus pensamientos sublimes, con sus grandiosas armonías y con su entonación poderosa. El Sr. Sierra se llevó la palma, y acabaremos todos por decir que es el primero.
>
> El Sr. Altamirano lo hizo como quien es: obsequió a sus huéspedes con la galantería y la franqueza de costumbre, y para hacerlo mejor disimuló o escondió todos los signos de su carácter un tanto espléndido y fastuoso. Ni tapices, ni mármoles, ni bronces, ni tesoros de arte, ni mesas regaladas; nada de esto hubo allí; pero hubo cordialidad, gusto, contento, y no faltaron copas chispeantes de caliente ponche, ni sendos pedazos de jamón y otros manjares, ni buenas botellas de diferentes licores *para mojar la palabra* [26].

Aunque esta reseña da la impresión de que Justo Sierra leyera su oda *A Dios* aquí por primera vez, nosotros creemos que ya la había leído en velada anterior, pues dicha composición lleva la fecha de febrero. El Dr. Peredo leyó en esta reunión un artículo enviado por José T. de Cuéllar de San Luis Potosí. Joaquín Téllez recitó de memoria una de sus composiciones serias, y Rafael Zayas, veracruzano, gran conocedor de la literatura alemana, también hizo *debut* con dos o tres más. Zayas recitó unos versos en los que se notó gran sentimiento aunque carecían de dominio en el lenguaje. Ignacio Ramírez leyó unos tercetos, a guisa de contestación al discurso que leyó el Sr. Martínez de la Torre en su casa en velada anterior.

La décima *Velada* se reunió en casa de cierto Schiaffino el 4 de abril (1868) [27]. Este señor, conocido en la prensa y por sus coetáneos sólo por su apellido, que por cierto se deletreaba distintamente, no era literato, pero a fuer de amante a las letras invitó a sus amigos literatos a celebrar esta velada en su casa. Schiafino concurría con frecuencia a las veladas y aunque nunca presentó obra alguna en la tertulia, no dejaba, no obstante, de participar en las discusiones y de expresar sus finas apreciaciones sobre los trabajos que se presentaban en las reuniones.

La velada en casa de Schiafino fué una de las más concurridas. Era este caballero un rico señor que vivía en una elegante casa de la recién abierta calle Cinco de Mayo, número 2. Se conocía dicha casa con el nombre de Casa Pomposa o Casa Pompeyana, por ser una vasta fábrica de estilo francés y antiguo, con vestíbulo con rejas de hierro y patio moderno al descubierto, bien iluminado de noche, y con árboles en los rincones. El salón destinado para la velada estaba espléndidamente iluminado y ricamente revestido de pinturas copiadas de cuadros pompeyanos por los mejores artistas de la Academia de San Carlos. La Casa Pomposa era un verdadero palacio, lugar propio para la reunión de una asociación literaria.

Aquella noche del 4 de abril Joaquín Villalobos leyó una poesía de un joven enfermo y pobre que se encontraba en situación angustiosa. Pedía ayuda a los concurrentes, los que generosamente contribuyeron para ayudarle. Manuel Payno propuso la idea de establecer una asociación literaria permanente con nombre de Club, como centro de las *Veladas Literarias*. La propuesta fué acogida favorablemente y en el acto se inscribieron los primeros socios. Ignacio Ramírez se encargaría en lo sucesivo de hacer críticas de los trabajos presentados en las reuniones. Este era un puesto de encumbrado mérito que algunos socios aspiraban a ocupar. Leyeron poesías Sebastián Mobellán, José Rosas, Olavarría y Ferari, Prieto, Justo Sierra, Alfaro, Téllez, Julián Montiel, Valentín Uhink, y se leyó una de Julio Hijar y Haro que mandó de Guadalajara. La velada terminó a las seis de la mañana, lo más tarde que los socios se permitieron pernoctar hasta entonces [28].

Por segunda vez el general Vicente Riva Palacio actuó de anfitrión cuando, a invitación de la Asociación Gregoriana, cuyo presidente él era, es verificó la última *velada* en su magnífica casa. Fué anunciada en la prensa para el 11 de abril pero fué aplazada dos semanas, verificándose el 25 de ese mes [29]. La Asociación Gregoriana estaba constituída por los antiguos alumnos del Colegio de San Gregorio, y tenía por fin socorrerse mutuamente. Antes de empezar la función y apenas llegado al hogar de Riva Palacio el distinguido cronista de estas veladas, Ignacio M. Altamirano, fué obsequiado con un hermoso ejemplar del *Paraíso perdido* de

Milton, por sus escritos sobre los ex-alumnos del Colegio de San Gregorio y en señal de su agradecimiento.

Los trabajos que se leyeron en esta ocasión fueron numerosos, pues también fueron numerosos los concurrentes. Altamirano leyó parte de las crónicas de las veladas anteriores que fueron muy bien recibidas. Prieto leyó dos de sus *cantos*. Niceto Zamacois, poeta español, leyó la introducción de un libro que estaba preparando. El Dr. Manuel Peredo leyó un gracioso juguete; Justo Sierra recitó su poesía *El genio*. Esteban González recitó dos veces un trozo de una comedia de costumbres. Y entre la lectura de estas y otras composiciones y el saboreo de los sabrosos manjares provistos por Riva Palacio la tertulia duró hasta las dos de la madrugada.

Esta *Velada* en casa del General Riva Palacio, celebrada el 25 de abril, fué la última de las famosas veladas que tanto hicieron por las letras mexicanas. "Desde entonces las reuniones se suspendieron, declara Altamirano [30], pero en breve volverán a comenzar con mejor forma y novedades importantes". Pero la verdad es que no volvieron a resucitarse después de esta fecha, más bien por ese sentido de hidalguía tan hispánico de no permitir al otro superarnos en gastos, que por falta de entusiasmo literario.

Afirma uno de los contertulianos a las *Veladas*, Enrique Olavarría y Ferrari, que:

> Al mediar 1868, el maestro Ignacio Altamirano, que había venido siendo el alma y el espíritu de aquellas memorables justas literarias, con suprema habilidad y delicadeza procuró y obtuvo la suspensión de las *veladas*, que tales como venían celebrándose mortificaba la dignidad personal de los concurrentes pobres, con la ostentación de lujo, riqueza y abundancia de manjares y vinos que desplegaban los anfitriones, varios de los cuales llegaron a gastar en esos obsequios 500 y aun 1,000 pesos por noche [31].

Al concluir las veladas, los amigos escritores se agruparon alrededor del maestro Altamirano y se reunían con frecuencia en su casa. *La Bohemia* entonces recobró su poder y prestigio anterior y era invitada *en masse* a teatros y fiestas.

Duraron las *Veladas* apenas unos cinco meses, y sin embargo, tienen estas reuniones literarias una poderosa influencia en el progreso de la literatura nacional, que, por entonces, tanto había decaído. Presididas por colosos como Ramírez, Prieto, Altamirano y Payno, casi toda la juventud literaria de la capital seguía de cerca a estos líderes de las letras mexicanas. Así como en 1836 la *Academia de Letrán*, y más tarde, en 1850, el *Liceo Hidalgo*, habían dejado honda huella en el movimiento intelectual de México, ahora en 1868 las *Veladas literarias* igualmente tuvieron profunda influencia en el resurgimiento literario de México. Las veladas estimularon a la juventud literaria y se escribieron obras de verdadero significado en dichas reuniones. El maestro Altamirano muy acertadamente resume el significado de estas reuniones al declarar que:

> La reunión que asiste a las *Veladas literarias* es el apostolado del porvenir. Allí se escucha el acento sublime de la oda, la voz vibrante del canto guerrero, las suspirantes notas de la trova amorosa, la voz risueña de la burla. Allí la sátira habla su lenguaje punzador y tremendo, la crítica analiza los monumentos literarios de las naciones extrañas, la novela y la leyenda arrebatan la imaginación. La gloria espía sonriendo a la juventud, señalándola el cielo. La literatura mexicana no puede morir ya. De ese santuario saldrán de nuevo otros profetas de civilización y de progreso, que acabarán la obra de sus predecesores. Entonces los patriarcas de la primera generación, inclinados por el peso de una vejez ilustre, irán a dormir a sus tumbas tranquilos, porque dejan en su patria discípulos dignos que los recordarán con lágrimas y que les tributarán el culto más grato para ellos... la imitación de sus trabajos y de sus virtudes [32].

Valentín Uhink, hablando a propósito de las *veladas* con motivo de haber leído una composición en una reunión anterior, declaró en *El Siglo* XIX (27 de enero de 1868) que tales congregaciones "aunque con el carácter privado, hacen honor a México y tienen un noble objeto". Y agrega en la misma ocasión: "Habráse visto rara vez un conjunto de talento tan originales y distinguidos como los que en ellas se reúnen, y que serían apreciados en cualquier país por culto que fuese".

Poco antes de celebrarse la última *velada*, Guillermo Prieto también emite su parecer encomiástico acerca de dichas reuniones. Escribió en *El Monitor Republicano* que tales veladas

> Consideradas como mero pasatiempo, ofrecen un campo abierto a todas nuestras inteligencias, y procuran un motivo de sociedad a los hombres de todas las opiniones y de todos los pareceres.
> Es dulce y consolador el espectáculo que ofrece ese culto tributado al ideal y a las elevadas aspiraciones del espíritu cuando riegan el suelo las ruinas que dejó en su tránsito asolador la pasada lucha, cuando no se estinguen aún los odios en la región política...
> Los fundadores de estas tertulias comprendieron toda su estensión, y las revistieron por lo mismo de admirable sencillez.
> Ni tienen mandarines, ni se sujetan a reglamento alguno, ni se designan trabajos, ni se inspeccionan concurrentes, ni solicitan protección de nadie, ni la necesitan. Su subsistencia depende de la voluntad de unos cuantos; su desaparición será sensible, porque afecta el conato de perfeccionamiento en nuestra parte moral.
> Con esa base de independencia noblemente orgullosa, con ese carácter de libertad absoluta; jóvenes y viejos, trovadores y filósofos, simples curiosos amigos de las letras, vividores que buscan pasa-

tiempo; y aún censores que encuentran oportunidad de ejercer su maledicencia en una reunión que presenta una fisonomía particular, todo el mundo tiene cabida, y todos concurren a la formación de un espectáculo que ciertamente honra nuestra civilización [33].

La gran mayoría de las poesías leídas en las *Veladas literarias* fueron publicadas en cuadernos de igual título, pero no en el orden en que fueron leídas. Solamente cinco de estos cuadernos hemos visto. Constituyen estos cuadernos, según breve nota de introducción de Altamirano

Los primeros acordes de la lira mexicana, modulados bajo la oliva de paz. De regreso al hogar, después de las batallas, hay una fiesta de familia, en la que los poetas se estrechan como hermanos y ensayan de nuevo sus cantos favoritos. Los improvisados guerreros se desciñen la espada del combate para entonar el himno de la patria. El soldado recuerda sus campañas, el viajero describe sus viajes, y el expatriado vuelve conmovido a visitar la tumba de sus padres. Todos, a su retorno, vienen a abrir una página literaria en los anales de México. Recuerdos, impresiones y fantasías, los ayes del infortunio y los himnos de la victoria. He aquí el espíritu de las *Veladas Literarias* [34].

Como Ignacio Altamirano había sido el alma de estas *Veladas literarias*, años más tarde, en 1889, el *Liceo Mexicano*, hizo pública manifestación de gratitud al distinguido maestro acordando celebrar una velada en su honor con motivo de su partida a Europa con el cargo de Cónsul General en Barcelona. Ya estudiaremos esta *velada* al hablar del *Liceo Mexicano* [35]. Otra manifestación de respeto, y a la vez de duelo, fué la *velada* organizada el 14 de febrero de 1903 en el salón-teatro de la Dirección de Instrucción Pública para honrar la memoria de la muerte del maestro en San Remo, Italia, acaecida el 13 de febrero de 1893. Presidió el acto Justo Sierra, entonces subsecretario de instrucción pública.

La *Bohemia literaria*, organizadora de las *veladas*, continuó subsistiendo por algunos años después de la suspensión de las *veladas*. En 1878 el Dr. Peredo dedicó un drama en tres actos titulado *Plantas venenosas* a la Bohemia literaria "en muestra de fraternal cariño" [36].

Capítulo VIII

SOCIEDAD NETZAHUALCOYOTL · 1867-1878

Según uno de los biógrafos de Manuel Acuña, fué éste "uno de los fundadores de la sociedad literaria Netzahualcóyotl, la cual inauguró sus sesiones en un patio del ex-convento de San Gerónimo, sin pompa y sin alarde, cuando apenas acababa de aparecer la aurora de la libertad en el cielo de la patria".

Aquella sociedad, continúa el mismo biógrafo, la primera que se estableció después de la intervención francesa, estaba compuesta de un grupo de jóvenes estudiantes que ansiaba progresar y que se reunían fraternalmente bajo la santa idea de cultivar las bellas artes. Acuña, que en distintos períodos fué su presidente, era para aquellos soñadores el guía y el maestro; en ella leyó sus primeras producciones literarias [1].

El 1º de mayo de 1869 escribió Altamirano en *El Renacimiento*:

Otra sociedad de jóvenes estudiantes que hace años se consagra a los trabajos literarios sin ruido y sin descanso, y que ha tomado el nombre del poeta-rey de Texcoco, también celebró el aniversario de su inauguración, en la casa del Sr. Lic. Sánchez Solís, que se ha mostrado favorecedor de esa juventud entusiasta. Presidió la reunión el eminente publicista el literato D. Francisco Zarco, a quien los socios hicieron subir al sillón presidencial con harta justicia, pues es uno de los patriarcas de la literatura nacional: leyóse la memoria de los trabajos llevados a cabo en el año que concluyó, y se recitaron hermosas poesías que probablemente verán la luz pública.
Esta reunión de jóvenes es digna de alabanza por su entusiasmo, por el talento de sus miembros y porque la patria ve en ella una de sus más risueñas esperanzas [2].

Basándose en las dos referencias a fechas en las dos citas anteriores es muy probable que la *Sociedad Netzahualcóyotl* se fundara en 1867. O en 1868, lo más tarde. La primera cita de un amigo de Acuña, Domingo R. Arellano, declara que la sociedad fué "la primera que se estableció después de la intervención francesa". No cabe duda que aquí se refiere a la restauración de la República en 1867. Altamirano, por otra parte, dice en 1869 que la sociedad *Netzahualcóyotl* "hace años se consagra, etc." y describe brevemente "el aniversario de su inauguración". Lo de "hace años" suena más remoto que uno o dos años, y sin embargo lo del aniversario parece referirse a inauguración reciente. Para confundir u ocultar más la verdadera fecha de la fundación de la *Sociedad Netzahualcóyotl* el mismo Altamirano escribe el 1876: "La *Sociedad Netzahualcóyotl*, que sin ruido y modestamente se ha organizado, hace poco tiempo, es ya una de las más capaces, por la voluntad de sus miembros, de realizar buenas cosas, y con tal de que no desmaye vendrá a probar todavía más que el espíritu de asociación no es una utopía en México"[3]. Según esta declaración, en 1876 hacía poco que se había establecido la sociedad. De estas dos fechas indicativas de Altamirano es lógico suponer que la de 1869 es la más próxima a la fecha de fundación; y habiéndose fundado después de la intervención francesa, es decir, después de 1867 creemos que dicha sociedad literaria se fundara entre 1867 y 1868.

Se componía la *Sociedad Netzahualcóyotl* al principio de estudiantes que se congregaban con el exclusivo objeto de leerse mutuamente composiciones ligeras, fruto de sus ratos de ocio, o de aquellos que robaban a sus severas ocupaciones de colegio. Estos jóvenes estaban percatados del desaliño, de la incorrección, la insustanciabilidad y otros defectos de las composiciones, pero también estaban dispuestos a oír la crítica y a servirse de ella para adelantar y aplicarse más en serio.

Los primeros frutos de los socios de *Netzahualcóyotl* salieron en diversos periódicos de la capital, pero pronto fundaron dos órganos. Uno de ellos fué *El Anáhuac, periódico literario ilustrado de la Sociedad*, del cual he podido examinar sólo la segunda entrega, fechada el 15 de octubre de 1869[4]. Era su redactor Manuel Payno, y redactores: Javier Santa María, Antonio Domínguez Salazar, Rafael Rebollar, Manuel Portillo, Agustín F. Cuenca, Manuel Acuña, Gerardo M. Silva, Alfredo Higareda, Agustín C. Figueroa. Entre los colaboradores de este órgano merecen citarse Ignacio Ramírez, Francisco Zarco, Altamirano, Prieto, Peredo, Justo Sierra, Luis G. Ortiz, Anselmo de la Portilla, Francisco G. Maldonado, Luis Ponce, Olavarría y Ferrari, Juan Mateos, Lorenzo Elízaga, José Rivera y Río, Gustavo Baz, Ramón Alba, Francisco O. y Ballester, Rafael Quijano, Ignacio Morelos, Rafael Romero, Enrique Abogado, Pedro Landázuri, Emilio Rey, etc.

El segundo órgano oficial de la sociedad *Netzahualcóyotl* fué una revista de igual nombre que empezó a publicarse también en el mismo año que la anterior, en 1869. Parece ser que la segunda de estas publicaciones sufrió algunas interrupciones en ciertas épocas, pero se publicaba todavía en marzo de 1878, pues en la Biblioteca de la Sociedad de Geografía y Estadística existe el número del 10 de marzo de ese año, en cuyo número se anuncia la vuelta a la capital del Sr. Altamirano y concluye agregando que eso quiere decir "que reanudará sus interrumpidas conversaciones sobre Lord Byron y su poesía". La comisión redactora de este órgano en esta época estaba compuesta por Manuel López Meoqui, Gerardo M. Silva, y Vicente U. Alcaraz. Era obligación de los socios tomar por lo menos un número de la revista.

Amén de estas dos publicaciones de carácter periódico, publicó la sociedad, también en 1869, *Ensayos literarios de la Sociedad Netzahualcóyotl* [5]. Hay motivos para supoenr que se pensaba publicar una serie de estos *ensayos*, pero sólo salió uno. Son estos *ensayos* una colección de composiciones poéticas y ensayos en prosa de los miembros. La introducción está fechada en 1869, aunque la mayoría de las selecciones tienen fecha anterior, y, caso anacrónico, hay algunas fechadas "1870". Hay composiciones y ensayos de Manuel Acuña, Altamirano, Agustín Cuenca, Antonio Domínguez Salazar, Martín F. Jáuregui, Alberto Salinas y Rivera, Pablo de J. Sandoval, Manuel Romero Vargas, y siete de los colaboradores del *Anáhuac* ya mencionados.

Los editores de los *Ensayos* se proponían, según el prólogo, "contribuir con nuestro pequeño contingente; agregar nuestro imperceptible grano de arena a la base del suntuoso movimiento literario que otros están llamados a construir". Agrega el prologuista que la *Sociedad Netzahualcóyotl* está constituída por miembros que ya se han conquistado un nombre en la república de las letras, hombres que "forman la constelación fulgurante de nuestro cielo literario, y que son bastante conocidos, admirados y queridos de la sociedad".

Gran número de los socios de esta sociedad publicaba sus obras en *La Iberia, El Búcaro,* y *El domingo*.

Nos aseguran los contemporáneos que esta agrupación literaria ejerció una justísima influencia literaria. Además de Zarco, fué presidente Altamirano, el infatigable Altamirano que funda sociedades, restablece otras y asiste a otras muchas para animar a los jóvenes principiantes. Sin embargo, esta agrupación literaria se identifica íntimamente con el coahuilense Manuel Acuña, el animador del grupo. Acuña leyó sus primeras poesías aquí, las que fueron recibidas "con entusiasmo".

Se recordará que Acuña, el autor de aquellas bellas *Lágrimas*, el soñador del *Nocturno*, se suicidó el 6 de diciembre de 1873. Había llegado a la capital Manuel Acuña en 1865 para estudiar medicina. Era apenas un simple mozalbete, gran admirador de la falange que componía lo que entonces se llamaba la *Bohemia Literaria*. Vivía en la capital por aquel entonces una familia, de la Peña, amante de las letras donde acudía Acuña en compañía de otros vates mexicanos. Rosalía de la Peña, joven de unos dieciocho años, era la mayor atracción entre los jóvenes poetas, y su cara redonda, y ojos "vampirescos" de Hollywood, como dice Jarnés [6], seguramente pronto sedujeron el alma romántica de Manuel. Lo que sí se sabe de cierto es que en esta atmósfera de inspiración y de protección literaria, Acuña escribió para Rosario el famoso *Nocturno*.

A la muerte de Manuel Acuña se vulgariza un tanto cierta sociedad que había permanecido casi desconocida y que por no conocer su naturaleza no estudiamos en entrada aparte. Estaba integrada esta organización por señoritas y muy apropiadamente se llamaba *Ramillete de Flores*, la que organizó una velada literaria el 20 de diciembre de 1873, casi dos semanas después de la muerte de Acuña, para honrar al malogrado poeta coahuilense. Celebróse la reunión en el salón de la casa número 24 de la calle de Cocheras y asistieron "los amigos íntimos de Acuña y cerca de cien personas de ambos sexos que formaron una concurrencia escogida y en verdad inteligente, en la que tuvimos el gusto de ver a algunos de nuestros más distinguidos literatos, a algunos de esos apóstoles del sentimiento, cuya presencia es inevitable en toda fiesta que tiene por punto objetivo la glorificación del talento", relata *El Siglo* XIX [7].

Presidió la señorita Elena Castro, quien consagró una poesía al poeta, y sucesivamente ocuparon la tribuna cerca de treinta personas. Diego Bencomo leyó la siguiente poesía titulada *Manuel Acuña* y dedicada al Dr. Manuel Peredo:

    ¡Miradle...! triste y pensativo el vate
Sin esperanzas, con la fe perdida,
Del mar revuelto de la frágil vida
La fragosa tempestad combate.
    Su generoso corazón no late,
Y con el alma de dolor transido,
Dobla su frente de laurel ceñido
Que ante la negra decepción se abate.
    Creyendo ya su porvenir incierto
Quiso romper de su martirio el yugo,
Y vió a sus plantas un sepulcro abierto;
    Ya que a la infamia asesinarle plugo,
Tiña la sangre del ilustre muerto
La frente vil del criminal verdugo [8].

Ana González recitó *A la memoria de Manuel Acuña*:

    Ya enmudeció la lira que entonaba
Dulces trovas de amor y de poesía;
La lira que al vibrar bien nos decía,
Que un ser muy desgraciado la pulsaba.
    Ayer lleno de vida no mostraba
La tempestad que su alma estremecía:
¡Quién al verle pasar comprendería
Que la sed de morir le devoraba!

Duerme tranquilo ya, que aquí en la vida
El destino cabó su saña fiera,
Sobre tu alma infantil abrió una herida
Que quererla curar era quimera;
Despreciaste la gloria reducida
Y quisiste la gloria verdadera [9].

El bien conocido poeta y amigo de Acuña, Juan de Dios Peza, también dedicó una poesía a la muerte de aquél en esta reunión del *Ramillete de Flores*.

Después de la muerte de Manuel Acuña la *Sociedad Netzahualcóyotl* subsistió por unos cinco o seis años. En la reunión de la junta directiva celebrada el 15 de enero de 1876 fué elegido presidente el Sr. Manuel P. Izaguirre, quien en ese momento ejercía el cargo de tesorero de la nación. El 29 del mismo mes la sociedad dió una lucida función en el Teatro Príncipe en la que se representó un arreglo del Dr. Peredo titulado *Después del duelo* [10]. El 7 de agosto del mismo año se representó otro drama, *La primera piedra*, de Larra, en el que tuvieron buen acierto en sus papeles María de Salamanca, Adela Alvarez y Rafaela Betancourt. También se puso en escena el juguete cómico del Dr. Peredo, *Lo que sobra a mi mujer* [11]. El 27 de mayo de 1877 se dió una *velada* en forma de otra representación teatral, también esfuerzos del Dr. Peredo, que consistía en una traducción intitulada *La pasión de Jesucristo*. En 1878 Juan de Dios Peza declara que Altamirano es presidente de la *Sociedad Netzahualcóyotl*, siendo ésta la última referencia que tenemos acerca de esta agrupación tan singular, y cuyo reglamento se redactó a fines de 1875 y el cual se podrá consultar en el *Apéndice*.

Capítulo IX

VARIAS SOCIEDADES MENORES

El fervor literario después de 1867 es avasallador; por todo el país hay muestras de un verdadero desbordamiento intelectual. Nace una nueva generación con motivo de este desarrollo literario y artístico que recuerda la generación del 68 en España, también como resultado de la caída de otro monarca. El florecimiento iniciado en México se acentúa más y más hasta convertirse en un período de gran producción literaria. Los jóvenes aficionados a las letras se dirigen a la capital y llegan llenos de entusiasmo, de planes, en busca de contactos para iniciarse en las musas. Acuden a los cafés, a los casinos, a los liceos. Se forman asociaciones literarias, cívicas, musicales, científicas. Tan numerosas son estas organizaciones dedicadas al fomento de las letras, el drama, las ciencias, la música y el recreo que se hace casi imposible enumerarlas [1].

Esta abundancia y riqueza cultural se manifiesta en todos los géneros intelectuales, y está más concretamente representada en las innumerables revistas que ven la luz en la década que sigue al reestablecimiento de la República en México. Aunque de breve vida dejan, no obstante, profundas huellas *El Renacimiento*, de Altamirano, publicado en 1869; *Las violetas*, 1869, de Vera Cruz; *El semanario ilustrado*, 1868-1869; *El álbum literario de León*, 1869, de León; *Flores y frutos*, *El horario*, y *El jazmín*, publicados los tres en León en la década de 1870 al 80; *El domingo*, 1871-1873; *Eco de las artes*, 1872-1873; *El pensamiento*, 1872; *La linterna mágica*, 1872; *El federalista*, 1872-1877; *El radical*, 1873; *El eco de ambos mundos*, 1873-1874; *Lira poblana*, 1873; *El artista*, 1874-1875; *El búcaro*, 1875; *La idea*, 1875; *La aurora literaria*, 1875, de Morelia; *La alianza literaria*, 1876, de Guadalajara; *La revista mensual*, 1877; *El estudio*, 1878; *La revista de México*, 1878; *El horario*, 1878, de Monterrey; *El mundo científico y literario*, 1878; *La tribuna*, 1879. El teatro también tuvo su período de rejuvenecimiento y aparecen un buen número de revistas teatrales, como *El teatro*, 1872-1875; *Revista teatral*, 1874; *El trovador*, 1874; *El libreto*, 1875-1876; *La revista dramática*, 1880; *El teatro*, 1881.

Las numerosas agrupaciones literarias de este período, a igual que las revistas, son de vida tan efímera que apenas se conocen sólo sus nombres. Tales son, por ejemplo *Escritores públicos*, de que fué presidente Altamirano, según su biógrafo Juan de Dios Peza [2], fundada tal vez a fines de 1875, pues *El federalista*, en su número del 17 de enero de 1876 comenta que dicha organización fué fundada "hace algunos meses". Igual parquedad de datos existe sobre la *Sociedad dramática* "Alarcón", instalada a principios de 1876, y cuya mesa directiva estaba integrada por el Dr. Peredo, presidente; Peón Contreras, vicepresidente; y Roberto Esteva, secretario. En Puebla existía por el mismo tiempo otra sociedad dramática denominada "Ruiz de Alarcón". Poco más conocida es una sociedad de la capital, *Círculo literario* "Gustavo A. Bécquer", que funcionaba por la misma época que las anteriores. Dios Peza dice de este círculo: "Cuando en México se fundó el círculo literario "Gustavo A. Bécquer" se establecieron cordiales relaciones con los jóvenes literatos de la heróica ciudad de Zaragoza, y aunque hoy, el "Círculo Bécquer" ha suspendido sus sesiones, no se ha roto ese lazo por él establecido y cimentado"[3]. En uno de los certámenes literarios organizado por este círculo mereció el primer premio una composición de Dolores Salazar de Payán.

De la *Sociedad literaria Rodríguez Galván* sólo sabemos que Manuel M. Flores dedicó una de sus poesías a dicha sociedad[4].

Fué *La Sociedad Católica* organización religioso-social, fundada en 1869, por iniciativas de Ignacio Aguilar y Marocho, Rafael Gómez, Tirso Rafael Córdoba y varios otros. A pesar de su carácter predominantemente religioso, la *Sociedad Católica* tenía una sección literaria, muy activa por cierto, y en el órgano oficial de la sociedad, de igual nombre, se publicaban gran número de composiciones de los socios. En ocasiones la publicación asumía la apariencia de una revista semi-literaria; los siete volúmenes conocidos, (1869-1872) son rica fuente de información literaria, sobre todo para el estudio de los escritores católicos, que incluía a casi todos los ilustres hombres de aquellos tiempos. La *Sociedad Católica* se desarrolló tan rápidamente que para 1877 ya se había extendido a treinta y ocho poblaciones de la República y publicaba para esa fecha quince distintas publicaciones semanales.

La *Academia Nacional de Ciencias y Literatura*, fundada el 5 de febrero de 1870, fué una de las primeras instituciones más serias organizadas al poco de la restauración. En verdad, esta corporación fué creada durante el gobierno de Maximiliano, pero pronto desapareció, siendo reestablecida por Juárez, aunque se reunió contadas veces, las más siendo ministro don José María Lafragua. En su primer aniversario de su tercera época, el 5 de febrero de 1871, Altamirano pronunció el discurso oficial[5]. No hay que confundir esta organización con la *Academia de la lengua*, correspondiente a la española, fundada en México en 1876, cuyos fines y trabajos, todos de carácter oficial, son bien conocidos.

La concordia, sociedad teatral, fué organizada por Alberto G. Bianchi el 22 de enero de 1870 en la capital. En su primer aniversario uno de los cronistas describe el origen de esta sociedad diciendo: "Pobres, sin pretensión y sin más objeto que el de adelantar ayudándose mutuamente, varios muchachos estudiantes, llenos de fe en el porvenir, se reunieron hace un año para organizar una asociación literaria, a la que pusieron por nombre *La concordia.* Fué su presidente, y lo es hasta hoy, el aplicado joven don Alberto G. Bianchi"[6]. En el segundo aniversario, Juan de Dios Peza recitó una poesía. En abril de 1871 *La concordia* convino en establecer "para fomentar la instrucción de nuestro pueblo, clases orales de historia universal, literatura y gramática castellana"[7]. En la reunión del 4 de enero de 1873 fué elegido presidente Eduardo E. Zárate, y vicepresidente J. Rafael Alvarez, y pertenecían a la sociedad en esta época Ignacio Ramírez, Altamirano, Olavarría y Ferrari, Dr. Peredo, Juan A. Mateos, Luis Ortiz, Prieto, Riva Palacio, Anselmo de la Portilla, y Manuel Acuña; es decir: lo más granado del ingenio de aquel tiempo[8]. El 10 de enero de 1874 la sociedad pasó por una pequeña reorganización "pues con motivo de los elementos extraños que últimamente abrigaba en su seno, había llegado casi a disolverse", da cuenta el *Monitor Republicano* en su número del 13 de enero de ese año. En dicha reunión Bianchi fué nombrado presidente y Zárate, vicepresidente. Sabemos que existía todavía a principios de 1876, pues celebró una reunión el 15 de enero, en la que se nombró nueva mesa directiva y se formuló nuevo programa en preparación para la celebración del sexto aniversario de la fundación de la sociedad[9]. En la última sesión de que tenemos noticias, celebrada en abril de 1876, fué elegido presidente Rivera Mendoza[10].

La *Sociedad Juan Díaz Covarrubias* nació el 12 de septiembre de 1872 por iniciativa de un grupo de estudiantes amantes de la literatura, que se reunieron aquel día para tal efecto bajo una bohardilla del callejón de Betlemitas. A la luz de un cabo de vela colocado sobre un mal tintero de vidrio, presidió la primera sesión Miguel Olivares. Más tarde José L. Acevedo fué elegido presidente, y la sociedad continuó de mala muerte, reuniéndose en sitios ajenos, incluso bajo los árboles seculares de Chapultepec, y en los llanos de Buenavista, a cuyos lugares iban los jóvenes socios los domingos a celebrar sus sesiones. Allí se improvisaban poesías, se leían versos, y se hablaba de literatura y de libros. Pero no siempre era posible reunirse bajo el cielo azul de México, y más de una vez la sociedad fué de puerta en puerta pidiendo un rincón para sus reuniones. La Sociedad de Geografía y Estadística, que tanto había hecho por otras organizaciones literarias, también prestó protección a la *Sociedada Juan Díaz Covarrubias*, dándole franqueo a sus salones. En más de una ocasión también se reunió en casa del presidente José L. Acevedo.

Anhelaba este grupo de jóvenes literatos constituirse en "adoradores de la literatura", según el propio Reglamento de la sociedad. Deseaban esos jóvenes cambiar el modesto ropaje de estudiante por el de sacerdote del talento y obreros del engrandecimiento de la patria. El lema de la sociedad era "Estudio y perseverancia". Las ideas que animaban a este círculo, son "sin duda las que alientan a la juventud mexicana, en su inmensa mayoría, desde el momento que arde en su mente la llama sacro-santa del progreso" [11].

La *Sociedad Juan Díaz Covarrubias* nunca contó con muchos fondos, y sin embargo en numerosas ocasiones socorría a socios necesitados. Tomaba parte en solemnidades importantes en la ciudad, y a la muerte del malogrado poeta Acuña donó sus pequeños fondos para sus funerales. También ayudó en la publicación de composiciones de algunos de sus miembros, entre los que había distinguidos poetas y escritores que no desdeñaban pertenecer a tal tertulia. A pesar de esto, la *Sociedad Juan Díaz Covarrubias* fué de escaso valor; se sabe muy poco de sus actividades. El *Liceo Hidalgo* en este tiempo era el foco literario de la ciudad.

A fines de 1873, a la muerte de Manuel Acuña, funcionaba en la capital la sociedad *El porvenir*, centro científico, artístico y literario, con órgano propio, *El estudio*, publicado de 1877 a 1878, con algunas interrupciones. Era presidente en 1874 Francisco de A. Lerdo, y en 1878, Eliseo Aguilar Medina. El propio Manuel Acuña había leído su poema *Nada sobre nada* en una reunión que según *El Siglo* XIX "estuvo magnífica y puso de manifiesto los importantes trabajos que ha emprendido en el camino de la ciencia y de la literatura" [12]. Por algunos años, *El porvenir* se reunía todos los lunes a los ocho de la noche en el casino del gran Círculo de Obreros; en marzo de 1876 empezó a reunirse en el edificio del ex-colegio de San Juan y San Pablo [13]. Socios activos de *El Porvenir* eran Joaquín M. Alcíbar, Mariano Alegría, José Carrillo, Francisco Castro, Aurelio Horta, Alberto Leguísamo, Carlos Larrea, Rafael Nájera, Ignacio Rivera, Vicente Romero, Joaquín Trejo, Teodoro Soto, J. R. de Arellano, Laureana Wright de Kleinhans, M. A. O'Gorman, José Rosas Moreno, Benigno Prieto, Enrique A. Rangel, Manuel Rocha, Luis Miranda, etc. Entre las muchas poesías publicadas por los socios en *El estudio* figura *Una flor*, de Manuel P. Cervantes:

> En esta flor hermosa,
> Fragante, delicada;
> Del alma enamorada,
> Suspiro tierno va.
>   Allí, en su casto seno,
> Adelia encantadora,
> Inmenso se atesora
> De amor un manantial.
>   Sus hojas purpurina
> Su cáliz perfumado,
> Natura ha engalanado
> Para agradarte así:

Recíbelo, ángel mío,
Castísima paloma,
Y al aspirar su aroma,
Acuérdate de mí [14].

La *Sociedad dramática Alianza* hizo su debut el 3 de diciembre de 1873, poniendo en escena *La oración de la tarde* y *Por una equivocación*, siendo primer actor y director de la primera pieza el fundador de la sociedad, Carlos Escudero. La organización se había instalado hacía escasamente un mes antes de dichas representaciones, pues en el número del 3 de diciembre *El Siglo* XIX, declara: "Esta sociedad, que hace apenas un mes celebró su instalación en el Teatro Hidalgo, da hoy en el mismo local una función dramática. ...Felicitamos cordialmente a la *Sociedad Alianza* que tan palpables muestras da de su adelanto, y le deseamos un éxito brillante en todas sus representaciones".

Discutiendo don Francisco Pimentel el teatro mexicano de esa época y refiriéndose a Carlos Escudero, cita a Juan de Dios Peza, quien escribió en su *Anuario* correspondiente a 1877 que Escudero "fundó y dirigió durante algunos años, con notable acierto y haciendo muchos progresos, la *Sociedad Dramática Alianza*, que hoy se intitula *Sociedad Dramática Carlos Escudero* y en la que se han representado por aficionados al arte, más de cien obras [15].

En efecto, dicha sociedad cambió el nombre de *Alianza* al de *Carlos Escudero* en 1877, y fué en verdad muy activa, pues se encuentran numerosas referencias en las revistas y periódicos de aquellos años a las obras representadas por dicha agrupación dramática [16]. Al efectuarse el cambio de nombre publicóse un *Reglamento de la Sociedad Dramática "Carlos Escudero"* en el que se consignan las condiciones especiales que había que reunir para ser socio de la sociedad. Para ser socio actor había que manifestar previamente aptitud de actor ante un jurado calificador. Entonces se proponía el candidato a la junta general y por mayoría de votos se resolvía si era o no admitido. Los socios actores desempeñaban los papeles que les eran designados. También existían socios auxiliares, suscritos y honorarios, cuyo ingreso no requería tantas calificaciones. Por regla general estos miembros tenían la obligación de tomar localidades en las funciones de la sociedad y suscripciones del periódico de la misma.

Otra sociedad dramática de la capital que ejerció influencia en el desarrollo del teatro fué la de "Gorostiza", fundada allá por 1875 por Altamirano [17]. También existía otra de igual nombre en Guadalajara según Pimentel [18], pero la más conocida estaba radicada en la ciudad de México como consta en el reglamento, firmado el 7 de diciembre de 1875, el cual se encuentra en el *Apéndice*. Creemos que esta entidad teatral no llegó a grandes apogeos ni vivió larga vida. *El federalista* del 22 de febrero de 1876 lleva esta nota: "El viernes en la noche tuvo esta sociedad su sesión de costumbre. Se leyó un drama intitulado, *Ricardo*, del Dr. Manuel Anaya. El Sr. Gutiérrez hizo algunas observaciones sobre el drama de Bianchi, *La enferma del corazón*. Y por último, fueron admitidos dos socios más: la Sra. Dolores Cuesta de Miranda y el Sr. Francisco Gómez del Palacio, ambos autores dramáticos".

La *Academia Mexicana Correspondiente a la Española* fué establecida en 1875 y su primer presidente fué don José María de Bassoco, y el secretario, el ilustre don Joaquín García Icazbalceta. Celebróse la primera junta el 11 de septiembre en la casa de don Alejandro Arango y Escandón, calle de Medina, número 6. En esa reunión el presidente leyó un breve discurso sobre el origen de la academia y sus utilidades. En un principio se reunía esta corporación dos veces mensuales, más tarde tres, otras veces ninguna. Como toda sociedad, la Academia ha tenido sus buenos y malos tiempos, pero su obra ha sido siempre de alta calidad. En lexicografía ha contribuido enormemente al diccionario de la lengua preparado por la Academia Española. Igualmente ha allegado abundante material para formar la historia de la literatura mexicana, y ha publicado seis tomos de *Memorias*, colección de valiosos estudios indispensables para conocer la lengua y la literatura de México.

Un *Ateneo* que nunca llegó a florecer como aquél de mediados de siglo ni tan popular como el más conocido de principios de éste, fué el *Ateneo Mexicano de Ciencias y Artes*, cuyo *Reglamento orgánico* está fechado por su presidente Vicente Riva Palacio el 12 de junio de 1882. Era objeto de dicho centro "promover el cultivo, adelanto y difusión, bajo todas sus formas y manifestaciones, de las ciencias y de las artes" [19]. Eran sus miembros de tres clases: *accionistas*, *suscriptores* y *correspondientes*, y se admitían socios sin distinción de nacionalidades. Para ser socio del *Ateneo* se requería ser postulado por tres miembros de la asociación y admitido por dos tercios de los miembros presentes que compongan la junta de admisiones. Las obligaciones de los socios eran desempeñar los cargos, funciones y labores que les fueren encomendados por el presidente o por la junta directiva, contribuir para la biblioteca con una obra, o con algún objeto para el museo. Dar a la biblioteca un ejemplar de todas las obras que hubieren escrito antes de su ingreso, o que en lo sucesivo escribieren. Concurrir a las juntas generales, postular socios, presentarse a los concursos del *Ateneo*. Esta sociedad estaba dirigida por una junta directiva, formada de un presidente, un secretario, cuatro prosecretarios, un tesorero y un procurador.

En 1886 celebró el Ateneo Mexicano, una velada el 13 de diciembre, en la que se estrenaron un monólogo en verso titulado *Más y menos*, y una comedia en un acto, *El huevo de Colón*, ambas obras de Manuel Pérez

Bibbins. Creemos que este centro, llamado ahora en 1886 también Ateneo "Nacional" sea el mismo que el anterior.

Existía en la capital mexicana hacia 1885 *La arcadia mexicana* de la que sólo sabemos lo que dicen Adolfo Prantl y José L. Groso en su obra llamada *La ciudad de México*:

> La sociedad científico-literaria que lleva este nombre, se fundó el año de 1885 por los Sres. Plotino Rodhakanatty, José Monroy y Manuel Agoitia. Celebró con buen éxito sus primeras sesiones en un local situado en el callejón de la Santa Veracruz, que era al propio tiempo academia de filosofía especulativa. Poco después, sus miembros se dispersaron, y hasta hace ocho o diez años volvió a renacer, debido a la iniciativa de literatos y escritores de nombre, como D. Manuel Flores, D. Manuel Gutiérrez Nájera y el inspirado y tierno poeta don José M. Bustillos, muerto en la flor de su edad. Desde entonces "La arcadia mexicana" es una agrupación vigorosa e inteligente que procura por cuantos medios están al alcance de sus miembros, propagar los conocimientos científicos y literarios, dando preferencia a todos los trabajos de esta índole de producción nacional. De esta manera podrá lograrse que los autores mexicanos sean leídos y debidamente apreciados por el público [20].

Capítulo X

EL LICEO MEXICANO, CUAUHTEMOC, Y DOS ATENEOS

El *Liceo Mexicano, científico y literario*, instalado el 5 de febrero de 1885, fué obra de siete jóvenes que se reunían en la casa número 21 de la calle de Ortega, hoy Uruguay, en la habitación de Luis González Obregón. Las sesiones eran todos los miércoles aunque ya iniciada la sociedad se cambió al domingo, principiando por lo común entre las diez y las once de la mañana, para terminar a la una o dos de la tarde. En casos extraordinarios se reunía el *Liceo* en el salón de la Sociedad Mexicana de Geografía y Estadística.

Originó este círculo literario en circunstancias algo interesantes. El maestro D. Justo Sierra daba clases de historia a un grupo de jóvenes, pero por motivos políticos esos jóvenes le abandonaron y acudieron a Ignacio M. Altamirano quien accedió continuar dando la clase de historia. Altamirano puso por condición que las clases fueran públicas para no ser acusado de conspirador contra la patria, pues en esos momentos el autor de *Clemencia* no estaba en buenas relaciones con el presidente de la República, el general Manuel González. Esta clase de historia dirigida por Altamirano se constituyó en uno de los centros intelectuales de más renombre de México y atendida por jóvenes intelectuales que comenzaban su carrera literaria, y se llamó *El Liceo Mexicano*.

El presidente honorario fué el propio Altamirano, y aunque declaró en la introducción del primer número del órgano de la sociedad que "algunos jóvenes estudiantes aficionados a la ciencia y a las bellas letras, acaban de reunirse en México, y de constituir una sociedad con el nombre de *Liceo mexicano, científico y literario*"[1], bien se sabe que Altamirano mismo fué el propulsor de dicha agrupación. Esos jóvenes fundadores, siete en número, a que ya se ha hecho referencia, eran Luis González Obregón, Toribio Esquivel Obregón, Alberto Michel, Ezequiel A. Chávez, Angel de Campo, Manuel Mangino y Adolfo Verduzco y Rocha.

El 15 de octubre de 1885 empezó el *Liceo* a publicar su órgano mensual y quincenal, de igual nombre, publicado hasta 1889. Por mediación de D. Ignacio Romero Vargas, político y poeta satírico, *El Liceo mexicano* se publicó gratuitamente en la imprenta de la Secretaría de Fomento. Lo dirigió en un principio Adolfo Verduzco y Rocha, presidente del *Liceo*. El secretario Luis González Obregón le sucedió de director empezando con el número 5, del 15 de febrero de 1886. Más tarde se agregaron a la redacción de la revista José María Bustillos, Antonio de la Peña y Reyes, Ezequiel A. Chávez, y otros. Fueron presidentes del *Liceo,* además de Verduzco y Rocha, González Obregón, Chávez, Enrique Fernández Granados y Alberto Michel.

Uno de los primeros esfuerzos que emprendió el *Liceo* fué redactar un *Reglamento* que sirviera de norma para su marcha regular. Este reglamento prohibía tratarse en el seno del *Liceo* asuntos religiosos y políticos. "Así, pues, el *Liceo mexicano,* declara su órgano, tiene por único y exclusivo objeto, el cultivo de las ciencias y de la literatura" [2].

En su primer año de vida tuvo el *Liceo* un éxito fenomenal. Era el centro de reunión de los más prestigiosos escritores y continuó siéndolo durante la penúltima década del pasado siglo. Para celebrar el primer aniversario, en febrero de 1886, por ejemplo, el secretario presentó una *Memoria* en la que daba los nombres de los socios que habían presentado composiciones y los títulos de éstos. Las composiciones en prosa en este mismo año suman cuarenta y tres, y las de poesía cuarenta y una [3].

Entre las múltiples actividades del *Liceo mexicano* la de mayor importancia y prestigio fué la velada literaria verificada en honor del Lic. Altamirano el 5 de agosto de 1889, con motivo de despedirlo en su viaje a España como cónsul de México en Barcelona. Se verificó el agasajo en el salón de sesiones de la Sociedad Mexicana de Geografía y Estadística, y fué presidida la velada por el Sr. don Enrique Fernández Granados. Asistieron a la reunión y tomaron parte una selecta e ilustrada concurrencia, los socios fundadores, muchos socios activos, entre ellos José María Bustillos, Francisco Chiapa, Balbino Dávalos, Fernando L. Echegaray, Antonio de la Peña y Reyes, José P. Rivera, Emilio Rodríguez, Enrique Santibáñez, Gregorio Torres y Luis G. Urbina [4]. Se leyó una poesía de Prieto escrita desde Tacubaya para tal ocasión, y también una carta de Justo Sierra que no pudo asistir a tan solemne reunión. Tanto los trabajos leídos como los preparados especialmente para honrar a Altamirano en esa ocasión, fueron publicados bajo el título de *Velada literaria que en honor del Sr. Lic. D. Ignacio M. Altamirano celebró el Liceo Mexicano la noche del 5 de agosto de* 1889. Luis González Obregón se encargó de la redacción.

Estableciose la *Sociedad Cuauhtémoc* en febrero de 1891 y todavía funcionaba en la capital mexicana a la entrada de este siglo. Aunque de no muy fuertes raíces logró subsistir múltiples vaivenes merced al esfuerzo de algunos Mecenas e ilustres literatos que la alentaron más de una vez con su presencia y administración. Fué su primer presidente Guillermo Prieto pero a la muerte de éste en 1897 tuvo la sociedad más bien una existencia moral, pues sus miembros se reunían raras veces. Su órgano, *El álbum de la juventud,* cuyo cuarto tomo apareció en 1900, continuó apareciendo gracias a la constancia inagotable de Carlos de Gante, socio de la sociedad y autor de una serie de miniaturas literarias, coleccionadas bajo los títulos de *Sensitivas, Juveniles, Fugaces, Horas de fantasía*, etc.

En las sesiones de *Cuauhtémoc*, en donde se recitaba poesía, se daban conferencias de diversos temas, y se leían cuentos y leyendas, se congregaban Eusebio S. Almonte, José Becerra, Francisco Zárate Ruiz, Martín Solís, Salustio Carrasco Núñez, Josefina Bienvenú, Eduardo Gómez Haro, Felipe Neri Castillo, Agustín Correa, Manuel de la Parra, Luisa Godoy, Miguel Palma y Campos, Alberto Rojas, Manuel M. Bermejo, Ricardo T. Torremocha, y algunos otros que usaron seudónimos: *Ignaro* (Luis G. Rubín). *Ignotus* (Ignacio A. de Peña), *Cellini* (Efrén Rebolledo), *Ori-Ori* (Nabor D. Bolaños).

Para robustecer el afianzamiento definitivo de las libertades públicas, la *Sociedad Cuauhtémoc* instituyó veladas literarias "cuyo objeto capital es no sólo conservar el recuerdo de los caudillos de 57, sino principalmente consolidar más y más las puras doctrinas que entre ráfagas de elocuencia y sabiduría brotaron de ese tempestuoso Sinaí del Constituyente" [5]. En la velada celebrada en agosto de 1896 dedicada al héroe Cuauhtémoc, Guillermo Prieto leyó una hermosa composición titulada *A Cuauhtémoc* hasta ahora desconocida por cuya razón la reproducimos a continuación:

Triste, forzada oración,
Falso brillo, inútil canto,
Que no tiene ni el encanto
De la franca compasión.
De apoteosis la ficción
Se pide en vano a la gloria;
Pudorosa la memoria
Se oculta a los ojos ruda,
Y sella los labios muda
De vergüenza de la historia.

¿A qué, Cuauhtémoc, cantar
Tu prodigioso ardimiento?
¿A qué el poderoso aliento
De tu heroico batallar?
¿Quién osará reanimar
Los recuerdos que despierto,
Dejará mi voz perdida,
Como el gemir de ave herida
Que perece en el desierto?

La perfidia y la ambición
Alzaron su perdón fiero,
Señalando un derrotero
De matanza y destrucción.

Astuta la explotación
De los odios, dió a su vez
Al invasor, altivez
Y fortuna en las campañas;
Y esas fueron las hazañas
Del famoso Hernán Cortés.

   Le anunciaba ronco el trueno,
Y sus potencias legiones
En arrogantes bridones
Hallaban del piso el seno,
Y como para dar lleno
Al robo y a la traición;
Alzaron para irrisión,
Esos rabiosos bandidos
De mil crímenes henchidos,
La cruz de la rendición.

   En barbarie compitiendo,
Sangre a torrentes regando;
Los rencores imperando,
Pueblos enteros muriendo;
Tal fué el batallar tremendo
Y el rechazar y embestir,
Pudiéndose distinguir
En los sangrientos ultrajes,
Que eran siempre más salvajes
Los del inícuo invadir.

   Con sonrojo de las fieras,
Ostentaban la crueldad
Y tenían vanidad
En semejarse a panteras.
De la España las banderas
Los capitanes tiranos
Ostentaban en sus manos,
Los intentos pisoteando
De Isabel y de Fernando,
A título de cristianos.

   Sin sus dioses, sin sus lares,
Cubriendo el suelo los muertos,
Los parapetos desiertos,
Hechos tierra sus altares;
Ruinas los dulces hogares,
Ceniza el pueblo que fué;
Pero descollaba en pie,
invencible, satisfecho,
¡Cuauhtémoc! por el derecho
Luchando ardiente y con fe.

Cayó por fin agobiado,
Y le respetó la muerte,
Contemplándole la suerte
Vencido, mas no humillado.
A Cortés afortunado,
Desdeñando su poder
Dijo: "Cumple tu deber;
La muerte sólo te pido;
Que no puedo o no he sabido
A mi patria defender".

Alma de excelso esplendor,
Pecho de inmensa valía,
Lámpara de oro en que ardía
Puro y sublime el honor.
Ya que un extraño favor
Inesperado te halaga,
De tu raza que naufraga
Pide inexorable cuenta,
Que perece macilenta,
Y en la barbarie se apaga.

Dijo al dueño de este suelo
El blanco: "Tras de la guerra
Serás mi hermano en la tierra,
Mi Dios te dará su cielo".
Pero se miró en su anhelo,
De infiel cristiano y de bravo,
Que feroz llenaba al cabo,
De la razón con ultraje,
Hacer del libre salvaje
El envilecer esclavo.

Después, en brutal unión,
Lazo impuro y quebradizo,
Produjo al falaz mestizo,
Como exótica creación.
Sin patria, sin afección,
Botando en el suelo vil,
Cual repugnante reptil,
Odio, debajo del yugo,
A su padre por verdugo,
A la madre por servil.

Dando al extraño tributo
En indigno vasallaje,
Le tuvo envidia al salvaje,
Tuvo por émulo al bruto;
Era el blanco su absoluto,
Se hizo noche en su conciencia,

Y con mentida clemencia,
El pérfido fanatismo
Abrió a sus pies un abismo
En que hundió su inteligencia.

De la humanidad deshecho,
Llaga del linaje humano,
De la existencia gusano,
Irrisión para el derecho;
Tan sólo saca provecho
Aquel que su ser mutila
Que entregado a su *trasquila*
Lo embrutece en el santuario,
Y le llama refractario,
Y le oprime y le aniquila.

¡Cuauhtémoc! ve la tarea
De tus bravos vencedores,
Y así recibe sus flores
Y así tu apoteosis sea.
No; tu memoria desea
Para una ovación cumplida,
Que den entrada a la vida
Del progreso y de la ley,
A tu atormentada grey
Tan doliente y abatida.

¡Levántate! raza mista,
Y construye tu nobleza
Borrando con tu grandeza
Las manchas de la Conquista.
Del universo a la vista,
Da al indio tu protección;
Que la misma elevación
Alcance la nación toda,
Que hay sangre india y sangre goda
En tu propio corazón.

Sus brazos abra el taller,
Sus alcázares la ciencia,
Y saluden la presencia
De los indios con placer.
Que una sagaz el poder
A indio y blanco en los hogares,
Y coloque entre sus lares
Con entusiasmo anhelante;
La estatua de Pedro Gante
Junto a la estatua de Juárez [6].

La *Sociedad científico-literaria "Cuauhtémoc"* funcionaba todavía en 1901, pues ese año salió a luz *Nox mentis*, esbozo de novela escrito por los señores Carlos de Gante, Ignacio A. de la Peña, Ramón Frausto, Luis E. Jácome, Agustín Correa, Ricardo P. Torremocha, Manuel E. Villaseñor y Manuel M. Bermejo, todos miembros de *Cuauhtémoc*. Dicha novela fué escrita en dieciséis días, sin plan previo y obligada a dos días cada capítulo, que corresponde a un autor. El 25 de marzo de ese mismo año celebró la sociedad una sesión reglamentaria en la que se leyeron poesías amenas y divertidas, según una crónica ligera del propio órgano de la asociación [7].

Sin entrar de lleno en las numerosas academias y sociedades intelectuales que funcionaban en la capital de México en la primera década del presente siglo, creemos, sin embargo, justo acabar el estudio de estos centros de reuniones literarias de la capital con dos ateneos fundados en ese período. El *Ateneo mexicano literario y artístico* se inauguró el 8 de mayo de 1902 bajo la presidencia del Sr. General don Porfirio Díaz, Presidente de la República y presidente nato del *Ateneo*. En su discurso inaugural don Nicolás Mariscal empezó diciendo: "La inauguración del *Ateneo mejicano literario y artístico* es un punto culminante en nuestra historia, fruto de una civilización amasada durante largas décadas de sangre y lágrimas y coronada por la paz en una era de trabajo, de economía, de luz y de certera administración" [8].

De mucho más renombre, sin embargo, es el *Ateneo de la Juventud*, instalado en 1909, pero precedido por *La sociedad de conferencias*. Estas *conferencias* fueron organizadas por agrupaciones de jóvenes, casi todos vinculados a la Escuela Nacional de Preparación, y la naciente Universidad Autónoma. Formaban estos jóvenes intelectuales la llamada "generación del centenario", y se dividían en *Los científicos* y los de *La savia moderna*. Hacía ya unos dos años que la *Sociedad de Conferencias* venía desarrollando una excelente labor literaria, bajo la tutela de Jesús Acevedo quien en su propio hogar se reunió por primera vez. Tuvieron las Conferencias dos períodos de vida: una en el casino de Santa María, la otra en el Conservatorio Nacional. Pero el 28 de octubre de 1909 se transformaron en un organismo más compacto, en un núcleo que desde entonces se denominó *El Ateneo de la Juventud*. Sus fundadores fueron veintiséis hombres de letras, muchos de los cuales viven en la actualidad. Según el último secretario de la asociación, el distinguido sabio don Alejandro Quijano [9] estos fundadores fueron Jesús T. Acevedo, Evaristo Ariaza, Roberto Argüelles Bringas, Dr. Carlos Barajas, Ignacio Bravo Betancourt, Antonio Caso, Luis Castillo Ledón, Francisco J. César, Eduardo Colín, Alfonso Cravioto, Marcelino Dávalos, Manuel de la Parra, Isidro Fabela, Genaro Fernández MacGregor, Nemesio García Naranjo, Carlos González Peña, Pedro Henríquez Ureña, Rafael López, José

María Lozano, Guillermo Novoa, Juan Palacios, Eduardo Pallarés, Alfonso Reyes, Abel Salazar, José Vasconcelos, y Emilio Valenzuela.

Casi todos los hombres de letras de la capital y algunos extranjeros fueron socios del *Ateneo,* pues este centro dominaba la escena intelectual con sus múltiples actividades literarias y culturales, organizando veladas y otras funciones, como la sesión especial preparada a la muerte de don Justo Sierra, celebrada el 22 de octubre de 1912. Entre sus directores figuran Antonio Caso, José Vasconcelos y el Dr. Enrique González Martínez. Castro Leal considera a Manuel de la Parra (1878-193) como el poeta del *Ateneo de la Juventud* [10], y agrega que con éste apareció Rafael López, "poeta civil que mantuvo con brillo la gran tradición de Santos Chocano y del primer Díaz Mirón".

El *Ateneo de la Juventud* no solamente ejerció poderosa influencia en el momento de su existencia sino que fué aun de más provecho para la generación que siguió a su desaparición. La personalidad de Pedro Henríquez Ureña se proyectó sobre los entonces jóvenes escritores y filósofos, como muy bien ha observado Clemente López Trujillo [11]. Esa influencia fué más bien en el sentido crítico, pues la obra creativa cedió paso al estudio, a las investigaciones, a la pedagogía, a la técnica. Del *Ateneo* salieron el investigador y crítico Alfonso Reyes, el filósofo José Vasconcelos, el historiador literario Carlos González Peña, y Julio Torri, Martín Luis Guzmán, y casi toda la generación presente cuya obra es bien conocida.

Capítulo XI

SOCIEDADES LITERARIAS DE GUADALAJARA

Fuera de la capital de la nación ha ocupado Guadalajara por largo tiempo un lugar preeminente en el desarrollo cultural del país. Desde fines del siglo XVIII, al establecerse allí la primera imprenta y la universidad, ambas en 1792, el nivel intelectual de aquella región de la Nueva Galicia ascendió notablemente. Las guerras de la independencia, el establecimiento de periódicos, la consumación de la independencia y la garantía de libertad de imprenta sirvieron para despertar el ánimo de los guadalajarenses, quienes se lanzaron con ardor al campo de las letras y del estudio. En 1821 se estableció en Guadalajara la *Junta Patriótica de Nueva Galicia* destinada a promover el adelanto intelectual, material y moral de la provincia. Tuvo como órgano *La aurora de la sociedad de Nueva Galicia* y sus miembros tomaron gran parte en el futuro desarrollo de su provincia.

Allá por 1823, cuando Fernando Calderón ejercía la carrera de abogado, recién salido del colegio, se estableció en Guadalajara una asociación político-literaria, que, por sus aspiraciones de progreso y sus tendencias liberales, atraía las simpatías de la mayoría de la juventud de aquella ciudad. Esta sociedad, llamada *La estrella polar,* con órgano del mismo nombre, contaba en su seno con Luis de la Rosa, Pedro Zubieta, Joaquín Angulo, Anastasio Canedo, Dr. Francisco Severo Maldonado, Ignacio Sepúlveda, Gil Martínez, Francisco Narvaes, Antonio de la Fuente, Crispiniano del Castillo y otros [1]. Se encaminaba esta agrupación por caminos algo liberales para los tiempos y sus dirigentes eran calificados de impíos y designados con el mote de "los polares". Aunque fracasó por falta de guía [2], sin embargo, *La estrella polar* sentó sólida base para la nueva generación de la Reforma.

La llegada a la capital jalisciense del padre Manuel de San Juan Crisóstomo (Nájera) como Prior del Convento del Carmen en 1834 señala una importante fecha en el movimiento intelectual de Guadalajara. Declara el distinguido crítico José Cornejo Franco que "el padre Manuel de San Juan Crisóstomo, el célebre "Padre Nájera" ejerció durante quince años influencia decisiva y logró el renacimiento de los estudios literarios" en Guadalajara [3]. Por su personalidad dinámica y su sabiduría el convento del Carmen pronto llegó a ser como una verdadera academia donde la juventud pasaba a ilustrarse oyendo al Fray Manuel hablar sobre todos los ramos literarios.

Este impulso dado a las letras toma mayor fuerza casi a mediados del siglo, poco después de la independencia cuando empieza otro resurgimiento intelectual con gran honor a los ingenios jaliscienses. Se nota entonces un cambio de vida, vida intensa, de pugna, de acometividad en todo el país, y esta exaltación de los espíritus se refleja en las letras. La literatura se intensifica y se multiplica. La juventud está ansiosa de cultivar las letras y para llevar a cabo esto forman sus sociedades literarias, como en otras partes. En agosto de 1851 el distinguido literato Francisco Zarco, que escribía bajo el seudónimo de *Fortún* para la *Ilustración mexicana*, de la capital del país, se expresaba de este modo al hablar del segundo tomo de la *Aurora poética de Jalisco* que acababa de ver la luz:

> Vemos con placer el movimiento literario que se observa en nuestra patria, y creemos que en el Estado de Jalisco puede ser provechoso y fecundo en ricos y sazonados frutos. Nosotros, que verdaderamente nos complacemos de encontrar algo que elogiar, aplaudimos los esfuerzos de la juventud jaliscience, y apreciamos los sacrificios que tiene que hacer para dedicarse a las letras, porque aquí también aunque en distinta escala, estamos sujetos a los mismos inconvenientes los que casi hacemos una profesión de expresar nuestras ideas y nuestros pensamientos [4].

Fué la *Aurora poética de Jalisco* una colección de poesías líricas de jóvenes jaliscienses editada por Pablo J. Villaseñor. El primer tomo había aparecido en 1847, pero no había causado el ruido que la continuación, la que constituyó un verdadero acontecimiento literario en Guadalajara, señal del desarrollo e interés que tomaban las letras por entonces, a pesar de las continuas guerras.

Por estos años de mitad del siglo se pudo contemplar por primera vez en Guadalajara funciones literarias donde los jóvenes vates mostraban sus ideas luminosas, haciendo presagiar las más ricas producciones de una juventud estudiosa. La primera de estas agrupaciones literarias es *La Esperanza*, fundada en 1849, y marca en la capital jaliscience una renovación intelectual.

Fué *La Esperanza* un grupo de jóvenes estudiantes, casi todos amigos y conocidos que duró por varios años y que acabó por causa de sucesos fuera enteramente de la voluntad de los miembros, según nos asegura Vigil, quien en la Introducción a *Flores de Anáhuac* se expresa así:

> A principios de 1849, varios jóvenes, impulsados por una inspiración espontánea, sin maestros que seguir, sin ejemplos que imitar, se reunieron y fundaron bajo el bello y significante nombre de *La Esperanza*, una sociedad literaria, que por varios años duró siendo un modelo de perseverancia, hasta que acabaron con ella sucesos enteramente fuera de su voluntad. Esa asociación compuesta de jóvenes que acababan de entrar en la carrera de la vida, con el alma llena de las más hermosas ilusiones, sin más pretensión que la de aprender, sin

más deseos que el de conquistar una gloria que poder ofrecer a su patria, presentaba el tierno espectáculo de una reunión de amigos, de hermanos mejor dicho, en que no había lugar a ninguna pasión innoble, en que el triunfo de uno era el triunfo de todos, porque en la ardiente y generosa emulación que los impelía, cada uno se consideraba con justicia, teniendo una parte en los adelantos de sus compañeros. La Esperanza debía ser fecunda, y lo fué en efecto, pues ella puede considerarse como el punto de partida en que la juventud jalisciense combinó sus esfuerzos para marchar por la senda que le abrían los estudios literarios, deplorablemente abandonados antes de esa época [5].

Las *Flores de Anáhuac* fueron otra colección de poesías pero escritas todas por José María Vigil, otra manifestación de lo bueno que se escribía en los tiempos de la iniciación del florecimiento literario en Guadalajara. Obra publicada en 1866, y no en 1886 como es ha dicho [6], su autor fué un literato de grandes aptitudes y muy activo en los círculos intelectuales de aquellos tiempos. Perteneció Vigil a todas las sociedades literarias, colaboró en casi todas las publicaciones literarias, y fué amigo de casi todos los jóvenes de entonces. El segundo tomo de *Flores de Anáhuac*, salido en 1867, era una colección de obras dramáticas del autor.

Un año después de fundarse *La Esperanza* instalóse otra sociedad literaria en Guadalajara con el nombre de *Falange de Estudios*, consagrada también al cultivo de las bellas letras. Era esta agrupación de mayor prestigio que la anterior por contar con miembros que ya se habían lanzado al campo público con trabajos de alta calidad. Fundada el 1º de mayo de 1850, su primer presidente fué don Miguel Cruz Aedo, quien en el segundo aniversario leyó un discurso en el salón principal del Instituto del Estado [7]. En dicho discurso el presidente anunció la próxima aparición del órgano de la sociedad, intitulado *El ensayo literario*, que empezó, en efecto, en 1852 bajo los auspicios del gobernador de Jalisco, Lic. D. Jesús López Portillo y Rojas, miembro honorario de la sociedad y distinguido literato a la vez. En igual ocasión se leyeron unas elegantes poesías de Josefa Letechipia de González. Figuraban entre los socios de la *Falange*: José María Vigil, Pablo Jesús Villaseñor, Remigio Tovar, Aurelio Luis Gallardo, Emeterio Robles Gil, Alfonso Lancáster Jones, Antonio Pérez Verdía, Fernando González de Castro, Luis J. Susarrey, Ignacio Luis Villarta, Antonio Rosales, Miguel Cruz Aedo, Amado Camarena, Jesús Camarena, Josefa Sierra y González, Nieto de Zamacois y otros [8].

Las guerras de independencia interrumpieron las múltiples actividades literarias de Guadalajara, como ocurrió también en el resto del país, y aunque hubo algunos intentos de fundar agrupaciones literarias no fueron de larga duración ni de notable consecuencia. En 1858 se fundó en la capital jalisciense la *Sociedad Jalisciense de Bellas Artes* integrada por jóvenes entusiastas, pintores, artistas y literatos. Otra manifestación del interés en las bellas artes es la *Sociedad Filarmónica Jalisciense* instalada en 1869. Por esta fecha, ya consumada la independencia, se inicia otro movimiento intelectual que llega a su máxima fecundidad en las décadas entre 1870 y 1890. Tal vez la primera tertulia literaria después de la caída del imperio de Maximiliano, fuera la *Alianza literaria*.

Sobre la *Alianza literaria* hay fechas opuestas acerca del año de su fundación. Sabemos que el dramaturgo Jesús González Cos dedicó en 1868 su drama *El trigo y la zizaña* a la *Sociedad Jalisciense de Bellas Artes* "La Alianza Literaria" [9]. Muy bien pudiera ser que esta sociedad fuera la misma ya mencionada arriba y fundada en Guadalajara en 1858, algo improbable, pues son muy pocas las agrupaciones literarias que duran el largo término de diez años. Por otra parte, Luis Pérez Verdía en su famosa obra acerca de la historia particular de Jalisco declara que "a fines de 1874 se instaló la "Alianza Literaria", que por más de dos años celebró sus sesiones con desacostumbrada puntualidad, todos los viernes en la Biblioteca del Estado, y que fué el centro de la actividad intelectual en Jalisco, formada de los veteranos de nuestras bellas letras" [10]. Nos atenemos a la primera fecha de 1868, no sólo por lo ya expuesto sino porque encontramos otra nota significativa que aclara toda duda de que la *Alianza literaria* se fundó, o por lo menos ya existía en 1868. Declara María Guadalupe Cisneros, hablando de Arcadio Zúñiga y Tejeda que "Por 1868 a 1876 publicó don Emeterio Robles Gil en "La Alianza Literaria", algunos pasos de comedia de los que conocemos "El Gozo en el Pozo", "¿Quién de Ustedes es Perico?" y "Quien no se aventura no pasa el mar" [11].

A mediados de 1876 todavía funcionaba *La Alianza Literaria*, después de una larga vida de unos ocho años. Tuvo órgano propio intitulado *La Alianza Literaria. Revista literaria y científica, órgano de la sociedad del mismo nombre*, cuyo primer tomo está fechado en 1876 [12]. Sin embargo parece ser que este tomo fué obra de la segunda época y que dicho órgano se empezó antes, continuando con algunas interrupciones y volviendo a aparecer el 21 de marzo de 1876. Figuran entre los miembros de la *Alianza*: Ignacio Zaragoza, Antonio Zaragoza, Anastasio Parrodi, Miguel Lerdo de Tejada, Melchor Ocampo, Rafael Arroyo de Anda, Juan Ignacio Matute, Ramón Alvarez y Walker, Diego Baz, Eufrasio Carrión, Constantino Lengerke, José López Portillo y Rojas, Luis Pérez Verdía, Salvador Orozco, Antonio I. Morelos, José Guillermo Carbo, José Tomás Figueroa, Pablo Ochoa, Mariano Coronado, Antonio Becerra y Castro, Salvador Quevedo y Zubieta, Ireneo Quintero, Luis Corro, Emeterio Robles Gil, Clemente Villaseñor, Alberto Santoscoy, Carlos Daniel Benítez, Juan Zelayeta, etc.

El 15 de agosto de 1876 celebró la *Alianza* una velada en honor de los héroes de la independencia en la que tomaron parte Pérez Verdía, Antonio Zaragoza, Manuel Puga y Acal, Mariano Coronado, Salvador Quevedo y Zubieta, y José T. Figueroa. Puga y Acal empleaba el seudónimo de "Bum-Bum" [13], y el de "Rigoleto" [14]. Poema sin firma que aparece en *La Alianza* y que por todos los indicios parece ser de Puga y Acal es el que sigue:

SOLEDAD

Soledad del alma mía
Que me entristeces y encantas,
Tú que causas mi agonía
Me enamoras, no me espantas.

Con temor inexplicado
La soledad me acobarda,
Mas no estoy solo a tu lado,
Que está el ángel de mi guarda.

Jamás busqué a mis dolores
En la soledad abrigo,
Pero olvido mis temores
Cuando me encuentro contigo.

Que la soledad no siento,
Soledad mía a tu lado;
Con mi dulce sentimiento
¡Estoy tan acompañado!

Si no matas mi agonía,
Si no me vuelves la calma,
Dejarás, Soledad mía,
La soledad en mi alma.

Quererte más ya no puedo
No puedo adorarte más...
Amame, que tengo miedo
Quedarme en la soledad [15].

Por la misma época en que funcionaba *La Alianza* en Guadalajara florecían en dicha capital otras sociedades menores ahora casi desconocidas y de escasos datos. *Flores y Espinas* publicado en 1871 [16] era órgano de la *Sociedad Literaria "Calderón"* entre cuyos socios figuraban Francisco María Arroyo, Mariano Coronado, quien usaba de vez en cuando el apodo de "Hamlet", Antonio Alegría Victoria, Antonio R. Zaragoza, el Presbítero Felipe de la Rosa, y Tomás Solís, presidente de la *Sociedad Literaria "Gorostiza"*.

Se instaló la Sociedad Literaria "Gorostiza" en la capital jalisciense en 1871, pues en el órgano de la sociedad "Calderón", *Flores y Espinas*, bajo la firma del ya mencionado "Hamlet" se lee:

> La Sociedad literaria "Gorostiza" clausuró el primer período de sus sesiones. Este acto tuvo lugar en el salón principal del Liceo de Varones. El presidente, Sr. Solís, leyó un informe en que manifestó los satisfactorios adelantos de dicha sociedad, a pesar de que se ha establecido recientemente. Se leyeron también buenos discursos y hermosas poesías, la concurrencia fué escogida, contándose en ella las primeras autoridades del Estado [17].

También por aquellos años Arcadio Zúñiga y Tejeda pertenecía a la *Sociedad "Manuel Acuña"*, según nos indica María Guadalupe Cisneros en su ya mencionada obra [18]. Mejor conocida es la *Aurora Literaria* que según todos los datos floreció de 1876 a 1880 en la capital jalisciense. Estaba constituído este círculo por jóvenes jaliscienses amantes de las letras, quienes redactaban un órgano de igual nombre, *La Aurora Literaria*, publicado de 1877 hasta 1881. Esos jóvenes que constituían la *Aurora* eran en su mayoría estudiantes de los planteles profesionales de Guadalajara de aquella época, y siguiendo la costumbre de otros centros de semejante carácter se reunían periódicamente y contribuían una pequeña cuota para el sostenimiento de la sociedad. Entre los miembros merecen citarse a Juan Salgado, Alberto Santoscoy, Manuel M. González, Antonio Zaragoza, Manuel Puga y Acal, José Tomás Figueroa, Felipe Valencia, Cipriano C. Covarrubias, Julio Acero, Federico E. Alatorre, Agustín C. Navarro, Jesús Acal Ilisaliturri, y otros.

Contribuyó grandemente al desarrollo del teatro en Guadalajara el *Liceo dramático* que florecía también casi por la misma fecha que empezara la *Aurora Literaria* [19].

La Bohemia Jalisciense fué centro literario mejor conocido y de mayor prestigio que las dos agrupaciones arriba mencionadas. Instalada en Guadalajara el 28 de mayo de 1880 a iniciativas de D. Cipriano C. Covarrubias, esta sociedad intelectual tuvo vida próspera y prolongada. Su origen también obedece al deseo de algunos jóvenes estudiantes de reunirse fraternalmente para discutir asuntos literarios y sobre todo para ejercitar su deseo innato de versificar y manifestar el temperamento poético tan característico de todo hispano. Integraba la *Bohemia Jalisciense* jóvenes de aquella época, muchos de los cuales ya hemos mencionado al hablar de las otras sociedades. A esa lista debe agregarse Fernando Nordensternau, abogado que colaboró en muchas publicaciones literarias, José Enciso Ulloa, Norberto Alemán y otros cuyos nombres aumentaron el prestigio de las letras jaliscienses [20].

Aproximándonos más al fin del siglo XIX, hubo allá por el año 1886 un círculo de carácter político, pero que también dedicaba algún tiempo a asuntos literarios. Se denominaba simplemente "El Jalisciense", con órgano propio de igual nombre, redactado en su segunda época por el Lic. Carlos D. Benítez.

Sociedad que también abría sus puertas a la juventud jalisciense por esos mismos años es la de *José María Verea*, de la que sabemos sólo que funcionaba en el año 1887 [21].

Con respecto a estas sociedades literarias de Guadalajara, unas de próspera y larga vida, otras de efímera existencia, pero que todas juntas contribuyen al engrandecimiento y prestigio de las letras y las artes de esa progresiva región de México, con respecto a dichas sociedades es de significado interés el siguiente poema de Alberto Santoscoy, publicado en un periódico de prolongada vida, *Juan Panadero*, en su número de marzo de 1886 [22]. Es este poema, como dice el propio autor en una nota, un romance que contiene "los apellidos de los más conocidos literatos y poetas jaliscienses, aunque no conservando en algunos de aquéllos la ortografía con que se escriben". Los nombres marginales identifican a casi todos estos escritores.

AMOR PASTORIL

A la *ribera* de un puro	Agustín Ribera
*Arroyo de Anda*lucía,	Rafael Arroyo de Anda
Que sombrean los *castaños*	Juan José Castaños
Y que las *rosas* salpican,	Felipe de la Rosa
Mendo, *gallardo* pastor,	Aurelio Luis Gallardo
Que era antes todo *alegría*,	Antonio Alegría y Adolfo Alegría
*En sí so*lamente absorto,	Cenobio I. Enciso
Ser *vigil*ante descuida	José María Vigil
Vagar dejando el ganado	
Mientras la corriente limpia	
Se des*liza ola* tras ola	
Entre *flores* y entre guijas	José María Flores
Acompañando el murmurio	
Con que el raudo viento *silva*,	Joaquín Silva o Ignacio Silva
Al fin el doliente mozo	
Alza la empañada vista	
A la torre del castillo	Manuel R. Alatorre
Que *coronado* se mira	Mariano Coronado
De *gualda, nácar* y oro	Ruperto J. Aldana
Con que ardiente el sol le pinta,	
Y dando al aire el acento	
Así entona esta cantiga,	
De la que son *calderones*	Fernando Calderón
Ayes que se deslizan:	
"Yo era un mozo listo y *ágil*	Antonio Gil y Ochoa

Ocho años ha de ese día,	
Cuando la paz me robó	
Entre aquellos *robles, Gi*la.	Emeterio Robles Gil
La ví, me vió y nos amamos:	
Todo el *país* lo sabía,	Pedro Páez
Desde la aldea al *otero*	Luis Gutiérrez Otero o Mariano Otero
Del otero a la campiña:	
Con las flores del *romero*	
Gila guirnaldas tejía	Hilario Romero Gil
Y con ellas adornaba	
Mi ovejuela consentida,	
La que *gozosa bala*ndo	José Zavala o Francisco J. Zavala.
Sus manecitas lamía,	
El *prieto* testuz moviendo	Isabel A. Prieto de Landázuri
Por dar gracias a la niña;	
Mientras que yo, allá en la *sierra*,	Josefina Sierra o José María Sierra
Trepaba por las encinas	
Buscando de las torcaces	
Los nidos hasta en las cimas,	
Sin que mis nervios de *acero*	Julio Acero
Resintiesen la fatiga,	
Pues que el cansancio olvidaba	
Al contemplar su sonrisa.	
Pero ¡ay!, cuán pronto pasaron	
Los momentos de mi dicha!	
Don alvar, el *caballero*	Manuel Caballero
Más noble de ambas Castillas	
Pues Girón y *Castañeda*	Joaquín Castañeda
Con orgullo se apellida,	
Conoció a Gila y al punto	
Juró que suya sería.	
Resistióle ella al principio	
Poniéndole faz esquiva,	
Mas logró a fuerza de oro	
Con su favor mi *mancilla*:	Manuel Mancilla
Para la dicha del pobre	
No puede ha*ber garant*ía,	Ignacio Vergara
Pues como dice el cantar,	
"Viene el rico y se la quita".	
¿Qué hacer? Humilde y plebeyo,	
Aunque los celos me aguijon,	
Es coto de mi venganza	Joaquín Escoto
El respeto que él me inspira:	
Don *Alvar es del castillo*	Manuel Alvarez del Castillo
Y de esos montes y viñas,	
Y de la *villa señor*,	Pablo Jesús Villaseñor o
Y hasta de la choza mía	Clemente Villaseñor
El es el único dueño,	
Y su pan me da la vida.	
Si don Alvar es culpable	

Mas lo es la que amor mentía
Y ante la *cruz* me juraba　　Miguel Cruz Aedo
Una pasión fementida...
¡Esca*pe ya cal*cinante　　Manuel Puga y Acal
La furia que me domina
Por desgracia aun te quiero,
Barragana mal nacida;　　Refugio Barragán de Toscano
¡Nada *vale man*cillada　　Norberto J. Alemán
Tu hermosura que me irrita!
¡Cuán tor*pe eres! ver dia*mantes,　　Luis Pérez Verdía
Gruesas perlas, una rica
Al*coba, rubias* doncellas　　Cipriano Covarrubias
Llenándote de sortijas,
Y el oro, el oro a montones
Llenaban tu fantasía!
Todo eso tienes; ¡y bien!
Cuando la luna tranquila,
Ser*ena va, ro*deada　　Agustín G. Navarro
De estrellas mil que cintilan,
Ca*be cerra*do balcón　　Antonio Becerra y Castro
¿No oyes mi voz que suspira
Llamando con son doliente
A la imagen fugitiva
*Que ve do*quier mi cariño　　Ireneo Quevedo
Como te vió cuando niña?
¿Y nada esa voz te dice?
¿Nada mi dolor te inspira?
Por la senda que tú cruzas
Se va, yo sé, hasta una sima　　Faustino G. Ceballos o Celso G.
Buscando, sin que *se la halle*　　Juan Zelayeta Cevallos
*Ta*l vez, la luz de la dicha,
¡Go*zara, goza*ra mucho　　Antonio Zaragoza
Sabiendo que tú sentías
Como yo fuegos que abrasa
Y que abrasando aniquila!
Sí, sufro *por tí yo, y rojas,*　　José López Portillo y Rojas
Rojas están mis pupilas
De tanto llorar; mas *baste,*　　Diego Baz
Cese esta existencia impía;
Si a la *luna* de *Valencia*　　José Luna y Felipe Valencia
Me dejaste, fementida.
Y a *cál*mense mis dolores,　　Jesús Acal Illisaliturri
Termínense mis desdichas:
De aquel *delgado carrillo*　　José María Delgado, y
Que en ese pozo se mira　　　　Remigio Carrillo
Colgaré mi honda y con ella
*Lo pesa*do de mi vida.　　Miguel I. López o Ramón López
Y si oyendo este pre*gón*
Sales, por verme, intranquila,　　Manuel M. González
Ocúltate si no quieres

Que blasfeme en mi agonía..."
*Mendo, sa*fio *y viscaíno,*　　Eufemio Mendoza (?)
Dirije al torreón la vista,
Y *teje dá*ndole vueltas,　　　Arcadio Zúñiga y Tejeda
La dura cuerda homicida.
Mas viendo que nadie sale
Y que en vano se fatiga
Con aquel tragi sainete
Con que asustar quiso a Gila,
Saca del zurrón un queso
Y un panecico de a libra,
Y a la punta *de los ríos,*　　Epistacio J. de los Ríos
Que el campo aquel fertilizan
Queriendo *desperezarse*　　　Miguel I. Pérez Arce
Corre y ligero camina;
Y llegado allá, al almuerzo
Los agudos dientes hinca.

Pasado el filo del siglo presente aparecieron en Guadalajara otras muchas tertulias literarias de las que mencionaremos sólo tres de las más prestigiosas. La *Sociedad Artístico-Literaria "Manuel Gutiérrez Nájera"* tuvo su origen en 1901 y publicó *Revista Blanca,* revista quincenal artística y literaria [23]. Para los miembros de esta sociedad el fin primordial de su corporación representaba "un aliento, no una fuerza; encarna una aspiración noble, no una presunción petulante; viene a demostrar que se ansía aprender, no que se sabe y se pretende doctrinar". *Revista Blanca,* agrega la introducción, "es el órgano de una agrupación que estudia, no de una sociedad que enseña y legisla" [24]. A pesar de las nobles aspiraciones de la sociedad tuvo corta vida y a la *Revista Blanca* le sucede una llamada *Negro y Rojo* en la que colaboran casi los mismos escritores que escribían para la anterior. Figuraban entre dichos escritores Pedro Gómez Ruesga, J. Trinidad Santiago, Benjamín Padilla, Clemente Palma, Marcelino Dávalos, Enrique Villa, Emiliano Gómez Mendoza, José Gómez Ugarte, Francisco Larios, etc. Otro socio de la Sociedad "Manuel Gutiérrez Nájera" fué Manuel Carpio quien también empleó el seudónimo de *Juan de Linza.* Por su originalidad reproducimos la siguiente composición escrita "Para la sociedad artístico-literaria "Manuel Gutiérrez Nájera".

UN CHASCO

—Tan tan—
　—¿Quién?
—Yo. Buenos días.
¿Está en casa don Julián?
—¡Ay Jesús, el usurero!
Pues señor, se fué a bañar...

—¿Tarda mucho?
—Creo que sí.
—¿Y cuándo regresará?
—Dentro de seis o siete horas;
Si Ud. lo quiere esperar...
—Con mucho gusto señora.
—(¡Dios mío, que barbaridad!)
—¿Fuma Ud.?
—No, muchas gracias,
nunca he aperndido a fumar.
—Con su permiso, me siento
mientras llega don Julián.
—Sí señor, Ud. lo tiene...
—Oh, cuánta amabilidad
(Por dios, qué plantón tan grande
me va este hombre a propinar,
y seguro trae la cuenta
pero nada logrará).
Perdone Ud., caballero,
¿Me puede Ud. indicar
su negocio?
—Sí, señora:
me manda Ernesto Aguilar
a pagar quinientos pesos
que le debe a don Julián
y aquí los traigo en billetes,
mas los debo de entregar
en propia mano. Además
soy portador de un recado
en que el Ministro Guzmán
le dice que se presente
al Palacio Nacional
a recibir instrucciones,
pues lo acaban de nombrar
Inspector del saneamiento
en esta localidad.
—¡Ay, señor, pues mi marido
es cierto, se fué a bañar;
pero tiene el baño en casa,
y ahora mismo saldrá.
Dispense Ud. que lo deje
un momento nada más,
voy a llamarlo corriendo
(Vaya un chasco. ¡Voto a san!
Si lo he sabido al principio
había dicho la verdad...)
. . . .
—Buenos días, don Atanasio.
—¿Cómo le va, don Julián?

—¿Qué haciendo por estos barrios?
—Pues nada, amigo nomás
infiriéndole molestias...
—No diga Ud. eso ¡Quiá!
Ud. nunca me molesta,
vamos... ¡No faltaba más!
Al contrario, amigo mío:
bastante gusto me da
verlo por esta su casa...
—¿Fuma Ud.?
   —No, muchas gracias...
—¿Y Ud. no quiere tomar
mi señor don Atanasio
una copa de cognac?
—Sí amigo, con mucho gusto.
—¡Salud!
   —Mil gracias.
—¿Qué tal
le parece mi vinillo?
—¡Magnífico, sin rival!
—Conque sí, don Atanasio,
¿Qué trae Ud. por acá?
—Un negocio muy urgente,
apreciable don Julián.
—Diga Ud.
   —Pues sólo quiero
que ahora mismo y sin tardar
me pague lo que me debe
si es caballero y formal;
y si no paga lo acuso
de sinvergüenza y truhán,
pues yo le presté creyendo
que tendría dignidad;
conque, resuélvase amigo,
y diga si ha de pagar,
o si no, para mandarlo
a la cárcel, a cambiar
de vida y temperamento,
estimable don Julián;
que de mí se iba a burlar,
ahora búrlese si puede
también de la autoridad.
. . . .!
. . . .? [25]

Además del *Ateneo Jalisciense*, con órgano de igual nombre y publicado a partir de últimos de 1907, otra sociedad literaria de prestigio y originalidad ha sido el *Grupo sin número y sin nombre,* fundado en Guadalajara en 1929. Integraban la asociación los más distinguidos representantes de la cultura jalisciense, cuyo conocimiento y mutua comprensión se proponían. Eran Manuel Martínez Valadez, Efraín González Luna, Vicente Echeverría del Prado, Agustín Basave, María Luisa Rolón, Saúl Rodiles, José Cornejo Franco, Francisco González León, Lolita Vidrio Beltrán, Luis Barragán, Virginia Ruiz, Carlos Sthal, Pedro Castellanos, Ixca Farias, Enrique Martínez Ulloa, Tula Meyer, Salvador Landázuri, Salvador Ascencio, León Muñiz, Aurelio Hidalgo, José de Jesús Estrada, Antonio Gómez Robledo.

Este grupo de intelectuales jaliscienses incluía hombres de todas las ramas, de todas partes; de ahí su nombre "sin número y sin nombre". Nació en Jalisco, pero bien podía morir en cualquier parte. Dirigían el grupo Esteban A. Cueva, Alfonso Gutiérrez Hermosillo, José C. Cardona Vera, Emmanuel de Palacios, y tenían su propio órgano intiulado *Bandera de provincias. Quincena! de cultura*, publicado aproximadamente un año, de 1929 a 1930 [26]. Aunque de corta vida y de circulación limitada *Bandera de provincias* fué revista seria en donde se publicaba mucho original de gran diversidad de materias.

Capítulo XII

SOCIEDADES Y ACADEMIAS LITERARIAS DE YUCATAN

Desde tiempos de la independencia la región de Yucatán ha venido distinguiéndose por el caudal literario de sus hombres de letras, profesores y artistas. El periodismo fué el primer vagido intelectual de la península, como lo ha sido también en otras partes de México y en otros países. Abolida la prensa en 1814 por el rey Fernando VII, reapareció en 1820 y por el largo espacio de veinte años el periodismo constituye casi el único género literario que cultivan los yucatecos.

Fueron numerosos los periódicos y revistas que aparecieron sucesiva o simultáneamente en Mérida y Campeche, pero la mayor parte eran de carácter político. Sin embargo en medio del bregar en cuestiones nacionales hubo algunos escritores que dedicaban tiempo a ensayos literarios, y, en efecto, algunos publicaban excelente poesía lírica en aquellas publicaciones de los tiempos de la independencia. Entre esos iniciadores de la poesía lírica de Yucatán merecen mencionarse a Andrés Quintana Roo, Wenceslao Alpuche, y ya iniciado el movimiento cultural continúan la obra muchos jóvenes entusiastas que honran las letras de Yucatán.

Fecha memorable en la historia de la cultura yucateca es el año 1841 en que don Justo Sierra O'Reilly funda en Campeche el *Museo Yucateco*, el primer periódico literario de la península. Pero aún antes de esta fecha ya vemos evidentes manifestaciones de entusiasmo literario entre la juventud de Yucatán, pues además del periodismo y de la producción de la poesía lírica, empiézase muy temprano en Yucatán la costumbre de las reuniones literarias para el fomento y la divulgación de los conocimientos de letras y ciencias.

La primera de estas sociedades y academias literarias de Yucatán es la *Sociedad de los Sanjuanistas*, fundado en 1810. Debe su origen al anhelo de un benévolo sacerdote, el padre Vicente Velázquez, quien acostumbraba departir con un grupo de amigos suyos sobre temas del momento. Se discutían las últimas noticias llegadas de la capital y los útimos libros leídos por los socios.

En las galerías de la sacristía el padre Velázquez congregaba a los jóvenes todos los domingos después de sus oficios vespertinos, y rodeado de aquellos mozalbetes deseosos de aprender y hablar, pasaban horas muy agradables. Con el tiempo los socios preparaban ensayos que leían ante la concurrencia, la que tomaba parte en las discusiones. Llegó el momento de darle más vuelo a las ideas y pensamientos de los socios y se fundó un periódico llamado *El Aristarco*. Este grupo de amigos dirigidos por el padre Velázquez pronto se dió cuenta que podía ampliar su radio de acción y se propuso entrar en el campo de la instrucción para disipar la ignorancia. También llegó a ser la *Sociedad de los sanjuanistas* la tribuna en donde se pronunciaban discursos de carácter político.

Las agitaciones políticas hizo desaparecer a esta primera agrupación de entusiastas en asuntos literarios, pero la obra emprendida fué aprovechada por otros jóvenes que vinieron más tarde. Pertenecieron a esta sociedad Vicente Velázquez, Lorenzo de Zavala, Manuel Jiménez Solís, José Francisco Bates, Rafael Aguayo, Juan de Dios Enríquez, Francisco Carbajal, Manuel García Sosa, Mauricio Gutiérrez, Pedro Almeida, Tomás Domingo Quintana y Pablo Oreza [1].

Con motivo de preparar la primera antología yucateca, algunos vates de aquella región se reunían de vez en cuando sin programa determinado para discutir la poesía de entonces. Resultó de esto un buen impulso a la poesía lírica. Ocurría esto en 1827 y a los dos años apareció la antología.

Unos treinta años después de la *Sociedad Sanjuanista* apareció otra agrupación literaria, esta vez de más raigambre, formada de miembros más conocidos. Don Justo Sierra O'Reilly, Vicente Calero Quintana y Manuel Barbachano fundaron en Campeche el 1º de enero de 1841 el periódico *El museo yucateco*, y alrededor de esta revista literaria, la primera en Yucatán, se agrupó un núcleo de jóvenes cuyo fin fué el adelantamiento de las letras, la historia y la arqueología mexicana, especialmente de Yucatán. Duró *El museo yucateco* sólo un año, pero en este corto tiempo despertó vivo interés en sus lectores, especialmente en lo que se refería a la historia y la arqueología de la península yucateca. El conocido escritor yucateco Juan F. Molina Solís se expresa así sobre este punto:

> De esa época data ese espíritu, generalizado entre nosotros, de mirar con interés todo lo que se refiere a nuestra historia y arqueología. Hablad de ruinas, de monumentos, de tradiciones, de historia de Yucatán, en presencia de cualquier yucateco inteligente, y veréis al punto como un destello de pasión cruza por sus ojos, como su sangre se enardece, su corazón se calienta, y el interés y la animación se pinta en su semblante. No le es posible ser indiferente, ni aún cuando se trata de las novelas cuyos protagonistas resucitan los tiempos de las edades pasadas, de nuestros empolvados pergaminos, de nuestras rancias costumbres. Ese estado de ánimo social es una creación de los redactores de *El Museo Yucateco* [2].

Fué *El museo yucateco* periódico de divulgación científica, literaria e histórica, y reprodujo "manuscritos, leyendas y documentos curiosos; describió costumbres regionales y aportó serios estudios biográficos. Hizo literatura en el mejor sentido de la palabra, tanto en prosa como en verso, y fué un orgulloso campeón de las excelencias del arte y la civilización mayas" [3].

Con la pronta desaparición del *Museo yucateco* y animados por su buen éxito, algunos de sus miembros decidieron fundar otra publicación que continuara la labor ya iniciada. En 1845 vió la luz *El registro yucateco*, organizado por don Justo Sierra, quien contaba en la redacción de dicho órgano con la ayuda de sus amigos Vicente Calero, Fray Estanislao Carrillo, Manuel Barbachano, Juan Río Pérez, Mariano Trujillo, José Joaquín de Torres, Luis Gutiérrez, Rafael Carvajal, Dionisio Alcalá Galiano, Buenaventura Vivo, Martín Francisco Peraza, Manuel Zapata y Zapata, Juan José Hernández, Guadalupe M. Rosado y Cipriano Arias y otros. Este núcleo de escritores no formaban una academia o sociedad, pero su mera asociación con el *Registro yucateco* y la obra cultural desarrollada por dicho núcleo constituye una agrupación cuyo esfuerzo en el mejoramiento intelectual de Yucatán no se puede pasar por alto. Se puede decir que a partir del *Museo yucateco* y del *Registro yucateco* la literatura de aquella región de México adquiere propia individualidad y se desarrolla en múltiples ramas de fructíferos productos.

Don Bullebulle fué periódico y sociedad organizada en Mérida en 1847, que según el Lic. Esquivel Pren dejaron honda huella "en la historia de nuestra literatura, y en una época en que la guerra de castas tenía preocupados a todos los espíritus. Su función social alentadora, fué, pues, también considerable" [4]. Estaban integradas la redacción y la sociedad por Genoveve Palasuya (J. A. Cisneros), José García Morales, quien usaba el seudónimo de "Fabricio Niporesas", Federico Mentirola y otros. Parece ser que las reuniones eran de carácter tan satírico como el periódico, y de más de treinta miembros originales terminó la sociedad con sólo tres.

A la interrupción del *Registro yucateco* en 1849 muchos de los colaboradores y socios de la tertulia no pudieron menos de asociarse entre sí para continuar el impulso cultural que ya estaba dando frutos. Fundaron, pues, el 6 de mayo de ese año *La Academia de ciencias y literatura* a la que pronto se agregaron los hombres más ilustres de Yucatán. Eran líderes de la academia Alonso Aznar Pérez y Julián González Gutiérrez, y fué presidente Jerónimo Castillo Lenard. Compuesta en un principio de veinticuatro socios era de carácter semi-oficial, pues estaba bajo la protección del gobierno, el que cedió para su instalación el edificio del antiguo Colegio de San Pedro. Tenía dicha academia tres fines principales: "procurar el adelanto de sus miembros, estimular la dedicación a los conocimientos útiles y propagar la instrucción. En cuanto a los dos primeros puntos de su programa, los socios fundadores... se impusieron la obligación de establecer un periódico científico y literario, y la de presentar anualmente a la academia una composición inédita en prosa o verso"[5]. Su órgano fué *El mosaico yucateco* que duró de octubre de 1849 a agosto de 1850, formando un solo tomo. Figuraron en esta sociedad casi todos los hombres de letras de aquella época, entre los que merecen señalarse a Pedro I. Pérez Ferrer, José A. Cisneros, José García Morales, Manuel Medina, Ramón Aldana del Puerto, José María O'Horán, Fabián Carrillo Suaste, etc. De significado extraordinario fué la biblioteca de la *Academia*, la primera de carácter público en la península de Yucatán.

También en ese mismo año de 1849 vemos establecerse en Mérida la *Sociedad de Jesús y María*, compuesta de un grupo de jóvenes los que propusieron establecer una biblioteca pública. El señor Fernando Cámara Barbacho cree que "tal vez fué esta la primera biblioteca que se abrió"[6], en Mérida, y que tuvo aproximadamente mil volúmenes. Pertenecieron a *Jesús y María* Joaquín Castillo Peraza y muchos de sus amigos. En 1868 todavía funcionaba la sociedad.

El año de 1851 marca en Yucatán un período de extraordinario desarrollo intelectual. Se fundan periódicos, gabinetes de lectura y las sociedades literarias existentes prosperan con resonancia. Parece ser que ese año vió en Mérida la fundación de una tertulia de la cual era la figura central el poeta Ramón Aldana del Puerto.

Establecióse por aquellos años otra sociedad, *El pensamiento*, que en 1856 empezó a publicar su propio órgano de igual nombre. Fueron miembros de esta agrupación Antonio Cisneros, Fabián Carrillo, Pedro de Regil y Peón, Pedro Ildefonso Pérez, José García Morales, Juan Antonio Esquivel y Ramón Aldana del Puerto.

Por los años de 1859 se redactaba en Campeche la revista *Los ensayos literarios*, publicada por "una sociedad de jóvenes" de la que no sabemos casi nada y la que tal vez no durara largo tiempo[7].

En marzo de 1860 vemos instalarse en Mérida *La concordia*, con órgano propio llamado *La guirnalda*. Estaba integrada la sociedad por Crescencio Carrillo y Ancona, Norberto Domínguez, Manuel Roque Castellanos, Patricio Nicoli, José Peón Contreras, Manuel Sánchez Mármol, Yanuario Manzanilla, José D. Rivero, Tomás Martínez, Alonso de Regil y Peón, Pastor Esquivel, Demetrio y Olegario Molina, y algunos más.

Hubo disensiones entre los socios de *La concordia*, de cuyo resultado fué la fundación de varios periódicos de diversos matices, y también la fundación de otras sociedades literarias. Una fué *La juventud democrática*, en la que figuraban Eligio Ancona, Serapio Baqueiro y Manuel Peniche. Otra fué *La burla*, con periódico del mismo nombre, y de carácter mordaz y satírico. La *Sociedad de Estudios mutuos* también fué resultado de la rivalidad con *La concordia*. Pertenecían a los *Estudios mutuos* Ignacio Peón y Gabriel Aznar Pérez.

El *repertorio pintoresco*, publicado de 1861 a 1863, fué otra pequeña sociedad literaria y periódico, encabezada aquélla por Crescencio Carrillo y Ancona. Figuraban en esta tertulia muchos de los ya nombrados amén de Antonio G. Rejón, José Tiburcio Cervera, José D. Espinosa, Luisa Hübbe García Rejón, Pantaleón Barrera, Manuel R. Castellanos, y otros muchos.

Existía en Mérida en el año 1864 *La esperanza*, de breve vida y de escasa importancia.

En 1867 se estableció *La minerva*, sociedad literaria fundada a raíz de la restauración de la República. Dejó profundas huellas en las letras yucatecas. Se reunían en el seno de esta sociedad Manuel Nicolín, Néstor Rubio Alpuche, Bernardo Ponce Font, Benito Ruz, Manuel Aldana Rivas, José María Peón, Sebastián Hernández, Feliciano Manzanilla, Audomaro Molina y Juan F. Molina Solís. Fué sociedad muy activa, organizando no solamente veladas literarias de carácter público, sino programas musicales, conferencias, etc. *Minerva* también publicó crónicas y libros de texto. En una de esas veladas auspiciadas por *Minerva* el poeta Ramón Aldana del Puerto leyó por primera vez su famosa oda *La gloria*, en la noche del 28 de diciembre de 1868.

La década de 1870 a 1880 es período de respetable producción literaria en la península de Yucatán. Ahora el gobierno toma parte activa en la instrucción pública y el seminario y la universidad y uno que otro centro docente se convierten en focos de estímulo en el cultivo de las ciencias y las letras. La *Revista de Mérida* (1869-1914) de tan larga vida y fama fué el centro de reunión de varias generaciones de escritores yucatecos. En sus principios se congregaban al lado de los fundadores de la *Revista* Ramón Aldana del Puerto y Manuel Aldana Rivas, los señores Fabián Carrillo, Crescencio Carrillo y Ancona, Francisco Sosa, Ovidio Zorrilla, Manuel Nicolín Echánove, Néstor Rubio Alpuche, Joaquín Castillo Peraza, José Peón Contreras, y otros muchos de los contemporáneos.

El *Liceo de Mérida* fué instalado el 24 de abril de 1870 y funcionaba todavía en 1892, año en que organizó un concurso literario para cantar las glorias de Colón y el descubrimiento de América. En esa ocasión recibió un premio Delio Moreno Cantón con su oda sobre dicho tema [8]. Integraron el jurado Fernando Juanes G. Gutiérrez, Manuel Sales Cepeda, Audomaro Molina, Roberto Casellas Rivas y Ovidio Zorrilla.

Coetáneo del *Liceo de Mérida* fué la Sociedad artístico-recreativa, de corta vida y de la que se sabe muy poco.

La Sociedad "La siempreviva" de Mérida de Yucatán era un círculo literario exclusivamente para señoras y señoritas. Celebró su apertura el 3 de mayo de 1871 con una función literaria en la que los temas elegidos para las obras fueron Dios, La ciencia, Ilustración, Literatura, La virtud, y el Mundo. Eligió esta sociedad la *siempreviva* como símbolo de constancia y de fe [9]. Figuraban entre las fundadoras Rita Gutiérrez, Gertrudis Tenorio Zavala, y Cristina Farfán de García Montero. Tenía esta organización su propia publicación de igual nombre que la tertulia, redactada enteramente por mujeres. Se propusieron las fundadoras el cultivo de la literatura y la difusión de la instrucción entre el sexo femenino. Más tarde fundaron un colegio que llevaba el mismo nombre que la sociedad.

Bajo la protección del Instituto Campechano, inaugurado en Campeche el 2 de febrero de 1860, se organizó en dicha ciudad la *Sociedad científico-literaria de Campeche*. El director del Instituto, don Joaquín Blengio, puso a la disposición de los asociados la sala rectoral para las reuniones de la sociedad, y allí se inauguró el 5 de mayo de 1874 bajo la presidencia del gobernador del estado, de los funcionarios de la federación y del estado, y de una selecta y numerosa representación del público. El Dr. Blengio abrió la sesión inaugural con una brillante composición y ocuparon la tribuna Luis Aznar Cano, Ricardo Contreras, Fernando Duret y Luis Troconis Alcalá [10].

Publicó la *Sociedad científico-literaria de Campeche* un reglamento para su propia administración [11], y tenía un órgano intitulado *La alborada* [12] que aparecía por entregas. Colaboraban en él, en prosa y verso, Pablo J. Araos, quien usaba el seudónimo *A. Rosas* y se dió a conocer con unos cantarcillos populares llamados *Rosa fresca*, *Rosa marchita*, y *Rosa seca*, de elegante tono, y "sabrosos como un dulce" [13]; Luis Aznar Barbachano, Ramón de la Cabada, Joaquín Carvajal, José Castellot Batilla, Eduardo Castilla, Fernando Duret, Gabriel González Ferrer, Manuel A. Lanz, Felipe y Manuel Ramos Quintana, Adalberto J. Barragán, Manuel D. Salazar, Joaquín Baranda, Patricio Trueba, Joaquín Blengio, Manuel J. Sampeiro, Florencio Suzarte, Luis Troconis, y otros.

El 16 de septiembre de 1875 inauguróse en Mérida la *Academia literaria* en el salón del Conservatorio Yucateco. Fueron los fundadores de esta organización Fabián Carrillo, Pablo García, Genaro González, Olegario Molina, José García Morales, Agustín Vadillo y Antonio Cisneros Cámara.

Siguiendo el ejemplo de otros grupos de jóvenes literatos reuniéronse en 1875 los estudiantes de literatura del Colegio Católico, y formaron la *Sociedad literaria* para el cultivo y fomento de las letras yucatecas y nacionales. Los primeros ensayos de esta agrupación aparecieron en un periódico intitulado precisamente *Los primeros ensayos*.

Otra tertulia literaria también integrada por jóvenes estudiantes y también de efímera vida fué *El alba*, instalada en 1875 y con órgano de igual nombre.

El ateneo fué organizado el 5 de septiembre de 1877, y parece que fué círculo de mucha bulla. Organizó numerosas veladas literarias y musicales. El discurso inaugural estuvo a cargo del socio fundador Cirilo Gutiérrez.

El *Círculo artístico y literario de Valladolid* operaba en la mencionada ciudad en 1882 y tal vez fué instalado aquel mismo año. Se sabe que Crescencio Carrillo y Ancona perteneció a él, hasta su muerte en 1897 [14].

En honor del poeta Ramón Aldana del Puerto se fundó en Mérida el 28 de agosto de 1882 la *Sociedad Ramón Aldana*, de la que fué presidente don José D. Rivero Figueroa. Sociedad de múltiples actividades, se impuso la tarea de publicar todas las obras del poeta cuyo nombre llevaba.

Allá por el año 1884 florecía la *Sociedad Regil Estrada*, que publicaba *El estudiante* [15]. La familia Regil es de distinguido abolengo en Yucatán y vivía en aquellos tiempos un comerciante llamado Pedro Manuel de Regil quien tenía dos hijos: Pedro Regil Estrada, representante del gobierno, y José María Regil Estrada, catedrático de jurisprudencia por treinta años. También vivía en Mérida don Perfecto Regil Estrada, presbítero.

Después de un lapso de escasa actividad literaria de reuniones de ingenios yucatecos se funda en 1892 la *Sociedad Pedro Escudero*. Fué concebida esta sociedad por Fernando Cervera, rico hacendado "deseoso de remediar la falta que se resentía en Mérida de una sociedad literaria", dice el Lic. José Esquivel Pren. Y agrega que Cervera "concibió la idea de tomar a su cargo la formación de una, en que se reunieron todos los elementos dispersos, para impulsar con más eficacia el progreso de las letras yucatecas". Una de las veladas más notables de esta organización fué en la que se estrenó en 1892 el monólogo *Herminia*, de José Peón Contreras.

Por iniciativa del profesor, Lic. Gabriel Aznar Pérez se fundó en 1885, al calor de la cátedra de filosofía del Colegio Católico, la *Academia de ciencias y literatura de Santo Tomás de Quino*. Dirigía dicho colegio en aquel entonces Monseñor Norberto Domínguez, bondadoso sabio y maestro de muchas generaciones. Los miembros de la academia eran los alumnos de cada curso sucesivo. Era presidente de la Academia en 1885 Luis F. Urcelay, secretario, el Lic. Francisco Cantón Rosales, y Monseñor Domínguez era miembro honorario.

Pimienta y mostaza fué una sociedad de amigos y literatos meridanos, cuya revista llegó a ser una de las mejores de Yucatán. Dicha publicación tuvo larga y próspera vida (1892-93-94, y 1902-1903), y tanto la publicación como el grupo de literatos que la dirigían dejaron profundas huellas en las letras yucatecas de la última década del pasado siglo y principios del presente. Pertenecían a este núcleo los ingenios más notables de la época, muchos de los cuales usaban seudónimos en las obras que publicaban. Mencionaremos a Delio Moreno Cantón *(Húmilis)*, Carlos R. Menéndez (con dos apodos: *Pico de Oro* y *Daniel Morton*), Luis Rosado Vega (*Maese Ventura*), Lorenzo López Evia (*Cascabel*), Serapio Rendón (*León Roch*), Roberto Castillo Rivas (*Fray Simplicio*), Miguel Nogués (*Becuadro*), etc.

El órgano de *Pimienta y mostaza,* también llamado con el mismo nombre, fué periódico de circulación nacional, y según el Lic. Esquivel Pren,

> Coexistió con *Violetas de Anáhuac* que dirigió la famosa Laura Méndez de Cuenca, y con *Revista Moderna* que dirigió Jesús E. Valenzuela y en la que escribían, número a número, éste, Luis G. Urbina, Amado Nervo, Balbino Dávalos, José Juan Tablada y Rubén M. Campos. *Pimienta y Mostaza* fué el núcleo, la palpitación, el ritmo de la vida literaria de Yucatán durante los seis años, poco más o menos, de sus existencias. Auspiciábala generosamente, con amor a la provincia y a su cultura, el que podríamos llamar cenáculo de la botica de D. Waldemaro Ponce, en donde se reunían a diario muchos de los ya nombrados. Frente por frente de la botica Ponce estuvo la famosa imprenta de José Gamboa Guzmán, en donde se editaba la revista, con fruición artística, bajo la dirección inmediata de dicho tipógrafo y la literaria de Nogués o de otros de los redactores. La generación a que pertenecen los escritores que medularmente hicieron *Pimienta y mostaza* es la inmediata anterior a la de Luis Rosado Vega, y la inmediata posterior a la generación a que pertenecieron los nombrados Juanes C. Gutiérrez, Ovidio Zorrilla, Rubio Alpuche, etc. En esta revista hizo sus primeros ensayos como caricaturista de ingenio, y hasta como escritor, nuestro D. Eduardo Urzáis Rodríguez, notable sin duda, como Pedagogo, Médico, escritor, etc.

Funcionaba en Campeche en 1896 un periódico redactado por una sociedad de jóvenes de la que no tenemos más detalles.

Fundóse el *Salón literario* de Mérida en 1898 y tenía publicación de igual nombre administrada por Miguel Nogués. Fué institución de corta vida pero la labor realizada y los trabajos dados a luz fueron notables. Digno de mencionarse es el estudio de Rodolfo Menéndez intitulado "Primera colección de versos publicados en Yucatán", en el que juzga el primer libro de versos de autores yucatecos editado en Mérida en 1839. Eran socios del *Salón literario* los más distinguidos literatos de aquel tiempo, entre ellos: Juan F. Molina Solís, José I. Novelo, Bernardo Ponce Font, Gonzalo Pat y Valle, Adolfo Patrón Martínez, Rafael Otero Donde, y otros.

De gran significado literario en las letras de Yucatán fueron los primeros *juegos florales,* celebrados en Mérida el 14 de febrero de 1903. Se verificaron estas fiestas poéticas en los amplios salones del Palacio del Gobierno, y obtuvieron premios Manuel Caballero, por su poema *Piedad,* y su oda *A la caridad* (dos premios), Carlos R. Menéndez, por un poema sobre la vida del General Vicente Guerrero, intitulado "Patria y honor"; José I.

Novelo, por un soneto "A. S. M. la Reina". El jurado estaba compuesto por los señores Lic. Manuel Sales Cepeda, Dr. Luis F. Urcelay, y Ramón Aldana Santamaría. D. Juan F. Molina Solís y D. José Peón Contreras fueron mantenedores de estos *juegos florales* [16].

Las actividades literarias en Yucatán decaen notablemente en el albor del presente siglo, pero en 1905 surgen en Mérida dos grupos literarios de significada influencia. La sociedad *Lord Byron*, fundada el 15 de mayo de 1905 atrajo a su seno a lo más florido de la juventud literaria de aquellos años. Duró *Lord Byron* hasta 1911, con cortas interrupciones, y redactó dos revistas: *Arte y letras*, seguida más tarde de *Artes y letras*. Figuraban entre sus miembros una nueva generación, además de algunos literatos ya mencionados. Merecen citarse a José María Covián Zavala, E. Palomo López, Jaime Tío Pérez, Pastor Rejón, Oscar Menéndez, A. Pantoja, Rafael Médiz Bolio, Manuel Amábilis, Narciso Souza Novelo, Oscar Ayuso O'Horibe, Oscar Escoffié Z., José Hernández Fajardo, J. Lara Manrique, Marcial Cervera Buenfil, Manuel Aguilar Solís, Eloy Flores, Julia D. Febles y Cantón, Alvaro Bouza Calero Flota, Pablo García Ortiz, Luis Rosado Vega, Leopoldo Murillo, Ricardo Mimenza Castillo, Pedro García Argáez, Conrado Menéndez Mena, Serapio Baqueiro, Roberto Castillo Rivas Jr., Juan Correa Delgado, Javier Alayola, Alvino López, y otros.

En 1910 la sociedad *Lord Byron* tomó activa parte en los segundos *juegos florales* de Yucatán, organizados por el Centro Español. Angel Just Lloret fué mantenedor de las fiestas, y los autores premiados fueron los señores J. M. Valdés Acosta, por su "Canto a Yucatán"; M. Sales Cepeda, por su trabajo en prosa intitulado "Yucatán y el Mariscal Echeverría"; Joaquín Pasos Capetillo, por una poesía a Quintana Roo; Pedro Solís Cámara, y Angel M. Segovia por sus cuentos.

Instalóse *La arcadia. Sociedad de ciencias y letras* en Mérida en 1905 y celebró el 17 de mayo de ese año el "Tercer centenario de El Quijote" [17]. Esta sociedad, integrada de intelectuales ya bien conocidos en las letras, fué fundada por Luis F. Urcelay, quien fué su primer presidente, y figuraban en su seno Ricardo Molina Hübbe, Antonio Médiz Bolio, Ramón Aldana de Santamaría, Luis Rosado Vega, Alonso Avila, Javier Alayola, Manuel Rejón García, Mariano de las Cuevas, José M. Valdés Acosta, Juan F. Molina Solís, Arturo Escalante, Julián Aznar, y otros muchos.

Sociedad de renombrada fama que ha dejado inolvidables recuerdos entre sus miembros es *La bohemia*, organizada en 1907. Fué instalada para honrar al ilustre poeta yucateco D. José Peón Contreras, y su presidente Manuel Sales Cepeda leyó un trabajo intitulado *La bohemia doliente*.

En ese mismo año de 1907 murió Peón Contreras y para honrar su memoria se reunieron todas las sociedades literarias y artísticas de Yucatán en el local del Circo Teatro Yucateco en una memorable velada en la que tomaron parte los más prestigiados ingenios yucatecos.

De ese año a esta parte ha habido en Yucatán otras muchas agrupaciones literarias, como *Esfinge, Juana de Asbaje, Provincia, Peón Contreras* y otras, todas de verdadera importancia para el desarrollo de las letras de esa aislada región de México.

Capítulo XIII

OTROS CENTROS LITERARIOS FUERA DE LA CAPITAL

Lejos de los centros intelectuales de la Ciudad de México la producción literaria no ha sido tan halagüeña como en la capital. México, así como otros países hispanoamericanos, es país capitalino, y fuera de la gran metrópoli escasea lo cultural en grado comparable al prodigioso desarrollo de la ciudad madre. Hasta cierto grado esto es verdadero en casi todos los países del mundo, pero muchas ciudades que no son capitales, como Barcelona, Marsella, Lyon, Chicago, Nueva York, Leipzig, Venecia, Coimbra, Bonn, Cracovia, Toronto, etc. con frecuencia han sido centros intelectuales más importantes que las capitales de sus respectivos países. Y no mencionamos aquí las sedes universitarias de algunos países europeos (Oxford, Cambridge, etc.) por constituir casos especiales.

A pesar de esta exigüidad literaria en el interior de México, ha habido, sin embargo, una notable manifestación de ilustración y sabiduría. El ardor cultural en los pueblos pequeños provincianos se revela por la prensa local, cuando la hay, y también por las múltiples asociaciones y cenáculos literarios de la localidad. Este fenómeno es el resultado de la vida más sedentaria y tranquila que se disfruta en las provincias, en oposición de aquel vaivén impetuoso que las grandes poblaciones han desarrollado. Consecuencia lógica de ese modo de vivir es la necesidad inherente de reunirse con amigos para simple distracción intelectual y cambiar impresiones sobre asuntos del momento. Aquellos amigos de más inspiración poética poco a poco van desarrollando el deseo de reunirse en asociaciones más recluídas y restringidas, y de ahí provienen las numerosas tertulias literarias que encontramos en casi todos los pueblos medianos de México.

La propia circunstancia del origen de estas agrupaciones intelectuales lleva consigo el germen de su inesperada y prematura muerte. Habiendo nacido espontáneamente, mueren también sin previa advertencia y algunas veces al poco de nacer. Por su brevedad y escaso nombre dejado atrás apenas se conocen muchas de estas sociedades del interior del país. No todos estos círculos han tenido medios económicos de fundar órgano de publicidad y esta carencia de registro impreso de las actividades de esas asociaciones aún dificulta más la búsqueda de datos precisos para historiar su desarrollo e importancia. Los pocos socios que todavía viven de algunos de estos cenáculos no recuerdan fechas, ni las obras leídas en sus reuniones. Todo ha desaparecido en muchos casos excepto el nombre de la sociedad, que es precisamente lo que sólo conocemos en un buen número de las asociaciones literarias que a continuación presentamos.

Se viene desarrollando en México en lo que va de siglo un notable gusto a los *juegos florales*, parcial manifestación del afán por las letras. Estos *juegos* tienen gran resonancia en las provincias, pues son una de las pocas y mejores ocasiones que se les presenta a los aficionados vates y escritores para poner de relieve su inspiración y arte. Sin embargo, por el carácter social y festivo de estas celebraciones hemos creído no incorporarlas en este estudio.

Funcionaba por los años de 1871 en Aguascalientes la *Sociedad de aficionados a la literatura*, pues aquel año apareció la quinta entrega de sus *Ensayos poéticos* [1]. Hay en dicho número composiciones de Leonardo Goytia, Emilio R. Leal, Macedonio Palomino, Manuel Alatorre, Ignacio Coronel, Blas Elizondo, Gorgonio Venegas, Enrique M. Noriega, Aurelio Trujillo, Francisco Zarco (no el célebre publicista), Esteban Avila, presidente honorario de la sociedad, José P. Rada, Manuel Aizpuru, y otros.

De carácter estudiantil fué la sociedad *Minerva* instalada en Aguascalientes allá por 1874. En agosto del mismo año se fundó *El porvenir*, sociedad literaria a la que pertenecían Ricardo Espinosa, fundador, Juan Guedea, Cástulo J. Anguiano, Tomás J. M. Ugarte, Benjamín F. Garibay, Francisco S. Silva y Macario Hernández [2]. El *Liceo Morelos* y el *Instituto literario de Aguascalientes* también han contribuído poderosamente en el desarrollo de la vida intelectual de aquella ciudad de México.

En Guanajuato los estudiantes toman activa parte en asuntos literarios desde tiempos lejanos. La *Minerva guanajuatense*, fundada por estudiantes del Colegio del Estado [3], es asociación intelectual con órgano de igual nombre publicado en Guanajuato de 1829 a 1830.

La más conocida de las tertulias literarias de Guanajuato, sin embargo, es la *Academia de bellas letras*, de la que declara una revista de aquellos tiempos lo siguiente:

> Existe en Guanajuato una *Academia de bellas letras* fundada recientemente por el Exmo. Sr. gobernador del Estado. Según sus estatutos, cada ocho días se presenta una composición literaria, a elección del académico a quien la suerte señala con ese objeto. La composición queda sujeta al análisis y censura que se hace de ella por toda la sociedad en el orden de un riguroso debate. La academia puede mandar publicar por la imprenta los artículos que califica de mérito. El día 5 del presente, designado previamente por la suerte, el joven académico Lic. D. Miguel Bribiesca leyó la *Oda a la religión*, que da motivo para escribir este apunte, que acaso podrá servir alguna vez para los anales literarios del país. La academia hizo una calificación honorífica de la composición, y acordó su publicación en el periódico del Estado [4].

Se suele llamar también a esta academia, *Academia guanajuatense de literatura* y entre sus miembros se distinguieron Juan y Ramón Valle, José Rosas Moreno, Miguel Bribiesca, José Fernández, Juan Urbina (Pícharo), Sabino Flores y Francisco Bárcena. Tuvo órgano periodístico y duró unos tres años escasos, según el profesor y conocido erudito Fulgencio Vargas [5].

También de raigambre estudiantil fué *El Liceo literario* fundado en 1898, con periódico mensual llamado *Apolo y Temis*. Duró hasta 1901. Dice Lanuza acerca de este grupo.

> Un grupo de 46 estudiantes concibió el proyecto de fundar un liceo literario con el objeto de ejercitarse en la lectura en alta voz, en la oratoria y en escribir composiciones en prosa y verso. Esta idea fué acogida por la Dirección del Colegio del Estado de Guanajuato y se estableció ese centro de estudios literarios con la eficaz cooperación del Rector, fundándose al efecto un periódico mensual sostenido por el gobierno, periódico muy bien presentado que se tituló *Apolo y Temis*... Dicho periódico vivió por espacio de varios años, desde su fundación en 1º de julio de 1898 hasta el año de 1901. En él vieron la luz muy apreciables trabajos [6].

Fueron socios del Liceo, Emilio Galván, Norberto de la Rosa, Rodolfo A. Ramírez, Juan R. Domínguez, Juan A. Coronado, Mariano Pedrosa, Rafael Pedrosa y otros. El señor rector del Colegio, Lic. Andrés Tovar, era presidente del *Liceo*.

En León, Estado de Guanajuato, establecióse la *Academia "Sollano y Dávalos"* en 1899 y tal vez durara sólo unos meses, pues el periódico que le servía de medio de publicidad llamado *El eco literario. Periódico de religión, ciencias y literatura. Organo de la Academia "Sollano y Dávalos"*, empezó el 7 de marzo y cesó el 1º de abril de ese año, después de publicarse dos veces.

También en las postrimerías del siglo pasado, fundaron el *Ateneo Guanajuatense* los abogados y literatos Agustín Lanuza, Liborio Crespo, Bonifacio y Juan Olivares, José Jiménez, Nicéforo Guerrero, el ingeniero Emilio Galván y don José Padilla.

Indudablemente, ha habido en Guanajuato otras agrupaciones de carácter literario, pero su existencia ha sido tan efímera que no vale la pena consignarlas. Sin embargo, se fundó en León en 1935 una de estas tertulias que se ha mantenido con gran honor para las letras de aquella ciudad. Se denomina *"La Trapa"* y fueron sus fundadores Vicente González del Castillo, José Villalobos Ortiz, José Ruiz Miranda, y otros. En la actualidad son miembros muy activos el poeta Arturo Sierra y el investigador y conocido poeta Fulgencio Vargas.

Continuando nuestro orden alfabético llegamos a Morelia, bella ciudad que nunca ha podido estar sin su círculo de gente culta. En 1845, hablando Guillermo Prieto sobre academias literarias en los estados, declara bajo el anagrama "E. E." "En Morelia se nos asegura que existe otra academia, y los nombres de Munguía, de Navarro, de Alcaraz, de Aguilar, de Ortiz, y otros, han ilustrado las páginas de varias publicaciones" [7]. Semejante parecer emite en 1849 "R. R." (Ignacio Cumplido?) quien declara en el *Album mexicano* que "En Morelia, país de Ocampo, de Munguía y de Ortiz, no debe estar ocioso el pensamiento" [8].

Funcionaba en Morelia en 1881 la *Sociedad 'Porvenir'*, pues el 3 de junio de ese año celebró una velada para honrar la memoria del ilustre mártir de la reforma Melchor Ocampo [9].

Sociedad michoacana más conocida y de la que tenemos más datos es la que se fundó el 2 de mayo de 1886 para conmemorar la muerte de Ignacio Ramírez, y llamada *Sociedad literaria Ignacio Ramírez*. Fundada por los admiradores del *Nigromante* con el objeto de estudiar y cultivar las letras, era una agrupación "en la que despertando el estímulo entre los asociados, se procure el desarrollo de nuestras facultades intelectuales". Así declara el número inicial del órgano de la sociedad, *El Nigromante*, cuyo primer número se publicó el 2 de noviembre de 1886, y el último conocido apareció el 29 de mayo de 1887. Participaron como socios Carlos López, José R. Olea, Agustín M. Barrera, Lic. Angel Padilla, Vicente M. Borja, Mariano Ramírez, José Trinidad Pérez, etc.

El 25 de enero de 1891 se instaló en Morelia la *Sociedad Morelos*, abierta "con asistencia de considerable número de socios". Formaban la mesa directiva los señores Manuel Orozco, Fermín Herrejón, José M. Alcáraz, Nicolás Pérez Morales, y José J. Silva [10].

Para honrar al padre Navarrete fundóse en Morelia la *Sociedad "Manuel Navarrete"* en 1894 en casa de don Ramón Vaca. Fué presidida por Mariano de Jesús Torres, redactor en aquel entonces de *La lira michoacana*, y era sociedad "compuesta de varios jóvenes entusiastas por el cultivo de las bellas letras" [11]. En la velada inaugural, Francisco Saavedra leyó una "Alocución biográfica de Fray Manuel Navarrete"; el joven Donato Arenas López leyó una composición poética; Arturo Martínez Arestegui pronunció un discurso, y varios otros leyeron poesías de Manuel Navarrete. También participaron Mónico Gallegos Orozco y Luis Murguía Guillén [12].

En los últimos años del siglo algunos socios de la *Sociedad de Manuel Navarrete* se agruparon con fines de cultivar las letras. El señor Alberto Trecani recuerda que asistían a esta tertulia Antonio Martínez Arestegui, Juan N. Ojeda, Andrés Arroyo Anda, Donato Arenas López, Fernández A.

Castellanos, José Ortiz Vidales, Alfonso Rodríguez Ruiz, Luis Murguía Guillén, I. G. Torres Guzmán, y varios señores de Guadalajara.

El *Liceo literario michoacano* también ha dado notable impulso a las letras de esa región de México con sus reuniones periódicas y con el órgano de la sociedad llamado *Minerva* [13]. Igual obra han realizado otras tertulias como la *Sociedad Acuña*, fundada en honor del vate de Saltillo, y la *Sociedad Ocampo*.

Aunque ha existido en Nuevo León algunas sociedades de prestigio son escasos los datos que se tienen de las actividades literarias de ese territorio del país. Además del *Liceo del Dr. Mier*, el círculo más conocido en Monterrey es la *Sociedad científico-literaria Florencio M. del Castillo*. Publicó en 1878 varios números de *El horario* en los que colaboran varios de los socios, entre los que merecen mencionarse Enrique Gorostieta, gran prosista que mereció los elogios del español Clarín, Adolfo Duclós Salinas, Jesús Garza Flores, Arnulfo García, Juan Sánchez Olivo, Carlos Treviño, y otros.

Funcionaba en Oaxaca por mayo de 1868 una o dos instituciones literarias referidas como *Liceo oaxaqueño* e *Instituto literario de Oaxaca*. No estamos seguros si los dos nombres se refieren a dos centros distintos o al mismo. Según los pocos datos que hemos encontrado en *El monitor* [14] parece más probable que sean dos diferentes círculos literarios. El *Liceo* tenía por objeto el progreso de las ciencias y de las letras y el cultivo de todas las virtudes filantrópicas. El *Instituto* muy bien pudiera haber sido una institución docente, pero de todos modos éste preparaba veladas literarias de renombre.

El gran Ignacio M. Altamirano, fundador de muchos centros literarios y renovador de otros, tuvo en todo México fervientes admiradores, y en la capital del país y en los estados se ha perpetuado su nombre honrándolo con liceos e institutos que llevan su nombre. Pues uno de estos liceos, el *Liceo Altamirano* existía en Oaxaca en 1886. Para los socios de este centro escribió Eduardo Ruiz, de Uruapan, *El café* [15].

De significado en la vida literaria de Oaxaca es un concurso científico-literario celebrado en 1905 en honor de Juárez [16]. Fué la tercera de estas celebraciones patriótico-literarias, las tres organizadas por el Instituto de ciencias y artes del estado de Oaxaca. Se propusieron cuatro temas y se otorgaron tres premios, uno de los cuales se lo ganó Antonio Caso por su *Canto a Juárez*.

En San Luis Potosí se fundó en 1876 la *Sociedad Alarcón* por iniciativa de Manuel José Othón, quien recitó una poesía "ad hoc" en la sesión inaugural. Unos doce años más tarde funcionaba en la misma ciudad la *Sociedad Orozco y Berra* [17], dedicada a la historia y literatura. De carácter científico-literaria fué otra agrupación de San Luis Potosí inaugurada el 6 de junio de 1897, en cuya ocasión pronunció un discurso don Primo Feliciano Velázquez sobre la instrucción pública en San Luis Potosí durante la dominación española [18].

Establecióse en la ciudad potosina la Sociedad "Ignacio Ramírez" en 1899, con revista mensual llamada *Ciencia y letras*. Era centro científico-literario y se distinguieron entre sus miembros Manuel de Alba, Antonio M. Alvarez, Emiliano López Z., Manuel Reyes, Rafael Ramos, Rafael Cepeda, Moisés García, Miguel García, Cástulo Betancourt, quien era miembro correspondiente, Luis P. Ballesteros, y Juan B. Villaseñor, miembro correspondiente de Guadalajara. Otro socio correspondiente de Guadalajara fué Andrés Arroyo de Anda, Jr., señor muy activo en los círculos literarios de su ciudad natal. En abril de 1899 escribió la siguiente composición, que fué muy aplaudida por los miembros de la sociedad "Ignacio Ramírez".

ASONANCIAS

Yo sé de una mujer, joven y hermosa,
que sin amor, del abandono en brazos,
en el revuelto mar, ajada rosa,
vende con la caricia vergonzosa,
jirones de su honor hecho pedazos...

Baja más cada día al antro oscuro;
mas recordando el tiempo en que fué buena
se conmueve y suspira en su honda pena,
y besando a su hijo, de amor puro
aún siente el alma arrepentida lleva...

Sé de un hombre que rueda al precipio
obscureciendo en el licor su juicio;
tiene el alma doliente y desgarrada
a la copa fatal encadenada,
jamás resiste a la atracción del vicio...

Su razón cada día más se obscurece,
está la sima ante su planta abierta;
mas tiene compasión al que padece
y al acordarse de su madre muerta,
aún llora conmovido y se enternece...

¿Qué es lo que impulsa al fondo del abismo?
¿es perversión y criminal demencia
o acaso ciego y cruel el atavismo
arrastra en su fatídica inconsciencia
con furor de terrible cataclismo...?

> Obscuridad inmensa del destierro,
> tu eterno enigma a descifrar no atino,
> mas me conmueve ¡oh Dios! aunque me asombra,
> que en medio de la más profunda sombra
> siempre se encuentre un esplendor divino! [19]

Puebla de los Angeles siempre ha sido centro intelectual de gran prestigio. De allí han salido muchos y buenos artistas y poetas. Cuenta esa ciudad con una honorable tradición literaria. Por ser centro religioso de tanta consideración muchos poetas y escritores han hecho escala en Puebla y de paso han contribuído en alto grado al desarrollo intelectual. Su nombre hace afluir a Puebla a otros ilustres hombres que han llevado el nombre de Puebla a remotos lugares del mundo literario. En Puebla residió el poeta español Gutierre de Cetina quien en 1554 fué herido mortalmente. El obispo don Juan de Palafox y Mendoza encareció en el siglo XVII las materias religiosas y acumuló cuantiosos libros, punto de partida, en gran manera, del interés literario de la ciudad. En la provincia de Puebla nació José Joaquín Pesado en 1801; el romántico Manuel M. Flores también fué poblano y en la actualidad y en el inmediato pasado, Puebla de los Angeles ha sido la cuna de ilustres poetas y escritores que han honrado las letras mexicanas [20].

La primera asociación literaria poblana que se conoce hasta ahora es la *Academia Interior de Buen Gusto y Bellas Artes del Seminario Conciliar Palafoxiano*, ya mencionado en otra ocasión. Duró la *Academia Interior de Buen Gusto* unos 200 años, récord en verdad asombroso, y durante su larga vida hizo labor fecundísima, especialmente en los siglos XVIII y XIX. En el seno de esta asociación se han dado a conocer ilustres hombres de letras, como don Francisco Deza y Ulloa, después obispo de Cuamanga; don Francisco Ruiz de León, prolífico autor conceptuoso del siglo XVIII; Diego Bermúdez de Castro, infatigable investigador de las glorias de Puebla; don Luis Montana, poeta, erudito y filósofo; Juan Nepomuceno Troncoso, considerado como el introductor del periodismo en Puebla; el conocido bibliógrafo don Mariano Beristáin y Sousa, y otros muchos que sería prolijo enumerar.

Dos ilustres miembros de la *Academia Palafoxiana* fueron Manuel Carpio y Francisco Ortega, quienes al poco de salir de dicha corporación fundaron en la misma ciudad de Puebla, la *Academia de Bellas Letras*, al decir de José Zorrilla:

> Cuando empezó a calmar la efervescencia de las pasiones políticas, los excelentes escritos de don José Bernardo Couto, de don Andrés Quintana Roo, despertaron una extraordinaria afición a la literatura y, especialmente, a la poesía. Sobre este vuelo rápido de la regeneración de las letras en México ejercieron poderosa influncia, PRIMERO, la Academia de bellas letras que fundaron en Puebla Ortega y Carpio [21].

Sociedad literaria meritoria en Angelópolis fué la fundada el 18 de mayo de 1843 por José Mariano Castillero, los hermanos Manuel y Fernando Orozco y Berra, Félix Béiztegui, y María de Zamacona. Se llamaba *Sociedad literaria de Puebla* y fué fecundísima agrupación. Los hermanos Orozco y Berra fueron entusiastas sostenes de la sociedad, y en varias ocasiones emprendieron tareas fructuosas en unión de otros miembros [22]. Según Prieto dicha tertulia tenía un periódico manuscrito, pues en 1844 declara en *El museo mexicano* "Nos han asegurado que en Puebla ecsistió (sic) también una academia de la que eran miembros Ortega, Carpio, Castillero y otros, y que aun daban un periódico manuscrito" [23].

En un excelente estudio acerca del caudal de la literatura poblana, publicado en 1943, declara el Lic. Enrique Gómez Haro, después de resumir el aporte de don Fructuoso Pontón y Ponce y de referirse a la desaparición de la *Academia Palafoxiana,* que

> Aquella encina secular literaria renovóse constantemente, y sus ramas desprendidas continuaron formando academias en la Puebla de los Angeles, con grande provecho para las letras mexicanas:
> Don Manuel Pérez de Salazar y Venegas reunía en su "Academia Particular" a don Francisco Flores Alatorre, don Joaquín del Moral, don Mariano Rivadeneira y Lemus, don José María del Castillo Urizar, don Manuel Aspiroz, don Emilio C. Morales, don Ignacio Pérez Salazar y Osorio, don Fernando C. Lavalle... [42]

Otro centro derivado de la *Academia Palafoxiana* fué el *Liceo Carpio* organizado por don Tirso Rafael Córdoba, donde dicho señor disertaba sobre retórica y poética, y donde participaban Ignacio Romero Vargas, Rafael Bernardo de la Colina, Manuel M. Flores, Víctor Banuet, Luis G. Calderón, Abraham Sosa, y otros ilustres señores. Se ve, pues, que la desaparición de la *Academia de buen gusto y bellas letras del Seminario Conciliar Palafoxiano,* por motivos de las guerras de la independencia, no interrumpió el cultivo de la literatura en aquella región de México.

Otros círculos literarios que continuaron la obra de desarrollo intelectual fueron la *Academia de Santa Teresa de Jesús, El Liceo León XIII, El Liceo Trinidad Sánchez Santos,* a los que pertenecían los más ilustres ingenios de aquellos tiempos de mediados del siglo pasado.

Allá por los años del 70 florecía en Puebla la *Academia de Rodríguez Galván* fundada y alentada por don José Fernández de Lara. Fué Lara, al decir de Guillermo Prieto "el Perthos de la literatura poblana". Entre la juventud que se inició en el seno de la Academia de Lara y bajo la influencia de éste merecen citarse a Eduardo Gómez Haro, Felipe Neri Castillo y Francisco Neve. El romántico Manuel M. Flores dedicó una de sus poesías "A la Sociedad literaria Rodríguez Galván" [25]. Existía todavía en 1888 esta sociedad, pues en raro documento conservado en la Biblioteca Lafragua [26] se describe la admisión a su seno de un socio en estos términos:

> En la sesión que tuvo lugar el día 14 de abril ha sido admitido como socio activo fundador el señor don Rafael Serrano, en atención a sus conocimientos literarios y a su buena disposición en favor del adelanto de la literatura patria.
> Para su satisfacción se le expide el presente en Puebla, a 14 de abril de 1888. José Fernández de Lara. Abraham Sosa Vargas, Manuel José Díaz.

El referido señor Rafael Serrano fué un famoso alienista y eminente poeta, cuyo poema *A Víctor Hugo* es una de sus mejores composiciones. Pertenecían a esta sociedad, amén de los ya nombrados, Patricio Carrasco, Rosa Carreto, quien se dió a conocer en esta tertulia, José María Cordero, Ignacio Pérez Salazar.

Había otra sociedad artístico-literaria a comienzos de la década del 70, fundada "en estos últimos años" según declara *La lira poblana* en 1873 [27]. Muy bien pudiera ser que esta noticia se refiriera a la sociedad anterior, pues Rosa Carreto figura entre los socios de ambas. Otras sociedades literarias de Puebla de fecha indeterminada, pero que florecían por el 70 u 80 son: *La academia de los curiosos*, la *Sociedad Manuel Acuña*, establecida por varios estudiantes, según Juan de Dios Peza [28], la *Sociedad de Alarcón*, el *Liceo Hidalgo*, el *Liceo Morelos*.

En la primera década del siglo XX la difunta *Academia Palafoxiana* fué revivida bajo el nombre de *Academia de literatura española del Seminairo Palafoxiano* por el obispo de Puebla doctor Ramón Ibarra y González. Fueron presidentes el padre Gustavo de Heredia y el Lic. Enrique Gómez Haro; fué secretario perpetuo el padre Federico Escobedo. Entre sus miembros figuran Felipe Neri Castillo, Francisco Neve, el poeta Manuel Rivadeneira y Palacio; y fueron miembros honorarios Menéndez y Pelayo, Luis Coloma, Juan Antonio Canestany, José López Portillo y Rojas, Silvestre Moreno Cora, Rafael Delgado y otros. En 1912 celebró la *Academia* dos veladas fúnebres en honor de Menéndez y Pelayo y de Trinidad Sánchez Santos, este último también socio honorario. Entre los socios contemporáneos figuran Delfino C. Moreno, Julio Delgado y Corona, César Camacho, Rafael Ruiz, León Sánchez Arévalo, Herminio Nuño y Flores, Felipe Calderón, Gabriel Sánchez Guerrero, César Garibay, Florencio Carrillo Alvarez, el padre José Rubio y Contreras, etc.

Por 1909 florecía la *Academia de alta literatura* en la que se dió a conocer Delfino C. Moreno, actual director de la Biblioteca Lafragua, y pulcro poeta poblano. Pertenecieron a esta agrupación católica el Lic. Enrique Gómez Haro y el gran humanista señor Presbítero don Federico Escobedo, activo socio de casi todas las sociedades literarias de Puebla. Rafael Delgado fué socio honorario. En 1916 se instaló en la Puebla de los Angeles otra asociación de carácter intelectual, llamada *Puebla artística*, dirigida por el Dr. Delfino Arrioja, y a la que se asociaron gran número de los escritores de aquella década.

En tiempos más recientes ha habido numerosas tentativas de establecer sociedades literarias en Puebla, pero pocas han llegado a adquirir edad ni renombre. La *Sociedad Literaria Claridad* fué fundada en junio de 1938 y murió de muerte natural en octubre del mismo año. Publicó la revista *Claridad*, con colaboradores de jóvenes de Puebla y la capital de la República. Fueron fundadores Tomás Casusquí, Horacio Labastida, Ovidio Moreno, José Mireles, Federico Taboada, cada uno de los cuales redactaba una sección de *Claridad*.

La *Academia literaria "Miguel Jerónimo Martínez"* de Puebla fué obra del poeta Delfino C. Moreno, ayudado por unos cuantos amigos. Florencio Carrillo y Alvarez, secretario de la misma, se inició en su carrera literaria siendo miembro de la sociedad. En honor del Dr. Adolfo Márquez Burgos, gloria del magistrado poblano, se organizó el 5 de noviembre de 1939 la *Sociedad "Dr. Adolfo Márquez"*, cuya dirección está integrada por Juan Ramón García, presidente, Carlos Mora, secretario, Lic. Hugo Serdán, Secretario de Actas, y Emeterio Linares, secretario de organización.

El único grupo literario organizado que hoy florece en la culta ciudad de Los Angeles, es la *Bohemia poblana*, fundada en 1942 y compuesta de los ingenios más ilustres de aquella ciudad. Celebra sesiones mensuales dedicadas a algún distinguido señor o acontecimiento de importancia como demostración de cariño o interés. Tiene este grupo su propio periódico, interesante revista mensual dirigida por el señor Enrique Cordero T. Figuran entre los socios de *Bohemia Poblana*, Miguel Marín H., Miguel Castillo Marín, José Basilio de Unánue, Gabriel Sánchez Guerrero, Gregorio de Gante, Narciso Madrid Galicia, Jesús Leonardo García, Nefthali López, A. Valera, Rodolfo Jara Castillo, Daniel Sánchez, Ernesto Meza C., Enrique Gómez Haro, Delfino C. Moreno, Ovidio Moreno.

Un grupo dedicado a las ciencias, artes, música y otras materias es la *Sociedad poblana de ciencias y artes*, fundada el 22 de noviembre de 1942, y presidida por el ingeniero Rafael Ibáñez. En sus reuniones el primer jueves de cada mes se leen trabajos de arte, ciencias, música y literatura.

En Sinaloa se publicaba en los últimos años del siglo pasado una revista literaria, llamada *Bohemia Sinaloense*, órgano de un "grupo de soñadores" según consta en el *Bohemio* del número inicial. Había de ser la *Bohemia* "un lazo de unión entre los escritores sinaloenses que, sin rencillas, sin odios, sin orgullos, luchen por la misma causa: el adelanto intelectual de Sinaloa"[29]. Eran socios de la *Bohemia*, Esteban Flores, Julio G. Arce, Esteban Moreno, Samuel Hijar, Francisco Medina, Jorge Ulica, Luis H. Monroy, Bernardo Vázquez, Pedro Victoria, Manuel Bonilla, Angel Beltrán, Pedro R. Zavala, Eduardo J. Correa. Auspició la revista de este grupo, al principio, un concurso literario en el que sólo podían figurar escritores sinaloenses. Se ofrecieron dos premios: uno para el mejor soneto dedicado al General Antonio Rosales; el otro para la mejor composición en prosa, dedicada al mismo héroe. La fiesta se verificó el 15 de diciembre de 1897 en Culiacán Rosales en casa del Sr. Julio G. Arce, redactor de *Bohemia Sinaloense*. El primer premio fué otorgado a Cecilia Zadí, colaboradora de *Bohemia* por una composición llamada *Bendecid hoy el acero*. En la *Bohemia Sinaloense* de Septiembre de 1898 apareció una desconocida traducción libre de *El Cuervo* de Edgar Allan Poe, hecha por el ahora muy distinguido Dr. Enrique González Martínez.

Escribía Enrique de Olavarría y Ferrari allá por 1877 que había en Tabasco por aquellos años una interesante sociedad literaria llamada *Amigos del estudio*. Integraban el grupo los más sobresalientes poetas y literatos de Tabasco entre los que se distinguian Miguel Sandoval, Marcelino Burelo, Donato Burgos, Guarneros Ferrer, Marcial Hernández Castillo, Juan Trujillo, M. Moreno, Andrés Sánchez y otros [30].

No hace muchos años también en Taxco se organizó una sociedad de *Amigos*, aunque tal vez fuera de carácter mutualista y cívico. Mis pesquisas en aquella ciudad no aumentaron mis escasos datos sobre ese grupo amistoso.

Alrededor del *Instituto científico y literario de Toluca*, institución de mucho prestigio, se han verificado numerosas fiestas literarias desde su fundación en 1828. Ha cambiado su nombre al de "Porfirio Díaz" y ha tenido excelente revista editada mayormente por el profesorado del Instituto. También con nombre de otro patriota mexicano es el *Liceo Morelos* de Toluca del que se sabe muy poco.

En el puerto de Vera Cruz las actividades literarias han sido más numerosas que en las tres últimas ciudades arriba mencionadas. El *Album mexicano* de 1849 [31] declara que los señores Estevas, Vélez y César "han tenido una tertulia". Después de esta indefinida reunión de literatos transcurre un espacio de unos treinta años antes de fundarse la agrupación de mayor significado que ha habido en el estado de Vera Cruz. Fundóse en Orizaba la *Sociedad Sánchez Oropesa* el 15 de septiembre de 1880, según consta en el propio *Boletín de la Sociedad Sánchez Oropesa* [32], y no en 1881 como se ha dicho en alguna parte [33]. Fué fundada esta sociedad "para perpetuar la memoria del benemérito fundador del primer Colegio de Instrucción secundaria que tuvo el Estado de Veracruz, establecido en Orizaba el año de 1824", según breve introducción "Al lector" en el número inicial del *Boletín*. Se proponía la sociedad "estrechar los vínculos de amistad entre los individuos que bajo cualquier concepto hubieran pertenecido al Colegio, favorecer a los alumnos de éste y honrar la memoria del benemérito fundador y demás personas que han prestado sus servicios al mismo establecimiento", declara el Artículo I de su Reglamento.

Estaba la *Sociedad Sánchez Oropesa* dividida en dos secciones, la una científica, y la otra literaria. Desde luego se distinguió más en el campo de la ciencia popular. En su boletín aparecen traducciones de ciencia de carácter popular, trabajos originales, especialmente de los socios del grupo; y también traducción de literatura extranjera. Publicó la sociedad algunas biografías, hizo obsequios al Colegio, y ayudó económicamente a algunos alumnos pobres.

El socio más ilustre de esta sociedad fué el poeta Rafael Delgado, quien también fué secretario de la sección literaria. Delgado era natural de Córdoba pero estudió en Orizaba, donde vivió casi toda su vida y donde murió en 1914. Adquirió su fama en la *Sociedad Sánchez Oropesa* en la que tomaba parte activa, especialmente en las veladas que dicho centro organizaba mensualmente. Gran parte de las obras de Delgado fueron publicadas en el *Boletín* de la sociedad, así como en *El Reproductor* y *El Censor*, ambos también de Orizaba. En la celebración del quinto aniversario de la fundación de la sociedad leyó Delgado, el 15 de septiembre de 1885 en el Teatro Llave de Orizaba, aquella composición que empieza: Seca un punto, Patria mía. Tus ojos que nubla el llanto. Y también en otras circunstancias sus bellas poesías *Canto nupcial, Antes de la boda, A Río Blanco, Rosas pálidas, Aldana, El botánico* y otras. Con motivo de la distribución de premios a los alumnos de los establecimientos de enseñanza en Orizaba el 1º de marzo de 1886, Delgado pronunció un elocuente discurso. Y años más tarde, en 1905, también pronunció otro discurso en el tercer aniversario de la publicación del *Quijote*, fiesta organizada por la *Sociedad Sánchez Oropesa* en forma de un certamen y cuyos fines eran la "glorificación de Cervantes y al mismo tiempo estímulo poderoso y simpático en las aulas veracruzanas, a los amantes del arte literario, cultivadores del habla de Castilla" [34]. Fué dirigido este certamen especialmente a los alumnos de las escuelas superiores, aunque participaron personas de reconocida fama, como el poeta orizabeño don José Peón del Valle, además de Delgado. Verificóse la convocación en una velada la noche del ocho de julio de 1905.

Amén de los círculos literarios ya mencionados, en el estado de Vera Cruz se han formado alguno que otro pero sin orientación definida y sin organización seria. Como ha ocurrido en otras partes del país, muchas de esas asociaciones han sido pequeños núcleos de amigos afectos a asuntos de arte y de literatura, pero que no llegaron a fortalecer ni a adoptar denominación fija. En tiempos más recientes, en 1930, se fundó en Vera Cruz el

Cenáculo literario que duró sólo dos meses. Sin embargo, desde 1933 florece en Vera Cruz el prestigioso *Ateneo Veracruzano*, fundado por don Francisco Broissin Abdalá, conocido periodista y escritor de aquella región de México. Se inauguró este *Ateneo* con sólo tres miembros contando el fundador, señores muy activos en las actividades literarias de Vera Cruz. Los originales compañeros del Sr. Broissin son el Ing. Juan José González, investigador en asuntos históricos, y don Félix de C. Martínez, poeta y periodista. Los tres son originarios del puerto. A la fecha el *Ateneo Veracruzano* cuenta con cuarenta y siete miembros escogidos entre lo más destacado del elemento artístico e intelectual de Vera Cruz.

A partir de 1941 el *Ateneo Veracruzano*, ha venido instituyendo los juegos florales celebrados en aquella ciudad, fiestas que anteriormente eran efectuadas en forma esporádica, unas veces convocadas por asociaciones estudiantiles, otras por comités de festejos [35].

En la ciudad de Jalapa se conocen varias asociaciones de carácter literario. Florecía en 1845 en dicha ciudad del Estado de Vera Cruz la *Sociedad de amigos de Jalapa*, la que tal vez era de carácter cívico, pero que a la vez celebraba sesiones literarias a juzgar por noticias de aquellos años [36]. En 1874 se publicó en Jalapa el reglamento de otra sociedad, "artística, literaria, dramática, filarmónica y de baile". Se llamaba este cenáculo *El edén de Jalapa*, del que fué socio honorario Francisco Pimentel [37].

En Ciudad Victoria, Estado de Tamaulipas, se conocía en 1887 la *Sociedad Pedro J. Méndez* de la que carecemos de datos concretos [38].

APENDICE

ANALES DEL ATENEO MEXICANO

Segunda Junta

Leída y aprobada la acta del día anterior, se dió cuenta con un oficio del Sr. don José Gómez de la Cortina, en que avisa que una ocupación urjente de familia no le permitía asistir a la reunión citada. Se leyó y aprobó en lo jeneral el reglamento provisional del Ateneo, presentado por la comisión que se nombró al efecto; y puesto a discusión artículo por artículo, el primero que dice: "El Ateneo mejicano es una sociedad de amigos, que se reunirá legalmente con el objeto de propagar los conocimientos útiles, adquirir nuevos y solazarse con el trato mutuo. No se ocupará de política y estará abierto desde las nueve de la mañana hasta las tres de la tarde, y desde las seis de la tarde hasta las nueve de la noche todos los días"; sin discusión hubo lugar a votar y se aprobó por todos los señores presentes.

Son socios del Ateneo, los que con acuerdo de los demás sean admitidos en la forma que en el reglamento definitivo se determinará y paguen tres pesos mensuales. Son también socios del Ateneo sin contribuir a sus gastos los profesores de minería y del jardín botánico.

Tendrán entrada en el Ateneo, acceso a sus libros y uso de los papeles públicos todos los individuos del cuerpo diplomático que estén revestidos del carácter de ministros y encargados de negocios.

Dejarán de ser socios del Ateneo los que por espacio de tres meses no paguen sus cuotas previos tres atentos avisos.

Los socios que se ausenten por negocios particulares o en comisión del servicio por más de un año, no pierden su derecho, y al regresar vuelve a entrar en él sin más formalidad que el pagar la cuota. Este artículo, después de una lijera discusión, se aprobó en los mismos términos que el anterior, con solo la reforma de su segunda parte, que deberá redactarse del modo siguiente. "Son también socios del Ateneo los profesores de ciencias y artes a quienes se fueren invitado sucesivamente por el instituto".

Art. 3º "Para la dirección y gobierno económico del Ateneo habrá una junta de gobierno compuesta del presidente, dos consiliarios y uno de los secretarios".

"Habrá por consiguiente un presidente y un vice presidente que haga las veces en ausencia y enfermedades, dos secretarios, un tesorero, un bibliotecario y uno o dos porteros". Sin discusión hubo lugar a votar y se aprobó por unanimidad de todos los señores presentes.

Art. 4º "Para la elección de todos estos se celebrará una junta cada año en los primeros días del mes de enero. Podrán ser reelejidos cuantas veces se quiera. El bibliotecario y los porteros serán nombrados para todo el tiempo que cumplan con su deber y deseen continuar sirviendo. Tendrán gajes y sus obligaciones se señalarán en el reglamento definitivo". A moción del Sr. Arriola, y con aprobación de los demás, quedó redactada la primera parte de este artículo como sigue.

"Para la elección de todos estos se celebrará una junta en el día del mes de enero que señale la junta directiva con arreglo a lo que en el reglamento definitivo se determine". Las demás partes se aprobaron como se han leído.

Art. 5º "Todos los socios podrán sin previo aviso introducir a ver el Ateneo a cualquier forastero: y obteniendo el permiso del presidente, proporcionarle la entrada a la lectura de libros y papeles públicos, durante un mes, o su estancia en la capital si no escede de un año". Sin discusión se aprobó por todos los señores presentes.

Art. 6º Cuando cualquier socio, cualquier profesor nacional o estranjero quiera dar lecciones de alguna ciencia o arte por deseo de difundir las luces o para dar a conocer su mérito, le franqueará el señor presidente un local a propósito en el Ateneo. De una cuarta parte de los billetes de entrada dispondrá el profesor: el resto se repartirá entre los socios, los cuales les distribuirán gratis a quien gusten. La junta gubernativa decidirá por sí sola si la materia es de aquellas a cuya esplicación pueden asistir las señoras". Se aprobó del mismo modo que el anterior.

Art. 7º "Los fondos que se reúnan, se invertirán esclusivamente en la compra de periódicos nacionales y estranjeros: en la adquisición de publicaciones periódicas de artes, en compra de mapas, instrumentos de física, y enseres e ingredientes de química según y conforme vayan aumentándose los fondos". El Sr. Moreno pidió que en este artículo después de la palabra química, se agregara "agricultura", y así quedó aprobado.

Art. 8º "El Ateneo mexicano publicará cuando le sea posible y mensualmente un periódico destinado únicamente a la propagación de los conocimientos útiles, señaladamente para la clase menesterosa y menos instruída. Alguna vez consignará en él, principios de moral y revestirá ésta con los atavíos de la fábula". Este artículo a virtud de las observaciones que hizo el Sr. Moreno y apoyaron los Sres. Calderón de la Barca y Quintana, quedó aprobado suprimiéndole la palabra mensualmente.

Art. 9º "Este no es más que un reglamento provisional con las bases de la asociación. El reglamento más estenso se irá formando por una comisión especial y será el fruto de la esperiencia que se irá adquiriendo". Sin discusión quedó aprobado por unanimidad de todos los señores presentes. En el acto hizo el Sr. Casasola la siguiente proposición: "Se nombrará una comisión compuesta de tres individuos, que recabe de la autoridad política la licencia para el establecimiento del Ateneo, le presente las bases del reglamento que se han aprobado, y la lista de los señores que actualmente lo forman". Admitida a discusión y aprobada por todos los señores presentes, quedaron nombrados los Sres. Moreno, Casasola y Flores Alatorre. Por disposición del Sr. presidente se preguntó si el domingo siguiente se tendrá otra reunión, contestaron todos por la afirmativa, y no habiendo más que tratar, se levantó la sesión. No asistieron los Sres. Almonte y Ahumada, este último por enfermedad.

México, diciembre 6 de 1840. Es copia.

Vergara, secretario.

El Ateneo Mexicano, México, 1844, págs. 143-144.

ACTAS DEL LICEO HIDALGO

Sesión celebrada el 22 de septiembre de 1884

Presidencia del Lic. D. Ireneo Paz.

Se abrió la sesión a las cinco y cuarto de la tarde, con asistencia de los señores cuyos nombres se expresan al fin. Leída el acta de la sesión anterior, fué aprobada sin discusión.

Excitada por el Sr. Presidente la comisión de Reglamento, para que diera cuenta de sus trabajos, el Sr. Altamirano pidió y obtuvo la palabra para dar lectura a un Proyecto, expresando que aún no estaba completo porque la parte final, que debía ocuparse de los fondos de la Sociedad se relacionaba con el carácter de mutualista que la Sociedad, debía tener, siendo por lo mismo indispensable esperar los trabajos de la comisión respectiva.

Después de la lectura, los señores socios acordaron se comenzara a discutir el Reglamento, que en lo general fué aprobado por unanimidad.

Puesto a discusión el artículo 1º, usaron de la palabra los Sres. Pimentel y Altamirano, y aceptada la enmienda propuesta por el primero, referente a las clases de socios que deben componer el "Liceo", fué aprobado el Art. 1º, que quedó en estos términos:

Art. 1º—Los socios que componen el "Liceo Hidalgo" son de tres clases, a saber: cincuenta de número y los honorarios y correspondientes que apruebe la Sociedad.

Continuó la discusión del art. 2º. Pidió el Sr. Altamirano la palabra, para exponer las razones y fundamentos que había tenido presente para redactarlo. Hicieron uso sucesivamente de la palabra los señores Sosa, Pimentel, Ulloa, el Sr. Altamirano por segunda y tercera vez, y el secretario que suscribe y después de una ligera discusión el autor del proyecto se sirvió admitir las modificaciones que le fueron propuestas, y el Art. 2º fué aprobado por unanimidad, en los términos siguientes:

Art. 2º—Para ser socio de número se requiere:

I. Que el postulado presente al "Liceo" un trabajo original sobre cualquier asunto literario, o que se haya dado a conocer por obras de importancia a juicio del "Liceo", y previo dictamen de la comisión de postulaciones.

II. Que la postulación se haga por escrito y que sea firmada por tres o más socios de igual clase, en sesión privada; pero a la que concurran cuando menos diez socios de número.

III. Que los postulantes aseguren bajo su palabra de honor contar con el consentimiento de la persona a quien postulen de pertenecer a la Sociedad.

IV. Que obtenga en su favor el voto de la mayoría de los socios presentes.

Se suspendió la discusión del Reglamento, a moción del Sr. Sosa, a fin de que el Sr. Altamirano comenzara la lectura de su "Estudio sobre la poesía épica en México".

Leyó el referido Sr. Altamirano una parte del mencionado estudio, pidiendo en seguida la palabra el Sr. Pimentel, quien después de tributar al trabajo y a su autor los elogios que justamente merecen, hizo una larga disertación sobre las formas de la poesía y con especialidad de la épica, concluyendo con que en su opinión, debía tenerse por creador de ese género en México al Sr. Díaz.

Pidió y obtuvo la palabra el Sr. Altamirano, quien a su vez disertó extensamente en apoyo de sus opiniones, haciendo eruditas reminiscencias, agregando que no estaba conforme con la división que una nueva escuela daba a la poesía y que juzgaba más filosóficas y adecuadas las doctrinas aristocráticas.

De nuevo pidió la palabra el Sr. Pimentel, para hacer notar que en su concepto había alguna omisión en el bellísimo estudio del Sr. Altamirano, con cuyo motivo, disertó de nuevo.

Volvió a pedir el Sr. Altamirano el uso de la palabra, y concedido, explicó que aún no podía formarse juicio de su trabajo, porque apenas había leído una parte: que no había incurrido en la omisión que notaba el Sr. Pimentel, pues de la materia se ocupaba en otro lugar, que así lo requería el orden que había dado a su trabajo y a ese respecto entró en muchas y variadas consideraciones que demostraron lo acucioso del trabajo que emprendió antes de escribir su estudio.

El Sr. Altamirano a nombre del socio D. Guillermo Prieto, solicitó el sexto turno para leer su obra intitulada "Romancero Nacional".

Se levantó la sesión por lo avanzado de la hora, habiendo asistido los Sres. Altamirano, Arroyo de Anda, Castillón, Gabilondo, Paz, Sánchez, Sosa, Pimentel, Ulloa y el primer secretario que suscribe, Manuel A. Romo.

Sesión celebrada el día 24 de septiembre de 1884

Presidencia del Lic. D. Ireneo Paz.

Presentes los señores socios cuyos nombres se expresan abajo, se abrió la sesión a las cinco de la tarde, y leída el acta de la anterior, quedó aprobada con algunas rectificaciones hechas por el Sr. Altamirano y acerca de las cuales informó el señor secretario Romo.

El Sr. Esteban Cházari remitió a la sociedad un ejemplar de su obra intitulada *Piscicultura en agua dulce*. Recibo y gracias.

El Sr. Manterola manifestó que, según constaba en el acta de la junta preparatoria celebrada el día 13 del mes actual, la mesa directiva del Liceo nombrada en ese día, debía solo funcionar durante la segunda quincena del propio mes, por lo cual juzgaba que se debía proceder a la elección de mesa, compuesta del mismo número de funcionarios, mientras tanto quedaba aprobado el reglamento, para que, conforme a él se hiciera entonces la elección definitiva de mesa. El Sr. Altamirano combatió la moción, haciendo presente que la discusión del reglamento, sería tal vez asunto de dos o tres sesiones más y que una vez aprobado éste, se podría hacer el nombramiento definitivo de mesa, continuando mientras la que ahora funciona. El Sr. Manterola suplió los fundamentos de moción, que fué desechada por el Liceo en votación económica.

Continuó la discusión del proyecto de reglamento, dándose lectura al Art. 3º. El Sr. Altamirano propuso algunas enmiendas para poner dicho artículo de acuerdo con los términos en que quedaron aprobados los anteriores; y después de una discusión en que tomaron parte los señores Romo, Ríos, Altamirano, Ulloa y Manterola, quedó aprobado el art. 3º, con las modificaciones propuestas por el Sr. Altamirano, y en los términos siguientes:

"Art. 3º Para ser socio correspondiente se requiere:

I. Que se presente al Liceo un trabajo original del postulado, sobre cualquier asunto literario, o que el mismo postulado se haya dado a conocer por obras de importancia a juicio del Liceo, oyéndose en todo caso, previamente, el dictamen de la comisión de postulaciones.

II. Que la postulación se haga por escrito y firmada por tres socios, de número o correspondientes, en sesión privada y con asistencia lo menos, de cinco socios de número y otros tantos correspondientes.

III. Que los postulantes aseguren, bajo su palabra de honor, haber recabado para hacer la postulación, el consentimiento del postulado, y

IV. Que éste obtenga en su favor el voto de la mayoría de los socios presentes".

Por estar avanzada la hora se suspendió la discusión del reglamento y el Sr. Altamirano manifestó que aunque él estaba en uso del primer turno, supuesto que aún no había terminado la lectura de su Estudio sobre la poesía épica en México, cedía con el mayor gusto su lugar al Sr. Ulloa, a quien correspondía el segundo turno, para que diese lectura a su drama intitulado "Abismos de la pasión", tanto porque esta pieza debe representarse próximamente en el teatro Hidalgo, y su autor quería conocer antes de su representación la opinión del Liceo, como porque el mismo señor Altamirano deseaba continuar la lectura de su Estudio en presencia del Sr.

Pimentel, que no había asistido a la sesión y que en la anterior había empeñado con él una discusión sobre el particular. El Sr. Ulloa dió las gracias al Sr. Altamirano por su deferencia; manifestó que el drama que iba a leer no sería representado sino después de algunos días, pero que el jueves próximo debía ponerse en escena en el mismo teatro otro drama suyo intitulado "El fruto de la deshonra" a beneficio de una actriz que para ese efecto se la había pedido. El señor Ulloa invitó a los señores presentes para que asistieran a esa representación, y después de un breve preámbulo comenzó la lectura de su pieza, que fué escuchada con la mayor atención por todos los presentes.

Concluída la lectura del primer acto, el señor Altamirano hizo de él un brillante y rápido examen analítico, demostrando que la exposición, que conforme a la opinión unánime de los preceptistas debe hacerse en el primer acto de las piezas dramáticas, estaba muy bien presentada en el que se acababa de leer, añadiendo algunas consideraciones acerca del lirismo en las obras dramáticas y manifestando en fin, que aunque él prefería como más ajustado a la realidad el uso de la prosa al del verso en los dramas, se congratulaba, sin embargo, de que el señor Ulloa hubiera escrito su pieza en rotundos y sonoros versos, que siempre contribuyen al goce del espectador.

Terminada la lectura del segundo acto, se entabló una pequeña plática entre algunos de los señores presentes acerca de los caracteres de los personajes y de la oportunidad con que empleó el autor bellos y felices rasgos de poesía lírica en diversas escenas de su pieza.

A las ocho de la noche terminó la lectura del tercer acto, con que concluye la pieza, y después de una breve y familiar conversación, se levantó la sesión a la que asistieron los señores Altamirano, Casasús, Castillón, Flores (M), Gabilondo, Gutiérrez Nájera, Horta, Cid del Prado, E. de los Ríos, Díaz, Ulloa y los infrascritos secretarios. Manuel A. Romo. R. Manterola.

(*El Liceo Hidalgo*, México, Octubre, 1884, No. 4, Año I, págs. 62-63).

SOCIEDAD NETZAHUALCOYOTL

Reglamento

Como cultivaba la literatura, el arte y la música, se redactó un Reglamento General, y un "Reglamento Particular del Grupo Literario" que es como sigue:

Título Primero

Art. 1º Se establece en la Sociedad Netzahualcóyotl, según el artículo del reglamento, un grupo especial con el fin de estudiar la literatura, muy particularmente literatura dramática.

Art. 2º El grupo literario se compone de socios activos y honorarios, cuyas postulaciones hechas en este círculo después de aceptadas por él, pasarán a la aprobación de la junta general.

Art. 3º Para ser socio activo en el grupo literario, se necesita ser postulado en él por tres socios y presentar alguna composición en prosa o verso que sea calificada favorablemente por una comisión que se nombre al efecto.

Art. 4º Para ser socio honorario se requiere el que la postulación sea hecha por tres individuos cuando menos, y recibiendo la correspondiente aprobación.

Art. 5º Son obligaciones de los socios activos: 1º Concurrir a las sesiones; 2º Desempeñar las comisiones o cargos que se les confieran; 3º Pagar la cuota que señale el reglamento general.

Art. 6º Son derechos de los socios activos, tener voz en las juntas, elegir a los funcionarios del grupo y poder obtener los cargos de presidente, vice-presidente, secretario, prosecretario, bibliotecario, etc.

Art. 7º Los socios honorarios no tienen más obligación que la de procurar por los medios que fueren de su agrado el progreso y adelanto del grupo; en las juntas tendrán únicamente voz.

Título Segundo

Obligaciones del Grupo Literario en General

Art. 9º Son obligaciones del grupo en general: 1º Redactar el periódico de la sociedad, admitiendo la colaboración de todos los socios sin más preferencia que la importancia de los artículos a juicio de la redacción. 2º Emitir su dictamen sobre las composiciones que les sean remitidas. 3º Organizar veladas literarias y celebrarlas con aprobación de la junta general, a la que serán presentados los programas y presupuestos respectivos. 4º Prestar sus auxilios en el servicio de las escuelas o academias que se funden.

Art. 10º Las composiciones que se remitan al grupo de literatura para que éste emita su dictamen, podrá ser enviadas en anónimo, conservando el autor copia de la contraseña particular que hubiere empleado.

Art. 11º El grupo literario, de acuerdo con el de actores, procurará el que se ponga en escena de preferencia, las obras de autores mexicanos.

Art. 12 Los socios activos u honorarios tienen obligación de remitir a la secretaría del grupo un ejemplar de las obras que publiquen, o bien de otras a fin de formar la biblioteca de la sociedad.

Art. 13º Con el fin de procurar el estímulo y adelanto en el estudio, celebrará el grupo una sesión cada quince días, proponiendo como tema de las conversaciones, asuntos de interés científico o literario.

Título Tercero

De los Funcionarios

Art. 14º Las juntas ordinarias podrán celebrarse con cinco individuos. Para las sesiones extraordinarias bastará el mismo quórum, siempre que con oportunidad se hubiere hecho la citación respectiva.

Art. 15º El grupo literario será regido por un presidente, un vice-presidente, un secretario, un pro-secretario y las comisiones que fuere preciso nombrar para el desempeño de los trabajos.

Art. 16º Son obligaciones del presidente, presidir y citar las juntas, nombrar las comisiones, firmar los acuerdos, informar a la junta general sobre los trabajos del grupo y velar por el cumplimiento de los reglamentos y disposiciones respectivas.

Es obligación del secretario, llevar la correspondencia, levantar las actas de las sesiones, cuidar de la publicación de los documentos relativos, y tener en el mayor orden el libro de inscripciones y demás documentos de la secretaría.

Art. 17º El vice-presidente tiene las mismas obligaciones que el presidente en su ausencia, y en igual caso el prosecretario, las mismas que el secretario.

Art. 18º En las discusiones se seguirá la práctica parlamentaria.

Aprobado por el grupo en sesión del 19 de octubre de 1875.

Manuel Cervantes, presidente; T. Agustín Alva, secretario interino.

Aprobado por la junta general en sesión del 20 de octubre de 1875.

José María Rodríguez y Cos, presidente; M. Llera, secretario.

(*Reglamento General de la Sociedad Netzahualcóyotl*, Imprenta del Comercio, 1875).

ESTATUTOS DE LA ACADEMIA DE CIENCIAS Y LITERATURA

Del objeto y organización de la Academia

Art. 1º La Academia nacional de ciencias y literatura tiene por objeto:

I. Fomentar el cultivo y adelantamiento de estos ramos.

II. Servir de cuerpo facultativo de consulta para el Gobierno.

III. Reunir objetos científicos y literarios, principalmente los del país, para formar colecciones nacionales.

IV. Establecer concursos y adjudicar los premios corresponsales.

V. Establecer publicaciones periódicas útiles a las ciencias, artes y literatura, y hacer publicaciones aunque no sean periódicas, de obras interesantes, principalmente nacionales.

Art. 2º La Academia se dividirá en las cuatro secciones siguientes:

I. De ciencias matemático-físicas y físico-químicas.

II. De ciencias biológicas.

III. De ciencias sociales y morales.

IV. De literatura.

Art. 3º Todos los socios de la Academia deberán pertenecer a una o más de cuatro secciones anteriores.

Art. 4º La Academia publicará anualmente reunidos en uno o más volúmenes y con el título "Anales de la Academia de Ciencias y Literatura de México" los escritos científicos o literarios de sus socios, eligiendo libremente los que fueren dignos de publicación, y poniendo al frente o pie de cada uno de ellos el nombre del autor.

Art. 5º Cada autor es personalmente responsable de sus escritos.

La Academia al acordar la impresión de su obra no hace suyas las doctrinas u opiniones que emita.

Art. 6º La Academia abrirá concursos anuales ofreciendo un premio pecuniario al que presente el mejor trabajo didascálico sobre las cuestiones científicas, asuntos literarios u obras que ella designe.

Art. 7º La Academia otorgará los premios únicamente al buen desempeño y mérito absoluto de las obras, y nunca al que tengan respecto de otras con que compitan.

Art. 8º La Academia puede mandar ejecutar en el territorio de la República las exploraciones y trabajos científicos que juzgue útiles para el país o para el adelanto de las ciencias.

De los Académicos

Art. 9º Los académicos serán de número, supernumerarios y honorarios. Los primeros y segundos no podrán exceder de cincuenta para cada clase. El número de los honorarios podrá llegar hasta cien.

Art. 10º En los nombramientos de socios de número y supernumerarios que haga la Academia, se tendrá presente, que dos terceras de ellos a lo menos, deben residir en la capital de la República.

Art. 11º Las tres clases de socios tienen derecho a asistir a las sesiones de la Academia y voz en ella, pero sólo los primeros tendrán voto.

Art. 12º Los académicos de cualquiera de las tres clases, serán postulados a lo menos por tres de número o supernumerarios, y para su admisión se requieren las tres cuartas partes de los votos presentes.

Art. 13º Para ser socio de número, supernumerario u honorario, se necesita haberse distinguido por la publicación o ejercicio de algún trabajo científico o literario de notorio mérito o utilidad, o haberse distinguido como profesor de un ramo científico o literario en la enseñanza pública.

Art. 14º La Sociedad de Geografía y Estadística tiene derecho a nombrar de su seno seis socios que la representen en la Academia con el carácter de socios de número.

Art. 15º Al ingresar un nuevo socio, designará la sección a que desea pertenecer.

Art. 16º Los socios supernumerarios llenarán las vacantes de los socios de número; pero toca a la Academia la designación de la persona.

Art. 17º Se considera voluntariamente separado del seno de la Academia, y se procederá desde luego a llenar su vacante, al académico que sin causa justificada y durante el término de seis meses no ocurra a las sesiones.

De los Funcionarios de la Academia

Art. 18º Es presidente nato de la Academia, el C. Ministro de Justicia e Instrucción Pública.

Art. 19º Es vicepresidente, el académico de número que anualmente nombre la Academia.

Art. 20º El Presidente o Vicepresidente en su caso, es el representante de la Academia. En vitrud de estas calidades convoca y preside las juntas generales y las de la junta administrativa, designa el asunto de los debates y los dirige; cuida que los funcionarios y empleados llenen las obligaciones que les imponen la ley, los estatutos, reglamentos y acuerdos de la Academia; expide las órdenes de pagos; y autoriza los gastos extraordinarios que no excedan de 25 pesos; nombra las comisiones que tengan relación con los intereses generales de la Academia; autoriza los diplomas; y lleva la correspondencia con los altos funcionarios y con los Directores de las sociedades literarias o científicas.

Art. 21º Habrá cuatro secretarios que nombrará la Academia de manera que resulte electo uno por cada sección de las cuatro de que habla el Art. 2º, quienes se turnarán para redactar las actas y llevar la correspondencia; durando cada turno el período de tres meses.

Art. 22º Los Secretarios, como jefes inmediatos de la secretaría, despacharán la correspondencia de la Academia, firmando la no reservada al Presidente; redactarán los acuerdos y las actas de las sesiones de la Academia y de la junta administrativa; llevarán las notas de asistencia de los académicos y empleados; autorizarán los diplomas y certificados que manden expedir la Academia o el Presidente; desempeñarán las obligaciones que les impongan la ley, estatutos, reglamentos y acuerdos; y cuidarán que se conserve el mejor orden en el arreglo de los papeles, distribución de las labores y buen servicio de los empleados.

Art. 23º Anualmente nombrará la Academia uno de los referidos secretarios y dejará de serlo el más antiguo.

Art. 24º Habrá un tesorero de elección anual.

Art. 25º El Presidente y Vicepresidente, los Secretarios y dos vocales más, nombrados por la Academia, formarán una junta administrativa para todos los asuntos de la corporación que no sean los que estos estatutos señalan expresamente como de la competencia de la Academia, así como los que ella considere bastante graves para resolverlos por sí misma y los que sean puramente científicos o literarios.

Art. 26º Cada sección tendrá un Presidente y Vicepresidente que presidirán sus reuniones particulares, ordenarán los trabajos respectivos, y serán el órgano legal de comunicación de cada una de ellas para la Academia.

Art. 27º Es atribución de la Academia nombrar los funcionarios anteriores.

Art. 28º El cargo de Presidente y Vicepresidente de las secciones será permanente.

Art. 29º En caso de que falten uno y otro, la sección en lo económico, decidirá quién debe presidirla.

Art. 30º La Academia tendrá los empleados que se designe en el presupuesto anual. Uno de estos empleados será el bibliotecario y archivero.

Art. 31º Uno de los señores académicos será nombrado inspector de la biblioteca y archivo.

Art. 32º La renovación de oficios se hará en la sesión siguiente a la distribución de premios de que habla el Art. 48º del reglamento de 9 de noviembre de 1869.

De las Sesiones

Art. 33º La Academia celebrará dos sesiones ordinarias cada mes, que tendrán lugar los días 1º y 15 o los siguientes, si aquellos fueren festivos.

Art. 34º Bastará la concurrencia de nueve académicos de número y supernumerarios, para la lectura y aprobación del acta, dar cuenta con la correspondencia, dar trámite en los negocios; mas para todo nombramiento y para resolver sobre negocios graves se necesita de veintiuno.

Art. 35º Podrá haber sesiones extraordinarias cuando las señale la mesa o las pidan tres académicos.

Art. 36º Todas las sesiones científicas y literarias serán públicas: las económicas serán extraordinarias; y éstas se verificarán cuando lo acuerde el Presidente, la junta administrativa o la Academia a petición de tres de sus socios de número.

Art. 37º En cada sesión ordinaria, uno de los señores académicos de número o supernumerario, por riguroso turno alfabético, leerá o enviará algún trabajo científico o literario sobre la materia que él mismo elija.

Art. 38º La secretaría tiene el deber de llevar el turno de las lecturas anteriores, avisando con dos meses de anticipación al académico a quien corresponda.

De las Discusiones y Votaciones

Art. 39º La Academia en sus deliberaciones, observará las prácticas de los cuerpos parlamentarios.

Art. 40º Las votaciones serán económicas o nominales y siempre públicas.

Art. 41º Serán nominales en la elección de funcionarios; tratándose de la admisión de socios postulados; en la calificación de los trabajos científicos o literarios; en la adjudicación del premio; en los concursos; y en los demás asuntos graves que señale la mesa o en alguna de la que pidan tres de los académicos. En todas las demás serán económicas.

Art. 42º Todas las resoluciones, exceptuando las de que habla el Art. 12, se tomarán en consideración conformándose en la mayoría absoluta de los votos presentes. En caso de segundo empate se reservará el asunto para votarse en la próxima sesión.

De los Fondos y Propiedades de la Academia

Art. 43º Son fondos de la Academia:
1º La cantidad que señale anualmente el presupuesto federal.
2º El producto de sus publicaciones.

3º Las donaciones que se le hagan por sus socios o por cualquiera otra persona o corporación.

Art. 44º Son propiedades de la Academia:

1º Su biblioteca, muebles y demás útiles de su uso.

2º Todos los objetos que adquiera por cualquier título legal.

Art. 45º La Academia aplicará sus fondos únicamente a los trabajos referentes a su objeto e institución.

Disposiciones Generales

Art. 46º La Academia se pondrá en relación con las corporaciones científicas o literarias, nacionales o extranjeras.

Art. 47º Las relaciones de la Academia en el Gobierno general tendrán lugar por conducto del Ministro de Instrucción Pública.

Art. 48º Estos Estatutos pueden ser adicionados o reformados por la Academia, siempre que en la sesión en que se reformen o adicionen, estén presente a lo menos, la tercera parte de los socios residentes en la capital.

(*Estatutos de la Academia de Ciencias y Literatura*, México, Imprenta del gobierno, 1871).

REGLAMENTO DE LA SOCIEDAD MEXICANA "LA CONCORDIA"

Art. 1º "La Concordia" es una asociación cuyos miembros se proponen el doble objeto de estudiar la bella literatura y de procurar su adelanto en la República.

Art. 2º Dichos miembros se dividen en activos, honorarios y corresponsales, y cada una de esas cualidades se obtiene de la manera que indican las fracciones siguientes:

I. Para ser socio activo, se requiere que uno o más de los que ya lo sean, presenten a la Sociedad una composición que revele alguna aptitud para la literatura en el autor, y postulen a éste sin mencionar su nombre, sino después de declarada la votación en sentido favorable al postulado; esa votación será nominal, se recogerá en la sesión inmediata a aquella en que por primera vez se leyó la composición, y se decidirá por mayoría absoluta.

II. Para ser socio honorario se necesita ser propuesto por tres o más socios en una sesión, y admitido en la siguiente por los dos tercios de los que asistan a ella, en escrutinio secreto. En esta categoría, son admisibles las personas del bello sexo.

III. Para ser socio corresponsal, se requiere ser postulado por uno o más miembros, y que en postulación sea aprobada por la mayoría de los presentes.

Art. 3º Las atribuciones de los socios, son las que a continuación se expresan:

I. Corresponde a los activos: 1º asistir a las sesiones y desempeñar los cargos y comisiones que se le confieran. 2º contribuir con 50 cs. al recibir su diploma, y con una cuota voluntaria cada mes. 3º entregar una o más obras para la Biblioteca de la Sociedad. 4º dar aviso al seperarse temporalmente de la asociación. 5º tener voz y voto activo y pasivo. 6º observar este reglamento, perdiendo la calidad de socio si hay falta de cumplimiento respecto de lo contenido en esta fracción del presente artículo, cuya falta se tendrá por cometida en lo relativo a la asistencia, siempre que durante tres meses no se haya concurrido a las sesiones ni dado el correspondiente aviso, y en lo relativo a pagos, siempre que en igual período no se hayan entregado a la tesorería las respectivas cuotas. 7º devolver el diploma al dejar de pertenecer a "La Concordia".

II. Corresponde a los honorarios, cooperar voluntariamente con sus luces al progreso de la Sociedad, y tener voz únicamente cuando concurren a las sesiones.

III. Es atribución de los corresponsales, procurar el establecimiento de asociaciones que secunden los trabajos de ésta; tener voz en las sesiones que asistan y reunir los datos o informes que se les pidiesen.

Art. 4º La junta directiva se forma de un presidente, un vicepresidente, dos secretarios, un tesorero y un bibliotecario que serán nombrados cada tres meses por mayoría absoluta de votos en escrutinio secreto, y que tendrán las obligaciones que en seguida se expresan:

I. Son deberes del presidente, y en su defecto del vice: presidir las sesiones, citar a extraordinarias cuando sea preciso verificarlas, hacer observar el reglamento, nombrar las comisiones necesarias, firmar los diplomas y nombramientos, leer un discurso dando cuenta de sus trabajos al terminar en el ejercicio de su cargo, señalar puntos de discusiones literarias, y nombrar por orden alfabético los oradores que estime convenientes para que en la sesión inmediata lean algunas de sus composiciones, estas últimas serán pasadas por el mismo funcionario a otros socios para que en el término de un mes critiquen verbalmente o por escrito, cuyas críticas serán objeto de discusión. En los casos de empate, tiene voto de calidad, el que preside la sesión que es a falta de presidente y vice, el socio más antiguo.

II. Los secretarios están obligados a levantar actas de las sesiones, haciéndolas públicas después de aprobadas, a llevar un libro donde consten los nombres y domicilios de los socios con expresión de la fecha en que fueron admitidos en la sociedad, a extender y firmar los documentos de la misma y a presentar cada mes una lista de las faltas de asistencia de los socios activos. Para el desempeño de esos trabajos se turnarán semanariamente y sus faltas accidentales las suple el socio más joven.

III. El tesorero debe recaudar las cuotas de los socios activos, distribuir los fondos de la manera que la Sociedad acuerde, y presentar un corte de caja mensual manifestando además el nombre de los socios que no hubieren cubierto sus cuotizaciones.

IV. Queda a cargo del bibliotecario, cuidar de todo lo relativo a la biblioteca y formar un índice de ella que presentará al concluir su período, expresando el nombre de los socios que no hayan cumplido a este respecto con el artículo 3º.

Art. 5º Todo documento que deba ser discutido, se leerá en una sesión y en la inmediata y siguientes se sujetará a discusión, y siempre que una de éstas suscite, sólo podrán hablar en el curso de una misma sesión y sobre igual asunto, cuatro socios en pro y cuatro en contra, y por tres veces cada una. Para defensa de trámites o aumento en el número de los que deben tomar parte en el debate o de las veces que estos pueden hablar, se requiere la aquiescencia de los dos tercios de los socios presentes.

Art. 6º Las sesiones privadas ordinarias se verificarán una vez a la semana, bastando en todo caso para que haya número de asistencia, de siete, y las públicas se dedicarán a honrar la memoria de algún ilustre literato, prefiriendo a los mexicanos, y sólo se efectuarán cuando se cuente con todos los elementos necesarios para ello, quedando su arreglo a cargo de la Junta Directiva. El 20 de enero de cada año se celebrará en sesión solemne el aniversario de "La Concordia", y para el mejor lucimiento de la festividad, se suplicará a tres socios honorarios designados por mayoría de votos, que se sirvan escoger todas las composiciones que gusten los socios sujetar a su examen, tres que deberán ser leídas en aquella sesión, y a cuyos autores se entregarán en ese acto diplomas honoríficos de 1ª, 2ª y 3ª clase respectivamente.

Art. 7º Son nulas todas las disposiciones reglamentarias anteriores a las presentes, y para reformar éstas, se necesita una proposición firmada por tres o más socios activos; un dictamen de los dos tercios de los socios que asistan a la sesión a que previamente se haya convocado por la prensa, expresando que su objeto es derogar o reformar el reglamento.

Transitorio

Art. 8º Se nulifican los diplomas de socios activos expedidos con anterioridad a este reglamento y se concede el término de tres meses para que pidan se les estiendan otros nuevos los que posean aquellos, perdiendo su calidad de socio el que durante el plazo fijado no lo verificase así. México, abril 1º de 1874. Alberto G. Bianchi, presidente. Eduardo E. Zárate, vicepresidente. J. Rafael Alvarez, secretario. Antonio Coellar y Argomaniz, secretario.

(*El Monitor Republicano*, 25 de abril de 1874).

REGLAMENTO DE LA SOCIEDAD DE ESCRITORES DRAMATICOS
(M. E. Gorostiza)

Art. 1º—Se establece una asociación con el nombre de "Sociedad de Escritores Dramáticos, M. E. Gorostiza", que tendrá por objeto el cultivo de la literatura dramática y cuanto pueda influir en su progreso en México.

Art. 2º—Los socios que la formen serán residentes, corresponsales u honorarios. Los primeros tienen el deber de asistir a las sesiones y aceptar y desempeñar las comisiones que se les encomienden.

Art. 3º—Para que sea admitido un escritor dramático en la Sociedad, se necesita:

> A.—Para ser residente o corresponsal: ser postulado por dos socios y haber escrito una pieza para el teatro, la que deberá ser presentada a la Sociedad.
>
> B.—Para ser honorario, tener una reputación adquirida en los teatros nacionales o extranjeros, ser postulado por cinco socios residentes y ser aprobado por la Sociedad, previa presentación de un dictamen de la comisión que al efecto nombrará el presidente.
>
> C.—Sujetarse, los primeros a las condiciones de este Reglamento y a las disposiciones que crea conveniente establecer la Sociedad conforme a los casos que ocurran.

Art. 4º—Se nombrarán un Presidente, un vice-presidente, un secretario, un prosecretario y un bibliotecario, que durarán en su cargo un año, comenzando éste a contar desde la fecha de la instalación de la Sociedad.

Art. 5º—*Son obligaciones del Presidente*:

> A.—Convocar a la sociedad siempre que lo crea necesario para tratar de asuntos urgentes, y presidir las sesiones que tendrán lugar los martes de cada semana o los días que él señale, en vista de las circunstancias.
>
> B.—Firmar los diplomas y demás documentos que deban hacer fe.
>
> C.—Nombrar las comisiones que deban desempeñar los encargos que importen al buen nombre de la Sociedad o al interés de alguno de sus socios en los asuntos dramáticos.

Art. 6º—*Son obligaciones del secretario*:

A.—Formar las actas de las sesiones, y autorizarlas para su publicación en los periódicos.

B.—Autorizar los diplomas en unión del Presidente, así como todos los documentos que éste le encargase y que no necesiten ir firmados por ambos funcionarios.

C.—Recibir las piezas dramáticas que le entreguen los autores, los dictámenes de las comisiones y papeles relativos y dar con ellos cuenta a la Sociedad en sesión ordinaria o al presidente en casos de urgencia.

Art. 7º—Las piezas dramáticas que los autores o traductores, ya sean socios o no, sometieren voluntariamente a la Sociedad, se leerán en sesión ordinaria y se pasarán después a una comisión que presentará dictamen sobre ellas, tomando al efecto el tiempo que crea necesario no excediendo de quince días; y previa la aprobación respectiva, el mismo presidente nombrará otra comisión para procurar la representación de ellas.

Art. 8º—Las piezas podrán presentarse anónimas o con el nombre del autor, dejando a éste toda libertad en la materia.

Art. 9º—La Sociedad procurará por cuantos medios estén a su alcance y obrando conforme lo exijan las circunstancias de cada caso, allanar las dificultades que ocurran para la representación de las piezas, así como que el autor obtenga de ellas la utilidad que de derecho le corresponda con entero arreglo a las prácticas establecidas en los pueblos civilizados o a los convenios particulares.

Art. 10º—La Sociedad iniciará por la prensa o de otro modo, el pensamiento de la celebración de un tratado internacional de propiedad literaria con España y otras naciones amigas.

Art. 11º—La Sociedad podrá expulsar de su seno al miembro o miembros que falten a las prevenciones de este reglamento o que por cualquier otro motivo se hagan indignos de pertenecer a ella.

México, Diciembre 7 de 1875.— Ignacio M. Altamirano. R. Manterola.— José Rojas Moreno. Aprobado por la Sociedad el 7 de diciembre de 1875. J. M. Vigil, presidente.— José Monroy, secretario.

VELADA LITERARIA EN HONOR DE IGNACIO M. ALTAMIRANO
(5 de Agosto de 1889)

Deseando los miembros que forman el *Liceo Mexicano* hacer una pública y sincera manifestación de gratitud al Sr. Lic. D. Ignacio M. Altamirano, acordaron celebrar en su honor una *Velada Literaria,* que se verificó en el salón de sesiones de la *Sociedad Mexicana de Geografía y Estadística,* la noche del 5 de agosto del presente año 1889.

Presidió dicha *Velada* el Sr. D. Enrique Fernández Granados, asistieron, además del Sr. Altamirano y de una selecta e ilustrada concurrencia, los socios fundadores D. Angel de Campo, D. Ezequiel A. Chávez y D. Luis González Obregón; los socios activos D. José María Bustillos, D. Francisco Chiapa, D. Balbino Dávalos, D. Fernando L. Echegaray, D. Antonio de la Peña y Reyes, D. José P. Rivera, D. Emilio Rodríguez, D. Enrique Santibáñez, D. Gregorio Torres y D. Luis G. Urbina; y los socios honorarios Doña Laura Méndez de Cuenca, D. Juan de Dios Peza, D. Agustín Arroyo de Anda, D. Joaquín D. Casasús, D. Pablo González Montes, D. Ramón Manterola, D. Luis G. Ortiz, D. Porfirio Parra, D. Rafael Angel de la Peña, D. Luis G. Rubín, D. Francisco Sosa, D. Eduardo del Valle y D. Juan de Dios Villalón.

Hoy publicamos coleccionadas las composiciones leídas en la Velada, y nos abstenemos de hablar de su mérito, pues ya han sido juzgadas por los más caracterizados periódicos.

Hemos tomado empeño en reunir estos discursos y poesías, porque esta colección será una prueba de la estimación y respeto que profesan al maestro sus amigos, discípulos y admiradores.

DISCURSO
del socio fundador Angel de Campo

Señores:

No sé que extraño temor se apodera de mí, al escalar por primera vez esta tribuna en la que aún palpitan los acentos de toda una generación literaria, y al sentir fija sobre mí la mirada de un público que ha aplaudido en otros tiempos a tantos gladiadores de la palabra. Enmudecería víctima del miedo, si no fuera la gratitud mi numen y la sinceridad mi consigna.

Bien sé que las flores que arroje a las plantas del genio, serán pálidas; pobre mi poesía para el que ha encerrado en sus estrofas todas las claridades del crepúsculo, todos los matices del campo que florea, y todos los cantos de la onda rumorosa del límpido Atoyac; débil mi frase para el tribuno a quien han estremecido los arrebatos del entusiasmo popular, ardiente y grande; pero sé también que no hay mayor elocuencia que la encerrada en una frase que brota de lo más íntimo, donde se condensan los recuerdos, los afectos, las aspiraciones de una alma juvenil y franca.

Por eso me atrevo a profanar este sitio, levantando mi voz, confesando mi impotencia, y salvando por un escudo invencible: el de vuestro justo criterio. Tachad, si queréis, la torpeza de mi frase; no temo. Enmudecer pensando en la crítica, es de cobardes; pero callar cuando la gratitud ordena hablar, es de indignos. Yo, a la vergüenza, prefiero la derrota.

Señores: La amistad sincera, dijo Latena, se nutre de recuerdos; la interesada, de esperanzas. Cuando va a perderse a un ser querido, las memorias, como evocadas por un conjuro, acuden ante la vista: olas perdidas, traen, o la flor del triunfo, o los restos del naufragio. La tristeza es la sombra donde se destacan con más brillos los cuadros del ayer... Por eso hoy volvemos la vista al sendero que el Maestro atravesó, a su vida de constante lucha, en la que junto a la alabanza está el insulto, y junto al odio de sus enemigos la grandeza de sus victorias. Hoy el *Liceo* palpita al hacer esa evocación; va a perderlo; ha sido su amigo largos años, y viene a hacer la pública protesta de su agradecimiento.

La historia del *Liceo*, es la historia de todas las sociedades literarias en México, en las que el Maestro se ha destacado siempre como un protector y como un guía.

Oscuros estudiantes que soñaban con un Abril rico en colores, inspirados en los acentos de la Ciencia, poseídos de esa fiebre del ideal que brota del labio, trasformada en versos... sin más guía que la del corazón... escribiendo sin más objeto, que el de oír la opinión de un amigo, sin más esperanza que la de ver algún día impreso lo que se escribió quizás con lágrimas en los ojos y estremecimientos en la pluma!

Así éramos nosotros... predestinados a confundirnos con la multitud de jóvenes que escriben, de jóvenes que sueñan, de jóvenes que esperan... Flores dispersas, que en desierto campo son arrastradas, unas por el desaliento, otras por el olvido!

Esa es la vida de ese joven bohemio, el poeta... Su fama está a merced del humor de un gacetillero analfabético; sus enemigos son sus mismos compañeros; y cuando llaman a la puerta de los que ciñen los laureles... nadie responde... están ellos tan bajos!... está tan alta la gloria!... el genio del soñador, del poeta, del que siente en el alma los ardores del astro, su ayer vivaz, como un suicida moral, espira en las columnas del periódico, caricatura del libro, o vende sus más bellas horas de poesía, su afán y su ternura, todo el idilio juvenil por un mendrugo!

¡Cuánta abnegación encierra el alma del vencedor en mil combates, aturdido por el triunfo y el aplauso, deslumbrado por la gloria, agobiado por el peso de mil coronas, cansado de la lucha! ¡Cuánta abnegación para desoír la voz del egoísmo, descender del pedestal y guiar con mano cariñosa y fuerte por ese difícil sendero que conduce a la cumbre, arrancar de él los abrojos, mostrar los radiosos horizontes donde la mañana flamea, y evitar el peligro que acecha escondido en la sombra! ¡Cuánta abnegación para defender al indefenso con las mismas armas que le han herido...! Esa ha sido para la juventud la obra del Maestro, con la única esperanza de conquistar la fama para los que ayer vivían oscuros e ignorados, y sin más recompensa que la que le pueden dar los que sólo poseen un caudal de ensueños. ¡Bien poco!

Nunca lo olvidará el *Liceo*. Se acercó a él cuando la lucha había pasado, cuando el olvido empañaba la memoria de los que ayer lo aclamaran; cuando su voz no hacía estallar la tribuna del pueblo; cuando sus amigos en el triunfo iban alejándose. —¡Feliz frase la de Sandeau!— "¡los amigos son como las piedras de un muro; la primera que cae arrastra a las demás!". Llamamos a su puerta, cuando aún sentía profundas ansiedades al pensar en la Patria, cuando aún fulminaba anatemas contra el retroceso, y gritaba a la nueva generación: ¡Adelante! con su palabra y con su ejemplo. Lo encontramos solo, abatido, como el veterano cubierto de heridas, que a la vista de su espada ve surgir del gris horizonte su historia de combates...

Así el Maestro recordaba sus horas de pelea, sus anhelos juveniles que alentó adormecido por los besos tropicales del Sur querido; presdestinado a morir, como sus hermanos, en la abyección, encorbado bajo la ruda carga, azotado por el látigo que la culta sociedad esgrime contra toda una raza cuyo sólo crimen fué enriquecer bandidos; palpitando de entusiasmo, cuando un pobre maestro de escuela lo declaraba niño de *razón*... inmasculado y grande, recibiendo a pecho descubierto e impasible, todos los insultos inspirados por el odio... los insultos a la raza, al credo, a toda su existencia política!

Estas páginas de la historia de la vida, que se escriben con sangre y con lágrimas; esas páginas en cuyas líneas palpita el pesar; esas páginas negras, son las únicas credenciales de la gloria. La lucha, dijo Robert Peel, es la condición del triunfo; nuestro enemigo es nuestro auxiliar... Y el Maestro luchó hasta vencer... y hasta vencer a la envidia, en cuyo fondo negro radia más el astro del mérito. ¡La envidia! ¿Qué importa la ola mugidora y sombría, si hace ver más blanca la pureza de la espuma de plata? ¿Qué el crespón de la borrasca si en él brilla más la flor luminosa de la estrella? ¡La envidia! Mientras mayor es el coloso herido por la luz del astro, mayor es la sombra que proyecta tras sí y que lo denuncia... esa sombra es la envidia!

Todo lo evocaba el Maestro escondido en el tibio misterio de su hogar; esa bendita playa, única donde se vuelven mansas y acariciadoras las olas que impele la tormenta; donde el fulgor de incendio se torna en luz tranquila de alborada, y el acento iracundo se modula para murmurar cuanto es consolación, cuanto es ternura! Ahí hallamos al Maestro, haciendo la dolorosa exhumación de sus recuerdos... Encontramos a Cincinato en el retiro, no a César en el solio.

Brotaba de sus labios una alabanza de admiración y de respeto para el Sr. Rovalo, su noble, su desinteresado Mecenas, y para el gran Ramírez... ese incomprensible conjunto de bondad y de ironía... ese apóstol de las nuevas ideas, que mostró al porvenir el recto camino que conduce a la felicidad de la Patria... el padre moral del Maestro, y el Maestro de todas las generaciones literarias que existan en México.

El Maestro se acercó a nosotros; no tuvo sino frases para alentarnos; nos enseñó con el práctico ejemplo; jamás su crítica fué acerba. No eran sus acentos los del profesor que aturde con inútiles reglas; su lección era la plática familiar, sencilla, saturada del clásico perfume, matizada con los tintes del más bello estilo, lujosa en pensamientos siempre elegantes, siempre nuevos!

Buzo infatigable, mostró a nuestros ávidos ojos cuantas riquezas esconde la inmensidad de la literatura universal; nos hizo beber la belleza en las fuentes puras, en Homero nos hizo sentir el néctar perfumado de la flor helénica; en el clasicismo puro y severo, hermoso como la Venus casta, esa encarnación de todos los ideales de la Grecia... Siempre tenía perlas para el discípulo; nada ocultó, ni el idilio, ni la elegía, ni los rasgos de buen humor del festivo Anacreonte, ni la grave tragedia de Racine, ni la profunda sátira de Molière, ni la disección del alma humana que tembló bajo la pluma de Shakespeare y de Goethe. Era un amigo el que nos hablaba; se rejuvenecía rodeado de sus discípulos; para cada frase tenía otra frase feliz; para cada verso una idea; para cada libro un justo juicio... Lo escuchábamos con esa ansiedad del que oye a Ulises antes de entregar su barca a merced de un océano lleno de escollos y de perlas. ¿Qué le importaba a él la suerte de una generación que nacía, cuando ya había conquistado el título de genio? El ha sido el único que ha sabido comprenderla; él el único que ha compartido con ella las alegrías y los pesares, le van dando al infortunado, aplaudiendo al feliz, sin interés y sin envidia.

No hay página de su existencia práctica donde no sea Maestro, no sólo en literatura; en patriotismo y honradez lo proclaman las titánicas luchas de la Reforma... Preguntad a los serviles si no se estremecen todavía al recordar a aquel vidente de encrespada melena, de incandescente pupila, de airado rostro, que fulminaba contra la turba la amenaza y la ironía, que los hacía estremecer con su palabra de elocuencia irresistible; preguntadle a la multitud por qué lo arrebató entre sus brazos y a quién aclamó como un nuevo Danton; que os digan los vencidos si no posee glorias como soldado!

Su fortuna de ayer fué grande: ocupó altos puestos, estuvo como tantos opulentos de hoy, ante aquel erario donde el oro rebosaba, donde el extranjero y el que no lo era se saciaron de riqueza: no lo sedujo la tentación... Su pobreza de hoy, viviendo del magisterio, su tranquilidad de hombre probó, esa es la más bella página, su página de hombre digno; señores, el Maestro no tiene casa propia!

Fué poeta, y encerró en el romance de dulce rima los ardores de la siesta tropical, el susurro de las abejas, la palidez de la alborada, el llorar de la onda entre los mangles, rizada por la brisa y los tumbos del mar embravecido... Poesía, crítica, novela; nada le ha sido desconocido. Aún no responden sus contrarios a las duras preguntas que les hace cuando vindica nuestra historia, cuando abate de un golpe la leyenda, y desnuda la amarga pero justa verdad...

Ha sonado la hora de su descanso; justo es el Gobierno que así premia a los hombres que honran a su patria, realizando su ideal, ese ideal de todo hombre pensador... visitar a la Europa, la Meca de la religión del progreso, el cráter de genios, el bosque de eterna primavera, donde brotan las más bellas flores del pensamiento humano... Y aun allá no descansará... Infatigable en bien del progreso humano, recuerda que el libro será la única luz que pueda disipar la ignorancia de los millones de estultos que esperan en nuestra patria el "levántate", que los haga surgir de la sombra. Y el Maestro va a escribir libros.

El no será como muchos literatos, que lejos de su patria se olvidan de que existe; a semejanza de Juan Peza, va a mostrar quiénes son aquí los que piensan y cuáles son sus frutos; a demostrar que su ideal ha sido la literatura nacional, y que siguiendo las huellas de Fernández de Lizardi, ha querido que suene un nuevo grito de Dolores, no para los esclavos, sino para las ideas. ¡Siempre Maestro!

¡Maestro, adiós! No es nuestra despedida la del discípulo que al terminar el año desea felicidades al preceptor, y que después lo ve como a un extraño; no, Maestro; en cada aspiración, en cada lucha; ya en la victoria, ya en la derrota, vendrá como un consuelo a nosotros la memoria querida del que nos ha guiado. Arrojasteis los gérmenes en el terruño; ¿será estéril? ¡Ojalá que a la vuelta pueda ofreceros corolas inmaculadas que flameen heridas por la luz! Si en el surco muere la espiga, no será culpa del sembrado sino del cierzo. Os guardaremos un premio: la conquista del primer aplauso.

Aquí, en este recinto, en nuestras sesiones, flotará el eco de vuestra voz que nos alentaba... Ese sillón vacío será para nosotros un emblema; lo ocupó el ausente. Y esta idea nos dará fuerzas para las nuevas luchas que emprendamos solos...

¿Volveremos a vernos...? ¿El astro irá a morir allá... lejos... en el horizonte gris de otras tierras, tras la calma del mar inmenso...? ¿Pero para qué evocar la imagen triste cuando sonríe el futuro rico en promesas?

Nada es la distancia para nosotros; pequeña es la inmensidad del Océano; lo atravesará nuestra gratitud en las poderosas alas del recuerdo.

A IGNACIO M. ALTAMIRANO

¡Silencio! que mi voz suena
como en la llanura el eco
de la apartada montaña
que toca aislada en los cielos.
¡Silencio! que el sacerdocio
de las lágrimas y el duelo,
me lo dieron hondas penas
y a luengos años lo debo.
¡Silencio! porque a mi espalda
y cual regio manto, ostento
las memorias de los héroes,
la majestad de los muertos
que en las glorias de la patria
brillan como firmamento.

En este canto de marcha,
en este homenaje excelso
en que impera la ternura,
que ilumina el sentimiento,
¿mi frialdad no fuera indigna
o deserción mi silencio?

¡Ausencia! ¡eclipse de vida!
¡ausencia ficción de sueño!
¡ausencia! que de la muerte
eres ensayo y recuerdo,
miramos entre tus sombras
indecisos discurriendo
si el llanto nos sobrecoge
o al apoteosis cedemos.

¿Partes, Ignacio? ¿Te alejas
del verjel de tus afectos,
do se agotarán sus flores
como con la ala de hielo?
Si los hados inclementes
hijos no te concedieron,
fué para darte familia

de indigentes y de huérfanos.
Tu madre fué la miseria,
tu dios adorado el pueblo,
el jacal del indio rudo
resguardó tu primer sueño;
pero bautizó tu frente
sol poderoso de fuego,
y tus sollozos se ahogaban
con el retumbar del trueno
cuando acarició tus sienes
la aura blanda del Progreso;
cuando brotó del salvaje
puro y brillante el ingenio,
como una flor purpurina
entre las rocas del cerro.
Entonces le dió el asombro
laureles a tu talento;
pero aquellos que te amamos
fué por patriota y por bueno!
El indio te llamó hermano;
el joven, luz y maestro;
la patria, su honra y su orgullo;
las letras, gloria y modelo.
Entonces al indio salvaje
enamoró el arte griego,
y en tus labios resonaron
de Cicerón los acentos.
Entonces pidió a las Gracias
sus divinos embelesos,
y como canoras aves
Cantaron tus dulces versos.
O si ardiente palpitaba
sobre de su lira el estro,
bebiendo hiel en la copa
que apuraron sus abuelos,
recogió de entre las ruinas
de sus aciagos recuerdos
de Ilhuicamina el arrojo,
de Cuauhtémoc el aliento,
para fustigar tiranos,
para ensalzar a plebeyos,
para combatir la fuerza,
para humillar al Imperio,
para ascender a ese Olimpo
nítido, inmortal, supremo,
en que imperan vencedores
la Libertad y el Derecho.

   Parte, Ignacio, y cual blasones
presántale al Mundo Viejo

como prosapia tu pluma
y como estirpe tus hechos.
Parte, y desmiente a los siglos
de vergüenza y retroceso
que le negaron al indio
los dones del pensamiento.

Parte, y como entre los brazos
de una madre, ve contento
en el seno de la nave
que feliz te lleve al puerto.

Parte, y en esas naciones
de grandiosos monumentos,
de prodigios de la ciencia,
de maravillas del genio,
invisibles, amorosos
te sigan nuestros recuerdos
como escondido perfume,
como precioso amuleto
que te preserve de penas,
que te proteja en los riesgos,
que te haga luz de ternura
cuando en el extraño suelo
se encuentre tu alma infelice
sola como en un desierto.

¡Oh! ¡qué linda es nuestra patria!
¡Oh qué duro es el tormento
de no escuchar en sus auras
cual conocidos acentos;
de no mirar en sus astros
las almas de nuestros muertos;
de no contemplar sus lagos
cual odaliscas durmiendo,
ni entre sus verjeles, niños,
ni en la llanura a lo lejos
las alegres arboledas
junto a los montes enhiestos!
¡Oh! ¡qué linda es nuestra patria
con su cristalino cielo!
¡Cómo al pronunciar su nombre
querido en el extranjero,
se siente llanto en los ojos
y orfandad dentro del pecho
Cuando esas bellas memorias
atraviesen tu cerebro
como entre enlutadas nubes,
como entre fantasmas negros,
que tu valor las ahuyente
y las destierre el contento.

Y tú, Juventud amada,
ramo de hermosos renuevos,
fresco plantel de esperanzas,
luz matinal... los reflejos
de las excelsas virtudes
y de lo grande y lo bello,
en urna de oro conserva
como herencia del maestro,
y ofrécele como culto
tu bondad y tus progresos.
Y yo, que unido a Ramírez
con entusiasmo paterno
admirara su elocuencia
y gozara con sus versos;
yo, que he sentido mil veces
sostener mis pasos trémulos
por su cariñosa mano
en mis momentos acerbos,
yo le encomiendo a la esposa,
que, cual ángel, va siguiendo
sus huellas, y como madre
le envuelve en su amor inmenso.
Que le ampare, que le cuide
con los mimos y el chiqueo.
Será la patria que le hable
con su cariñoso acento;
la patria que le contemple
con sus lindos ojos negros,
y al dormirse, trasponerse
ve en su semblante risueño
un sol que bellas auroras
va, al perderse, prometiendo.

Parte: ¡adiós! y que ventura
te prediga este concierto
de las voces que te ensalzan,
de corazones sinceros
de amigos que le anticipan
a tu fama honor y premio.
Y vuelve alegre y radiante
como ave de raudo vuelo
que ha recorrido el espacio,
que se ha mecido en los vientos,
y que reposa en su rama
con su nido y sus polluelos;
o cual torna ola gigante
dominando el mar revuelto,
y toca mansa en la playa
y se extiende con sosiego,

tornándose sus burbujas
en esplendentes luceros.

Tacubaya, agosto 5 de 1889.

Guillermo Prieto

A IGNACIO M. ALTAMIRANO
(Al partir para Europa)

¿Adónde va la nave que rauda y vagabunda
águila de las aguas, pujante en su volar,
así sobre los antros de la extensión profunda
desprecia las borrascas del proceloso mar?

¿Adónde va, que altiva ni teme el Noto fiero
ni del titán rugiente la saña y el poder,
y en alas del destino despótico y severo
se arroja murmurando: "triunfar o perecer"?

¿Y quién sobre las tablas de la sonante prora,
que se estremece al ímpetu violento del vapor,
audaz, la sien tostada mirando hacia la aurora,
de pie y altivo goza si el mar se alza en furor?

¿Quién, cuando el viento rompe la tumultosa tropa
de las potentes ondas, jadeante de emoción,
las mira de hito en hito y de la vieja Europa
va en busca del heroico latente corazón?

¿Y le hallará? Su nave el devorante trueno
no arrojará al abismo horrendo de la mar?
¡Ah, no! que va a su lado, cual siempre dulce y bueno,
el ángel que le ampara, el ángel de su hogar.

¿Y quiénes son? ¡ay mísero! sobre el laúd mi amo
¿por qué cobarde y trémula y sin vigor está?
¿Teme que vibre el nombre del ángel y el hermano?
¡Oh mar, oh ausencia, oh cielo! ¿verdad que tornarán?

¡Ay, sí! volad, queridas y errantes golondrinas
que en un rincón de Anáhuac junto a mi humilde hogar,
formásteis vuestro nido, y en notas peregrinas
entre floridos huertos vinísteis a cantar.

¡Volad! el Viejo Mundo os guarda sus favores;
el Sena, el Manzanares, el Támesis y el Pó,
darán jugo a los lauros, darán miel a las flores
del bardo y la paloma que el Atoyac crió.

El sol de las montañas del Sur, claro y potente,
dió luz a vuestros ojos y fuego al corazón;
a la consorte tierna pasión casta y ardiente,
y al bardo de los bosques sublime inspiración.

Llevad tales tesoros a tan remotas tierras,
cual rosas delicadas de amor y de virtud;
rumores y perfumes de las agrestes sierras,
y bosques y torrentes del abrasante Sur.

Llevad a esas regiones las flores y el aroma
de una región indígena del mundo de Colón;
la tradición y el genio de nuestra azteca Roma,
conquistadora, heroica, cual Roma otra ocasión.

Decid cómo son lindas, decid cómo son buenas
las vírgenes y esposas que el Bravo vió nacer
y dora un sol de fuego, altivas y morenas,
con bocas como nidos de besos y placer.

Y no sufráis; distancia no hay ya que nos aleje,
la ciencia la destruye, se vuela en tierra y mar,
y un hilo que en las ondas vibrando se entreteje
hace nuestras palabras en l'alma resonar.

Allá el arte y la gloria, la ciencia y sus altares,
allí el maná que nutre al genio creador,
allá, sobre la margen tendida de los mares,
del Partenon las Musas y en pie Venus y Amor

Allá en mármol y pórfidos y en telas inmortales
de Fidias y de Apeles la hermosa tradición,
y del sagrado Tíbet entre cañaverales
de Pan y de Siringa vagando la canción.

¡Ay! cuando más felice tu voluntario exilio
goces y allá en Parténope recuerdes nuestra fe,
busca el laurel que besa la tumba de Virgilio,
y escucha, tal vez guarde el ¡ay! que allí exhalé.

O cuando al rayo tibio de la candente tarde,
hora de paz, recuerdos, suspiros y dolor,
divises el Vesubio que entre las nubes are,
recuerda al fiel amigo, al triste trovador,

Que entre las mansas ondas del golfo azul de Bayas,
buscando en Occidente las cumbres de Anáhuac,
vagaba solitario, o en las tirrenas playas,
pensando en las paternas delicias del hogar.

Pregunta a las frondosas orillas encantadas
donde sus linfas trenza feliz Guadalupe,
si ya olvidó las rústicas canciones y baladas
que alcé sobre sus ondas de líquido zafir.

Mas ¡ay! cuánto al cobarde doliente ánimo mío,
que ya la edad amengua y ausencia hace dudar,
levanta y fortalece pensar, Caliope y Clío
ya lauros te preparan allende de la mar.

Allí hallará tu mente un horizonte intenso
lleno de sol, y lleno de estrellas y de luz,
donde se bañe tu alma cual cisne en lago inmenso,
dando a tu sed raudales y miel a tu laúd.

¡Parte! ¡No adiós! del alma la ausencia es pasajera;
cuando los cuerpos míseros se alejan con dolor,
se abrazan y acarician las almas, y en la esfera
aguardan que las funda amor, la muerte, o Dios!

¡Partid! sois golondrinas que huyendo los rigores
del nebuloso invierno, buscáis zona mejor;
mas cuando Abril retorne con luz, y flores,
entre ellas vuestro nido os guardará el amor.

Le guardarán los dulces polluelos que en un día,
cantor de las montañas, hiciste gorjear,
y los ancianos vates que en su melancolía
piensan si a tu retorno bajo la cruz verás...

¡Partid! ya en la bahía meciéndose os espera
la nave a quien amparan genio, virtud, amor,
las almas no se alejan, se abrazan, y en la esfera
aguardan que las funda, en una sola, Dios!'

Luis G. Ortiz

A IGNACIO M. ALTAMIRANO
(Al partir para España)

Sabio amigo; fiel mentor;
¿siento pena o regocijo
al ser aquí tu cantor?
En mí se juntan, señor,
el discípulo y el hijo.

Si el discípulo no ha sido
para tu fama un blasón,
en cambio, el hijo ha podido
demostrar que te ha querido
con todo su corazón

Y nadie me tome a mal
este nombre, es gratitud;
tú has sido amante y leal,
padre de la Juventud
del Parnaso nacional.

Naciste en humilde olvido,
pero en honrada cabaña;
aquel hogar escondido
hoy sabemos que fué el nido
del águila en la montaña.

Fué el Genio tu aristocracia;
tu ley la fraternidad;
tu gran libro la desgracia;
tu culto la democracia;
tu numen la libertad.

Por eso es grande tu historia;
cuando el águila creció
fué de victoria en victoria;
buscaba un cielo: la Gloria;
tuvo alas, y lo escaló.

La pamapa, hiciste jardín;
la oscuridad, arrebol;
la cabaña, camarín;
y el águila pudo al fin
contemplar de frente al sol.

El mundo es torpe y es bajo;
al astro del pensamiento
lo eclipsa un escarabajo;
tú, te alzaste con talento,
con virtud y con trabajo.

Carácter altivo y fiero,
sonabas en tu ambición,
bardo a la par que guerrero,
junto a la lira de Homero
las rostras de Cicerón.

Llegó tras la noche el día
que fué el símbolo, la norma
de cuanto en tu afán cabía;
es decir, amanecía
en México la Reforma.

Era tu ideal; en eso
tu fe de niño soñó;
mostraste al pueblo el Progreso,
y fuiste en aquel Congreso
un moderno Mirabeau.

Desde la tribuna oías
el aplauso de mil manos
que a tu voz estremecías
en cada vez que pedías
la muerte de los tiranos.

Después, tus victorias son
grandiosas una tras una;
el foro, la asociación,
el libro, la redacción,
la cátedra y la tribuna.

Tu historia no tiene bruma;
es limpia e inmaculada;
que has dado a la patria, en suma,
lo mismo el alma y la pluma
que el pensamiento y la espada!

Vas a España; el mar no aterra
a quien como el mar nació;
verán lo que tu alma encierra;
tu representas la tierra
que Hernán Cortés conquistó.

La pompa en tus ojos arde
de nuestro indiano jardín;
verán en tí, sin alarde,
no a Moctezuma el cobarde,
sí al bravo Guatimozín

Un Guatimoc noble, fiero,
hijo del azteca sol,
sabio, elocuente, sincero,
tan noble y tan caballero
como el primer español.

Corona tu limpia historia
con más brillo y esplendor,
legando eterna memoria...
Vas a España a darnos gloria,
lustre, renombre y honor!

Dí, si preguntare España
por tu blasón y tu cuna:
es mi feudo la cabaña,
mi baluarte la montaña,
mi pedestal la tribuna!

Da más brillo a tus anales,
y recuerda desde allí
que te veneran leales
tus hijos intelectuales
que hoy te cantamos aquí.

Juan de Dios Peza

Agosto 5 de 1889.

EL MAESTRO ALTAMIRANO [1]

Sres. D. Enrique Fernández Granados, D. Alberto Michel, D. Luis González Obregón y D. Antonio de la Peña y Reyes.

Agosto 4 de 1889.

Queridos amigos:

Bastante pena hubiera sentido, quizás hubiera tildado de olvido injusto, que a una manifestación en honor de Altamirano, sus jóvenes discípulos de hoy no hubiesen pensado en asociar a un discípulo de toda la vida. Agradezco a Vds., agradezco al Liceo su amable invitación. Por supuesto que a este agradecimiento va aparejada la firme resolución, tomada *a priori*, lo confieso, de no concurrir personalmente a esta expresiva fiesta, que es ¡ay! una despedida, de la familia literaria del Maestro. ¿Cómo conciliar estos sentimientos? Voy haciéndolo, como vdes. ven. Empezaré por explicarlos:

Bajo esta mi montañosa apariencia, escondo una cantidad enorme de nervios en mal estado, en estado patológico; quiero decir, aunque parezca broma, que soy un nervioso, un neurópata probablemente. Por eso soy de los que no pueden decir *adiós*. Es para mí un sufrimiento no sólo moral, sino físico.

Soy además un supersticioso. El Sr. Altamirano lo es también, aunque creo que no lo confiesa. Más aún; él, entre otras cosas buenas, que por supuesto no aprendí, me enseñó esta mala: ser supersticioso, la que sí aprendí inmediatamente por la sencilla razón de que ya la sabía; fuí supersticioso porque ya lo era. Y esta, me lo temo, es incurable enfermedad. La ignorancia, madre tenebrosa de la superstición, según el gran *cliché* puesto en moda por los filósofos del siglo pasado y sus hijos los revolucionarios franceses y sus nietos los revolucionarios mexicanos, la ignorancia llega a ser una especie de odio intelectual para el espíritu que percibe su contraste con la luz; pero la superstición de que hablo, hija más o menos natural del sentimiento, no huye de la luz, sino que la limita en la reconditez misteriosa del corazón, allí donde se siente el incontestable y angustioso anhelo de que, por no sé cual prodigio, resulte que lo que se nos propina como única verdad, sea mentira, y de que al fin sólo sean ciertas (¡ay! este fin no llega nunca) algunas caras e intangibles quimeras, sedimento hereditario de veinte generaciones de creyentes y alucinados que se deposita en lo más irreductible de nuestro ser, haciéndonos adorar secretamente todo lo que es ilusión y ensueño. ¡Ensueño, ilusión! Una vibración que viene de la profundidad de la noche y que articula en nuestro oído un nombre con una voz que creímos no volver a escuchar nunca, es una alucinación sin duda: la creencia en el destino, que nos figuramos como una pupila de sombra que nos atisba desde la inmensidad, en la buena estrella que es la luz de esa esmirada, en la mala suerte que es su noche, ¿son otra cosa que insanias? ¿Por qué nos encariñamos con ellas tan tenaz y tan silenciosamente? Porque detrás de esas microscópicas creencias que persisten, tiemblan como llamas batidas por el viento, otras, las grandes, que proclamamos perdidas; detrás de la voz nocturna está el deseo de la supervivencia del alma y detrás de la sombra del destino está la necesidad inestinguible de algo que sea eternamente cierto y eternamente bueno... no le buscaré sinónimos, le llamaré Dios. ¡Ilusión, ensueño! ¿No es la realidad pura ilusión según enseña la filosofía? ¿Por qué la ilusión pura no habría de ser una realidad?

Escribo esto de noche, una noche sin estrellas; no es extraño que me haya expuesto a perder mi centro de gravedad en las agrias cuestas de la metafísica, y todo no es más que un largo circunloquio para paliar mi infinita cobardía ante un *adiós*.

¡Y luego los recuerdos que esta triste palabra evoca, las innumerables moléculas de amargura que componen una sola lágrima de despedida! No sé si para vdes., pero para mí todo recuerdo es triste, no hay mayor dolor que el recuerdo, no sólo el *del tempo felice nella miseria*, sino todo recuerdo, por pasado, y el del infortunio, porque si el tiempo hace al sufrimiento incierto, difundiéndolo en la corriente de la vida, en cambio lo hace más vasto, hasta enlutarlo todo con él, hasta asombrarlo todo: yo creo que de aquí el pesimismo filosófico y literario de nuestra época.

¡Qué si tendría para mi recuerdos un *adiós* a Altamirano! A tal punto, que no me atrevo a llamarlos sino sobrecogido de emoción; todos entreduermen hacinados en mi memoria; podría hacerlos desfilar a vuestra vista, dulces y triste, alegres y trágicos, gloriosos y lúgubres, pero melancólicos todos... la procesión se os figuraría un entierro. Buscaré entre mis reliquias algunas que sólo a mi me entristezcan. Y perdonad el *yo*; notad que es el único pincel con que puedo esbozar ante vosotros una figura querida.

No cumplía catorce años cuando por primera vez ví a Altamirano en la tribuna de la Cámara. Mediaba el año de 61, y ¡oh, fortuna singular! pronunciaba su discurso pro corona, digo, contra la ley de amnistía. La pequeña estatua agigantada por el ademán y el acento, la altivez de la frente bajo la negra melena lacia, el crispamiento irónico de la gran boca *suriana*, la inaudita expresión de odio, de desprecio, de soberbia que se condensaba en relámpagos en la mirada y en sonoridades vibrantes, calientes, extrañas en la voz, sin llegar al grito jamás, y, sobre todo, la palabra, la imagen, la idea, todo mesurado en medio de la pasión desbordante, todo artístico, correcto, rítmico, todo eso lo ví, lo oí, lo sentí por instinto; ahora es cuando me doy cuenta de ello, pero no lo olvido; semejantes espectáculos no se olvidan jamás.

Devoraba yo por aquellos días de fiebre en la sociedad y de fiebre en el alma *Los Girondinos* de Lamartine, la Biblia de los revolucionarios de quince años (aún el divino forjador no concluía de martillar en su fragua *Los Miserables*), y al oír aquel discurso y al ver a aquel hombre, el gran drama de la Convención vivió para mí, con la vida intensa de la sangre y del espíritu; Camilo Desmoulins sin el balbuceo, por el arrebato y el sarcasmo; Vergniaud por el clasicismo del método oratorio, por la sobriedad y la seguridad de la cita histórica, por la espléndida vestidura de la metáfora, resucitaban a mis ojos en aquel orador de veintisiete años...

Vino después el gran paréntesis de la Intervención. Así en su conjunto ese período aparece en mi memoria como un cuadro de Rembrandt. Una masa densa de sombra surcada por un rayo de luz que toca y hace resaltar, aquí mitras, palios y coronas maravillosas, allá placas de diamantes, tisús bordados de perlas, mantos de seda, espaldas desnudas, flores, música, uniformes de todos los matices, plumas de todos los colores, y detrás mieses ondundantes de sables y bayonetas, y en el fondo, entre la luz y la sombra, el vertiginoso ir y venir de los airones rojos de las guerrillas por las vertientes de las sierras, y más alllá, en plena sombra, la patria en agonía. Nosotros asistimos conmovidos, enardecidos y encantados a aquella espléndida *mise en escene* de la tragedia imperial; lo que nos venía de allende aquella muralla de oro, de fierro y de sangre, producía en los colegios un efecto de aerolito lento trazando un surco de fuego en la negrura del espacio: un apotegma de Juárez, una carta de Lerdo, un estudio de Iglesias, un artículo de Ramírez, una oda de Prieto, un discurso de Altamirano, una canción de Riva Palacio, una proclama de Porfirio Díaz, eran acontecimientos inmensos en nuestra vida literaria. Novias, fiestas, novelas, códigos, todo se eclipsaba; para nosotros, la novia, la fiesta, el poema, la ley, estaba más allá del horizonte, allá donde despuntaba vaga y blanca la aurora de la resurrección.

¡Con qué emoción leíamos los versos de los poetas patriotas! Todos sabíamos de coro aquéllos de Altamirano escritos en un álbum al partir en 63:

> Señora, adiós: en los oscuros días
> En que huyó de la Patria la victoria,
> Una canción a mi laúd pedías;
> Aquí dejo mi adiós...

Pero nada penetraba tanto en las fuentes mismas de nuestra emoción juvenil; nada hizo vibrar más en mí la fibra poética que comenzaba a esteriorizar en preludios apenas melodiosos, los anhelos del corazón; nada, digo, como la bellísima elegía *A Carmen*. La *María* hecha después y que todos hemos querido imitar, es admirable por su grave melancolía, pero el canto a Carmen arranca de una más íntima palpitación de la vida y de la juventud heridas por un gran dolor; es más espontánea, más gallarda en medio de la tristeza y de la muerte; es la música de un grito de sufrimiento humano, tierno, sensual y apasionado como pocos. Carmen es la poesía más genuina, más expresivamente romántica que ha producido la literatura patria.

Cuando después del triunfo de la República, conocí a Altamirano, estaba convaleciendo de una penosa enfermedad y de una campaña oposicionista contra las tendencias anticonstitucionales del gobierno de entonces; raras veces se han nutrido pasiones más vehementes con ideas más pensadas, ni en frases mejor armadas de todos los recursos del estilo se ha condensado más electricidad de ira y de desdén. Nosotros admirábamos los escritos, amábamos a los escritores, y un poco sorprendidos y desconcertados procurábamos en vano caldear nuestra sangre con aquella implacable censura. Precisamente en los momentos en que dejaba Altamirano la pluma política y volvía todo su poderoso esfuerzo hacia el renacimiento literario que apuntaba, tuve el honor de serle presentado.

Ya saben vds. cómo acoge a los muchachos, con qué alentadora caricia en la frase y en el consejo rápido y seguro, y en la paciencia, en la milagrosa paciencia con que sabe escuchar, sin desmentirse, los disparates, el Mississippí de disparates que durante treinta años ha corrido ante él. Como tiene el don de abrir horizontes y de encender vocaciones, yo quedé pasmado, al salir de aquella entrevista, de la confianza que en mí mismo había adquirido. Esto sí lo he perdido después, bajo mi palabra de honor; pero entonces tenía veinte años, hacía los versos que se hacen a esa temperatura y tenía un miedo horroroso de romper el círculo estudiantil que me los aplaudía. Llamar sobre mis composiciones la atención de los maestros, era un sueño.

Aquel tiempo era mucho más respetuoso que este, y aquellos maestros eran nuestros númenes literarios.

Cuando venciendo mi timidez que hacía sonreír a Altamirano, hablé con él, me sentí otro; y me detengo un momento en recordar este estado de mi ánimo porque ha sido el de muchos de vosotros, amigos míos, en circunstancias análogas; estoy seguro de ello. Mi nombre trajo a su prodigiosa memoria el de mi padre, me habló de él, me entusiasmó, me cautivó, me hizo suyo... lo soy todavía. Al día siguiente me llevó a una *velada literaria* en la casa del Sr. Payno. ¡Qué hombres había allí! La nobleza, la alta nobleza de las letras patrias: Prieto me llamó su hijo con olímpica ternura; Ramírez me dió un consejo o una broma; Payno brindó conmigo; Riva Palacio me habló de porvenir; Gonzaga Ortiz se informó de mis aficiones literarias en un tono un poco *marqués*, es cierto, y Portilla, nuestro siempre llorado D. Anselmo de la Portilla, me comunicó instantáneamente su fervor por el ideal y por el arte. Y Altamirano, que era allí el niño mimado, me tomaba con tanto ardor bajo sus auspicios, que cuando conté todo esto, exagerándolo un poco, a mis compañeros de colegio, les pareció que había yo crecido, y algunos me dijeron *adiós* como si nos fuéramos a separar para siempre. Era verdad; el claustro de la Encarnación me ahogaba, las columnas del Vinio me parecían una montaña, sobre mi pecho, y huí rumbo a los versos, rumbo a la gloria, me decía confidencialmente a mí mismo; ¡ay! era yo muy niño. Dos días después leí a Altamirano por primera vez, unos versos (*La Playera*). Me dijo lo que sentía, y para animarme me leyó su María, y me pidió mi opinión; pasamos juntos muchas horas. Y aquella visita se repitió cuatro o cinco años día por día.

Larga, lenta comunión de ideas y de sentimientos que imprime carácter a la vida entera. Allí pude aquilatar lo que valía el hombre; desde antes sabía lo que valía el hombre; desde antes sabía lo que el orador, el novelista y el poeta valían. No sé qué imbécil ha dicho que Altamirano solía aplastar a los polluelos que abrigaba bajo sus alas de águila. Yo sé bien, todos sabemos bien, que lo contrario es lo cierto. Por eso su influencia en la moderna literatura vernacular, es superior a la de cualquiera otra personalidad; por eso ha penetrado tanto, por eso jamás se olvidará. El cariño, el entusiasmo, la adhesión que inspiraba, despertaban en él los mismos sentimientos. ¡Oh! ¡cuánto, cuánto podría yo contar en este punto; cuánto nosotros todos!

Su afán supremo consistía en buscar, en desentrañar, en hacer venir a la luz desde el fondo del espíritu del discípulo, una personalidad literaria más o menos poderosas; era un partero de almas como Sócrates.

Su enseñanza prodigada a manos llenas (oro regado, pero quizás no desperdiciado); ha sido colosal; nunca reglas, siempre ejemplos; los clásicos griegos, los latinos, los españoles, conocidos, comprendidos a fondo, eran la quilla, las velas y el timón de la nave en que nos ha conducido en un viaje perpetuo hacia lo ideal. La nave, ya lo veis, estaba hecha como la de los Argonautas con madera de las sagradas encinas de Zeus. Una curiosidad infinita, una sed inagotable de emoción literaria, lo empujaba hacia todos los horizontes, a abordar a todas las playas en que el verbo humano había sido informado por lo grande y lo bello.

Así han pasado veinte años de un diálogo asombroso. Viajar es su método; no hay región del pensamiento en donde no haya amarrado su barca; la flora ideal de las literaturas antiguas y modernas le ha dado todos sus perfumes, le ha mostrado todos sus colores, lo ha visto pasar sobre sus cálices llenos de miel, seguido de un enjambre de almas zumbadoras; y si no ha tenido tiempo para analizar y disecar, si no lo ha visto, lo ha sentido y lo ha aspirado todo.

Un hombre así es un tipo único en nuestra historia literaria; un hombre que sabe mostrar el modelo y puede crearlo, que con la palabra da el ejemplo, que dice cómo se hacen los versos y los compone admirables, que enseña la elocuencia y es un gran orador, que deslinda las condiciones de la novela nacional y hace *Clemencia* y el *Zarco*, no proyecta sobre un espíritu la luz y la sombra, sin dejar en él huella indeleble; y el espíritu de que aquí se trata es el de dos generaciones de escritores mexicanos. ¿No es cierto, amigos míos, que cada uno de nosotros al componer algo, verso o prosa, nos hemos preguntado siempre ¿qué pensará Altamirano de esto?

Exhibir aquí los recuerdos íntimos de aquellos años de nuestra vida, contar sus peripecias, sus alegrías, sus dolores; hablar de aquel honrado hogar donde al derredor de un ardiente emancipado intelectual, de un apóstol de todas las independencias exceptuando la del corazón, crecía una buena y sencilla familia de adopción por tantos de nosotros fraternalmente amada; hablar de Margarita, la serenidad inmaculada de un rincón de aquel cielo tempestuoso, de su devoción conyugal, de su entusiasmo risueño y sano por nuestras producciones juveniles, de su piedad por nuestras desventuras; de Margarita, figura dulce que pasa velada y pura por nuestra memoria y que lleva en pos todas nuestras bendiciones; hablar de todo esto sería imposible; sería tropezar con demasiadas tumbas, sería evocar demasiadas sombras afligidas, abrir todas nuestras heridas, reconstruir el pasado lágrima por lágrima.

¡Maestro! Haceis bien en usar de esta palabra, cuando de Altamirano se trata, porque ella encierra un concepto filial. Haceis bien en apretaros aquí en su derredor como una sola familia, para decirle *buen viaje*, haciendo votos secretos por que la nostalgia nos lo devuelva pronto; y todo con profunda emoción; pero sin presentimientos; el cariño que nos circunda en la vida, cuando el sincero y bueno como el vuestro, es el mejor de los presagios.

Y no concluiré sin aprovechar la forzosa solemnidad de esta entrevista para dar ante nuestros contemporáneos, en vuestro nombre y en el mío, testimonio de que merece haber sido nuestro maestro el Sr. I. Altamirano; porque jamás hemos oído de sus labios una enseñanza que no haya sido de dignidad y de honor; porque jamás por culpa suya hemos abrigado una intención dañada en nuestro corazón; porque jamás por culpa suya hemos profanado el amor, ni desesperado de la justicia, de la libertad y de la patria, triple forma de una sola religión, la religión del deber.

Y al calce de estas palabras, puedo despedirme de él como solemos, después de largos meses de no vernos, separarnos al fin de largas pláticas nocturnas por las calles desiertas:

—Buenas noches, hijo mío,
—Hasta luego, maestro.

Justo Sierra

DISCURSO

Del socio honorario Dr. Porfirio Parra

Señores:

¡Qué hermoso asunto ofrece a nuestras meditaciones la idea excelsa de la patria cuando, trazada por luminosos caracteres, la contemplamos en el cielo azulado y límpido del pensamiento humano! A diferencia de otros conceptos áridos y abstractos que sólo hablan a la fría razón, el concepto de la patria, a la par que estimula la inteligencia, vivifica el afecto, es a la vez sentimiento e idea; y cuando sus destellos espléndidos, y cuando su calor grato obran sobre los individuos, engéndranse los héroes y los genios; cuando obran sobre las naciones, díctase la historia, y al obrar sobre la raza humana realizan el progreso.

La patria es para el hombre el caliente nido de sus afectos, el sereno manantial de sus recuerdos y el radiante foco de sus esperanzas; es el bendito lugar de la tierra que guarda las cenizas de nuestros padres, que da apoyo a la cuna de nuestros hijos y que será al campo abierto a la generosa actividad de nuestros pósteros.

La idea y el sentimiento de la patria confunden sus orígenes con los ignotos venenos de que brotó la raza humana. El amor patrio latió en el corazón del hombre prehistórico, cuando venciendo feroces alimañas, recorría las selvas primitivas, fué deificado y engendra los fetiches, cuando la humanidad no salida de la barbarie, se hallaba en ese estado de que son vestigio las africanas tribus. Con el nombre de dioses lares fué santificado durante la civilización grecoromana, y a medida que ha avanzado la evolución de nuestra raza, sentimiento tan grandioso ha ido ensanchándose más y definiéndose mejor. Y no puede ser de otra suerte, pues si el progreso en su carrera depuradora destruye lo transitorio y caduco, enaltece e infunde perdurable vida a lo que lleva en sí el germen indestructible de la perpetua duración.

La idea de patria no es aquel sentimiento egoísta de conservación individual que se circunscribe al seno que le nutre, sino que es sentimiento desbordado y generoso que se esparce fuera de nosotros y nos hace amar y ver como a hermanos a millones de seres.

La idea de patria carece, y no en verdad para su detrimento, de aquella generalidad casi matemática, y por lo tanto fría y muda que es propia de la idea de humanidad. No; la patria es la idea hecha carne, es el suelo fertilizado y fecundo por determinado grupo de hombres, es la raza con sus raíces en el pasado, con su ardua labor en el presente y con sus destinos más o menos inciertos ocultos tras el negro velo de lo porvenir. La patria es la lengua, con sus peculiares sonidos, con su sintaxis propia, sus especiales frases, sus particulares giros; la lengua que arrulla en la conversación, que trabaja en el artículo o en el discurso, que vive en el libro, que adquiere las escultóricas e inmortales formas del arte en las obras maestras de la literatura nacional.

Las naciones vivificadas por el inmortal espíritu de la patria son colectividades que, circunscritas en el tiempo y en el espacio, satisfacen esa sed de lo visible, de lo tangible; y de lo local, que es constante anhelo del humano corazón. Las naciones desempeñan en la vasta superficie del globo papel en cierto modo comparable al de las facciones en el rostro humano.

Al vivificante influjo de la idea de patria, cada nación encauza una parte del torrente caudaloso de los siglos; el amor a la patria enlaza las distintas porciones de un territorio, como el hilo nervioso ata con los fraternales vínculos de la sensibilidad las diversas partes de un organismo. Inspirados por tan sublime ideal congréganse millones de hombres realizando empresas superiores a toda admiración y encomio. Ya erigen edificios y monumentos portentosos, ya construyen hermosas y opulentas ciudades, ya trazan anchurosas vías, ya depuran su lengua formando de ella admirables catálogos, ya dictan progresistas códigos, ya expresan en obras inmortales los dolores íntimos del corazón, los anhelos infinitos de la mente, o enaltecen, ensalzan y glorifican las memorables hazañas de los héroes.

¡Con razón cuanto a la patria toca nos conmueve! ¡Con razón hace palpitar nuestro seno y enciende en nosotros la generosa sed de las grandes cosas! ¡Con razón la moral de todos los pueblos ha considerado como delito nefando el acto vil de traicionarla o venderla, y con razón esa moral justiciera como acción glorísima el consagrar la vida al engrandecimiento de la patria!

Es la patria el hogar de la inteligencia; por eso se ha considerado siempre la proscripción como un cruel castigo moral. El amor a la patria, prolongación del amor a la familia, arraiga de tal suerte en el alma del hombre, que cuando recorre naciones extrañas, por muy prósperas y hermosas que sean, lleva en sí impreso con los melancólicos tintes del recuerdo la imagen de su patria, y el eco vibrante y sonoro de la lengua natal. ¡Cuán grato es para el viajero errante o el infeliz proscrito, ver entre extranjeras fisonomías la faz de un compatriota, o escuchar entre el desapacible concierto de extrañas lenguas, aquellas tan armoniosa y querida que acarició sus oídos en la cuna, y que desde la infancia ha poblado su inteligencia con el tupido enjambre de las ideas!

Bien sabéis, señores, por qué motivo divaga hoy nuestro pensamiento por las elevadas regiones en que la idea de la patria despliega sus gigantescas y poderosas alas. Uno de los nuestros va a ausentarse de la patria: un mexicano ilustre dirá muy pronto adiós a las hermosas playas de la fértil México; y nosotros nos congregamos presurosos en torno de ese mexicano en los momentos melancólicos de la despedida, le tendemos cariñosamente la mano, y con frase incorrecta y balbuciente voz le dirigimos sentidas frases para desearle viaje feliz y próspero regreso.

Al obrar así, no llevamos a cabo un acto trivial de cortesía frívola, sino que satisfacemos una necesidad cariñosa de nuestro corazón; diré más, señores, cumplimos con un deber impuesto por el dictamen frío de la razón más serena.

Ignacio Manuel Altamirano se va: tal frase no anuncia la partida de una persona que simplemente nos fuera conocida. Muy lejos de ello, el Sr. Altamirano ocupa encumbradísimo puesto entre cuantos cultivan las letras mexicanas. Todas las generaciones literarias se agrupan en torno suyo, sus contemporáneos le admiran, los jóvenes, admirándole, le respetan, tributándole a porfía el calificativo honroso de maestro.

Y lo ha sido en verdad, y como nadie merece serlo; ha enseñado con el precepto, ha enseñado con el ejemplo. Su vasto caudal de conocimientos literarios y sus facultades portentosas le han colocado a inmensa altura en el magisterio de las letras. Su gran bondad y su carácter afabilísimo le han hecho accesible aún a los más tímidos. Su trato cortés, sus maneras distinguidas, su conversación siempre fluida, amena y chispeante, su palabra elocuente y su buen gusto delicadísimo, han hecho de su trato un manantial inagotable de la más noble y selecta enseñanza literaria.

La casa del Sr. Altamirano ha estado siempre abierta a los amigos de las letras. Desde el tímido estudiante que osa por vez primera verter en el papel sus concepciones, hasta el vate aplaudido, hasta el maestro renombrado, todos han frecuentado el hogar del Sr. Altamirano, y todos han encontrado allí algo grato a su inteligencia y a sus anhelos de gloria. Los principantes han hallado estímulo y utilísimos consejos; las nombradías altísimos temas de discusión tratados por el Sr. Altamirano con la fecundidad y lucidez que en él son proverbiales.

Pues aún es mayor, señores, el mérito del eminente literato que va ausentarse. Por la calidad de ese mérito que quiero hacer resaltar ahora, me he permitido discurrir poco ha sobre el grandioso concepto del amor patrio. El Sr. Altamirano ha consagrado el raro conjunto de sus no comunes facultades al lustre y al engrandecimiento de la nación que se honra de contarle entre sus hijos. Su inteligencia clara, su elocuentísima palabra, su dialéctica llena de colorido y de vigor, han tenido por temas predilectos todos aquellos que puedan enaltecer y vigorizar nuestra nacionalidad. ¡Cuánto ha estudiado, cuánto ha meditado, cuánto ha escrito, cuánto ha enseñado de viva voz, ya en correctos discursos, ya en magistrales lecciones, y hasta en los arranques y arrebatos de su animada conversación, para poner de manifiesto la grandeza de nuestros héroes y el fulgente resplandor de sus hazañas!

La epopeya aciaga de la conquista, las cruentas luchas de nuestra independencia, las gueras de reforma y de la intervención, son los períodos de nuestra historia nacional que han inflamado de preferencia la candente imaginación y el numen viril del Sr. Altamirano, y los Cuauhtémoc, los Morelos y los Juárez han recibido constantemente de nuestro insigne orador el homenaje de gloria que les es debido.

Adalid infatigable del partido liberal, que el Sr. Altamirano ha juzgado como elemento de nuestra moderna nacionalidad, ha militado sin cesar, y con sus potencias todas, en las filas de ese partido que, simbolizando constantemente nuestro progreso, simbolizó en alguna inolvidable ocasión nuestra independencia y nuestra nacionalidad.

Ha tenido participación en las más encarnizadas luchas, en las pruebas más dolorosas; ha acompañado a su partido y a la patria en los grandes desastres y en los grandes triunfos; como los luchadores grandes y viriles, se ha hecho notar en los días de combate, mientras que se ha eclipsado en los días serenos, refugiándose en el santo retiro del hogar y en el trato apacible de las letras. Por la idea liberal Altamirano ha combatido como soldado, como escritor vigoroso de estilo apasionado y vivo, y como tribuno de fulminea e incomparable elocuencia.

Mexicano, y en grado excelso, ha sido el Sr. Altamirano al cultivar las letras; nuestras leyendas, nuestras tradiciones, nuestras costumbres, le han inspirado preciosísimas narraciones, que lucirán siempre como espléndidas joyas de nuestra literatura nacional. Los grandiosos panoramas de la tierra caliente, esa dignísima cuna de su genio, han inspirado su felicísimo estro, dictándole composiciones líricas arrebatadoras.

Siguiendo los floridos senderos de la patria se ha encaminado Altamirano a las regiones luminosas de la inmortalidad: sus obras están allí para probarnos que ha llegado. Mucho hay en esas obras que vivirá en la memoria de los hombres de todos los climas y de todos los tiempos, pero su autor figurará en el concierto humano e inmortal de genio con nacionales atavíos, a la manera que Shakespeare, sin perder jamás su sello britano, ha sabido sondear los pliegues más recónditos del corazón humano en todas las razas, en las épocas todas y en todos los pueblos.

Despidámonos, pues, señores, del gran literato, del gran liberal, del gran mexicano; asegurémosle que durante su ausencia, que esperamos sea corta, su memoria quedará en nosotros y su sitio quedará vacante, porque sitios conquistados como él ha conquistado el suyo, no se pierden por transitorias ausencias; ese sitio es un solio moral, es un solio intelectual, y sólo puede ser ocupado por Ignacio Manuel Altamirano.

Maestro querido, precédate la felicidad en el viaje que vas a emprender, llene tu corazón el gran sentimiento de la patria, e inspirándote generosos anhelos, y alentándote a nobles estudios, aparte de tu alma las sombrías amarguras de la nostalgia, y vuelve pronto a nosotros prodigándonos generosamente el tesoro de tus ideas, la galanura de tus escritos y la virilidad de tu elocuente palabra.

Porfirio Parra

AL SR. D. IGNACIO M. ALTAMIRANO

(Al partir para Europa)

Sobre ondas mansas de argentada espuma
Benigno viento os lleve hacia el Oriente,
Y a las playas del viejo Continente
La nave arribe tras bonanza suma.

Describa allí vuestra galana pluma
La grandeza eternal y refulgente
De nuestra raza, digna descendiente
De la noble y leal de Moctezuma.

Ríndase a vuestro genio y elocuencia
Culto, de aquel emporio en los altares,
Que doquier es deidad la inteligencia;

Y cuando al fin atraveséis los mares
Siguiendo al sol, venced vuestra impaciencia,
Que aquí os esperan los queridos lares.

Eduardo del Valle

México, Agosto 21 de 1889.

A MI MAESTRO D. IGNACIO M. ALTAMIRANO

¡Ay! al saber que a la remota España
Tal vez por siempre te arrebata el viento,
Hirió mi corazón, rudo y violento,
Con su dardo el dolor que me acompaña.

Probé, y en vano, a resistir su saña,
Cantando en tu loor; murió mi acento,
La inspiración trocóse en sentimiento,
Y aun triste el llanto mis pupilas baña.

Cuando el sol se ocultó, la musa mía
A templar mi laúd, vino a este suelo
Sonriente y feliz como solía.

Mas al saber la causa de mi duelo
Tanto lloró, que sorprendióla el día,
Y sollozando desplegó su vuelo!...

Enrique Fernández Granados

Agosto 5 de 1889.

DISCURSO

Del socio activo José P. Rivera

Señores:

¡Loable fiesta la que hoy celebran la gratitud y la sinceridad reunidas! Los que aquí venimos, discípulos y amigos, a congregarnos en torno de una personalidad querida, no traemos otro pensamiento que tributar con nuestras palabras un homenaje merecido. No es la vida del Magistrado íntegro la que presentamos, no exhumamos de nuestros recuerdos los aplausos del orador, no exponemos al liberal de inquebrantables principios, para justificar nuestra manifestación cariñosa; no, vemos nosotros únicamente al patriarca de una generación literaria y a él nos dirigimos.

Pero si tal título no fuera suficiente a explicar nuestra actitud, bastaría el de poeta, y el de poeta tal como lo quiere Ronsard: "Honrarás a las Musas, decía el célebre poeta francés, no haciéndolas servir para cosas deshonestas, para libelos injuriosos: Serán para tí queridas y sagradas como hijas de Júpiter, es decir, de Dios mismo, que por medio de ellas hizo conocer a los pueblos, bajo la forma de fábulas halagadoras y coloridas, los secretos que no podían comprender. Y como las Musas no se albergan en *un alma* si no es buena, santa y virtuosa, no serás malvado ni dejarás entrar en tu entendimiento nada que no sea sobrehumano o divino. Tus concepciones deben ser elevadas, grandes y bellas. Conservarás dulce y honradamente con los poetas de tu tiempo, honrarás a los viejos como a tus padres, a los jóvenes como tus hermanos, a los menores como tus hijos".

Y la Musa del Maestro vuela del amor a la amistad, de la madre naturaleza a la que le dió el ser, sin que haya un canto, una estrofa, un verso que no sea una concepción elevada, grande y bella. Poeta, supo encontrar para su lira acentos no oídos, vibraciones poderosas impregnadas con el perfume de las flores de la montaña, cánticos arrebatadores que traducían el sonoro correr de las ondas o los tumbos del Océano, cánticos arrebatadores cuyas notas parecían recogidas entre el ondular de los maizales o robados de los nidos que cuelgan, en la Tierra Caliente, de los mangles y de las palmas. Nadie antes que él sorprendió mejor el último suspiro de la Naturaleza mexicana, cuando el día se hunde envuelto por la túnica ardiente del crepúsculo, como aquel dios Nanaoatzin que nuestros antepasados vieron desaparecer en una hoguera; nadie tampoco antes que él, vislumbró mejor el fantástico *rayo verde* que desprende Aurora de los abismos de las aguas a los abismos del cielo.

Su musa, musa honrada, no ha necesitado de las Euménides para conminar. Los que le conocemos, los que hemos vivido con él la vida diaria del pensamiento, sabemos que Clío y Calíope lo han inspirado, dejando caer de sus labios palabras llenas de verdad, sabemos que Erato lo ha distinguido entre la pléyade de vates del Anáhuac, y sabemos así mismo que Thalía, la diosa del epigrama, dióle sus mejores dones.

Mas su poesía no queda reducida en modo alguno a sus cantos eróticos o descriptivos: acompañan al poeta Beatriz, Julia, Antonia, creaciones perfectas, palpitaciones encarnadas en una forma, visiones perseguidas al través del desierto de los sueños; y por encima de ellas Clemencia, Clemencia la niña apasionada que sepulta en medio de los rigores ascéticos un amor que no supo comprender. ¡Desdichada! Lleva en la frente, bajo la tela blanca, símbolo de un amor sagrado, su pensamiento, imagen fiel de un cariño profano. No supo ver el amor, pero ha sabido aceptar la desgracia, y las almas que aceptan el infortunio si se doblegan al sacrificio, se levantan a la memoria eterna!...

Pero ¿es bastante lo anterior para la gloria? No, aún hay más: crítico, ha tenido en su pluma el reproche o la alabanza merecidos, ha tenido en su palabra, la voz persuasiva, la voz del apóstol que enseña y que convence. Ramírez, merced a él, aparece grandioso en medio de sus sufrimientos, sabio como ninguno, circuída su frente pensadora por la aureola luminosa de la inmortalidad: en una palabra, creyérase que la vida del inolvidable Nigromante la había cincelado un Plutarco netamente veraz. Y a Prieto, el viejo cantor de nuestra independencia, como si dijéramos el Homero de nuestra Iliada, el chispeante narrador de nuestras costumbres populares, lo vemos adelantarse con pie firme, no obstante sus años, al Panteón de la Historia, después de haber leído el prólogo de "El Romancero Nacional".

"Honrarás a los jóvenes como tus hermanos". Sí, el Maestro ha cumplido con el precepto de este Decálogo, exento de envidias, de toda pasión mezquina: él ha tenido para Torroella, para Ulloa, para nuestro gran Manuel Flores, todos los ditirambos que dicta un corazón generoso, una alma admiradora de todo lo que es grande, bueno y noble.

Y si ha ensalzado a los contemporáneos hale dado valor a los menores, a sus hijos como él les llama constantemente.

No me pidáis que hable extensamente al tratar de sus hijos. Si de vuestros labios brotan los nombres de Acuña, Cuenca, Peza, en mi espíritu se levanta sin atreverse a brotar al exterior "El Liceo Mexicano"...

Empero todavía hay algo más, algo que se levanta por sobre el poeta y el crítico: México sacudiendo el yugo de la tiranía literaria para emanciparse y ocupar el puesto que merece en el ancho campo de las literaturas.

Alguien ha dicho que la invasión de las ideas, es más perniciosa que la invasión a mano armada. La Historia lo comprueba. Ante esa conquista pacífica en la que se pierden maneras de ser y de pensar, nada son los horrores ni las depredaciones de la guerra.

El pueblo invadido experimenta un trastorno general y apenas si queda como ruinas de una existencia pasada el recuerdo de la grandeza.

La patria no es solamente el hogar que peleamos palmo a palmo cuando un invasor nos lo quiere arrebatar, como no es tampoco la ley que se defiende cuando el tirano lo vulnera. Hablar de patria es hablar al mismo tiempo de afecciones, de sentimientos íntimos imposibles de pintarse. Así, si decimos México, debemos pensar al mismo tiempo en nuestras tradiciones, en nuestras costumbres, en nuestras campiñas, en nuestro cielo, en todo cuanto signifique el alma de la Patria.

México ha sabido resistir las conquistas. Cierto que los campos desde el Bravo hasta el Usumacinta, se han transformado en lagos de sangre;

cierto también que los ecos han enmudecido por repetir el constante estampido del cañón; pero no es menos cierto que la nacionalidad no ha caído. Entre nosotros, Hércules no ha sabido vencer a Aquelóo...

Mas no estriba la libertad de un pueblo en no pertenecer a nadie; débese pertenecer a sí mismo; ha de ostentar, si quiere ser independiente, al lado de su legislación propia, su ciencia y su literatura propias; ha de cumplir la misión que traen todos los pueblos al surgir en la Tierra: contribuir al progreso. Y no contribuye a él, no, quien queda estacionario, quien si triunfa en las lides del valor no libra los combates de la imprenta...

México, grande por sus libertades, necesita serlo también por su independencia literaria. Tenemos para ellos todos los elementos. En Historia, nos hablan a cada paso, con su memoria, Cuauhtémoc el héroe sin libertad y Morelos el héroe que la persigue; en Poesía, Sor Juana, la musa amanerada y gongorina y Ruiz de Alarcón, el progreso dramático en Europa; en tradiciones Garatuza y la Mulata de Córdoba y Doña Beatriz del Real, recuerdos de la Inquisición y Pípila y los indios de Mexcala recuerdos de D. Miguel Hidalgo.

Despertar en nuestros ánimos abatidos, abyectos, un más allá, una esperanza infinita que nos levantara a la altura de las naciones civilizadas, ha sido el ideal de Altamirano: él ha pretendido formar una literatura, donde, fuera en prosa, fuera en poesía, se encontrara el sello característico de México: tal es el título mayor de gloria que podemos presentar.

Acaso fuera difícil el establecimiento de semejante literatura como es difícil ascensión a los volcanes, guardianes de nuestro valle; pero así como una vez en la cúspide de ellos puédese contemplar el inmenso y sin par panorama del Valle de México: los pueblos agrupados en derredor de los lagos, como garzas que reposan al borde de las aguas adormidas, los laboríos tendidos al través de la extensión, semejando con sus colores el topacio, la esmeralda o el granate; así del mismo modo el que aborde nuestra literatura especial puede ver, al llegar a su cima, que en su derredor se hallan diseminados nuestros recuerdos, nuestros paisajes y nuestros héroes.

Hoy se levanta un nuevo porvenir; "la hora de las redenciones definitivas ha sonado; el espíritu engrandecido por las obras que faltan por llevar a cabo, no se doblegará ante el destino; el período de infancia se ha cerrado abriéndose ante nosotros la primavera que es la juventud"; y el que nos ha despertado a tal vida, repito, es el Maestro Altamirano, el propagandista incansable de una Literatura Nacional.

Si algún día México canta su pasado, alaba su presente y ennoblece su porvenir, se le deberá a él. Entonces, si vive alguno del "Liceo Mexicano", tendrá por mejor timbre recordar a esas generaciones lo que hizo el que naciendo humilde se levantó a la altura de los grandes.

A ALTAMIRANO [1]
(Sus Versos)

Los Naranjos están tristes,
y las Amapolas secas;
en el aire no retozan
bulliciosas las Abejas.
En el monte no hay lumbradas
de festiva Noche Buena
y mirando al horizonte
pensativa está Clemencia.
¿Por qué todo está tan triste?
    ¿Quién nos deja?
Atoyac de zarcas ondas,
que entre guijas serpenteas
¿por qué pasas, por qué huyes
    y te quejas?

Los Naranjos

Bajo nuestras verdes hojas
cuyo perfume embelesa
se buscan las bocas rojas
y muy quedito se besa.
Es cual virgen nuestra flor
que ansiosa a su novio aguarda.
y como su novio tarda,
está pálida de amor.
Pero hoy su palidez
no es la que colora un beso...
se va su amado... y por eso
es palidez de viudez.
Como del cisne las plumas
son los blancos azahares,
y hoy quisieran ser espumas,
ser espumas de los mares.
Ya cuando el aire los mueve
no figuran nupcial velo
y parece que del cielo,
    cae la nieve.

Las Abejas

¿En qué rosas posaremos
nuestros áureos breves pies,
en qué versos libaremos
    nuestra miel?
La colmena queda rota
puesto que huyes y te vas.
¡Oh! ¡quién fuera la gaviota
la gaviota de la mar!

---

[1]. Aunque escrita esta poesía para ser leída en la *Velada*, no lo fué por enfermedad de su autor.

El Atoyac

¡Tronco, aparta! ¡quita, roca!
¡Junco, ceja! ¡Sauce, atrás!
Con tus brazos no me anudes,
liana pérfida y letal.
¡A galope, mis corceles!
¡Mis hipógrifos, volad!
Vuestra blanca grupa azote
sin descanso, el huracán;
y de espuma, jadeantes,
las orillas salpicad,
que se oculten mis nereidas
en sus urnas de cristal,
y con súplicas no atajen
al colérico sultán;
que mi séquito de monstruos
no interrumpa el galopar
y a las barcas pescadoras
atropelle sin piedad...
Corro en pos de mi poeta.
  ¡Voy al mar!
 Y cual Safo, envuelto en blanca
ancha túnica imperial,
al Océano turbulento
arrojóse el Atoyac.

Las Oceánides

 ¡Se acerca, ya viene!
¡De prisa, que llega!
¡Que adornen corrales
las húmedas trenzas!
¡Ya viene el amado!
¡Ya viene el poeta!
¡Aquí todo es suyo!
¡Aquí siempre reina,
que a él le debemos
inmensa riqueza!
Decidle, cantando:
¡Oh hermosas sirenas!
que aquí de sus versos
la mar está llena:
son versos en libro,
y en conchas son perlas.

Los Laureles

 Dijo un laurel solterón,
por solterón egoísta;

puesto que se va el artista
ya se va nuestro ladrón.
 Y un laurel que se respeta
contestó: ¿A qué nos quedamos?
ya se va nuestro poeta?
 ¡Pues nos vamos!

Ante el Mar

 ¡Que espere el barco! La mañana fría,
con su túnica blanca y la corona
de húmedas rosas, a la mar desciende;
canta el gaviero; el marinero adusto
en su atezada pipa alegre fuma;
allá, doquiera, cual nevados cisnes
que de pie sobre el mar raudos caminan,
aparecen las velas de los botes;
se acerca el sol y puéblanse las ondas;
como de duendes áureos que traviesos,
luciérnagas acuáticas semejan;
los pescadores sus cabañas dejan
y, cansados al fin, duermen los besos.
 ¡Que espere el barco! Siga la mañana
muy quedo y muy despacio su camino;
una joven, la musa americana,
llorando se despide en la ventana
del poeta divino.
Le dice: "¡No te vayas todavía!"
como a su amante la gentil Julieta,
y entre besos respóndele el poeta:
"¡Me voy y vas conmigo: tú eres mía!"

M. Gutiérrez Nájera

Homenaje al Amigo

 Aquella enaltecida
diosa que honraron Piritóo y Eurialo;
la que tiene por mote indeficiente
fiel recuerdo *en la mente y en la vida;*
la Amistad soberana,
es la que aquí me trae: su altar sacro
no tendrá de mi mano rica ofrenda;
mas, el amigo dando aceptos vales,
en el ara pondré, cual pobre prenda,
mi sencilla corona de *inmortales*.

 Que la gloria mundana es como el humo
dicen; —que su fulgor se desvanece
como la frágil niebla

que el recio vendaval rompe y desgaja,
y que el renombre tiene su mortaja
del oscuro pasado en la tiniebla.

La humanidad, voluble y egoísta,
dice que para el muerto y para el ido
no hay recuerdos, ni amor, ni fe sincera,
y que todo, del tiempo en la carrera,
húndese para siempre en el olvido.

¡Mentira! La victoria
completa, del trabajo y de la idea,
es ver que un nombre eterno centellea
con letras de fulgores en la Historia.
¡Mentira! Para frentes en que el genio
brilla como aureola de diamantes,
sus flores y sus frondas los verjeles;
para nombres que irradian como estrella,
guarda la Fama su apoteósis bella,
y el porvenir su gloria y sus laureles.

En el cielo purísimo del arte,
al lado de las Fidias, los Apeles,
brillan cual soles ígneos, sin ocaso,
Mozart, Angel, Murillo;
Shakespeare y Byron, Alighieri y Tasso,
los sublimes cantores del lirismo,
enaltecen los fastos de las Letras;
Y Washington, Hidalgo, el gran Morelos,
astros son de esos cielos
que se llaman virtud y patriotismo.
¡Mentira! no hay olvido para el genio;
lo eterno y lo inmortal son su proscenio.

No; las sombras heladas del olvido
no ennegrecen los timbres que en la historia
vivos están, cual noble ejecutoria
de varones insignes.
—Transcurrido
ha más de un lustro... dos... años tres años;
y ausente ya el Maestro
de juventud que le respeta y ama,
y ya alejado el estro
que hizo vibrar alígera la fama,
creeráse que su nombre esclarecido
cubrió el pasado con crespón siniestro.

No es cierto... de Letrán los viejos muros
aún repiten, por férvidos conjuros,
los ecos de su voz, que era la guía

de juventud ardiente y soñadora,
del entusiasmo en la encantada vía.
Cuando nace la aurora
del Sur en las montañas,
aún irradia en el iris de sus luces,
como en visiones célicas y extrañas,
la gloria del patriota, del guerrero
tenaz, que será digno mexicano
mientras en su pecho el corazón le vibre;
que la pluma cambió por el acero
y combatió por ser su patria libre.

El templo de la ley aún resuena
con su acento viril y los fragores
de su palabra, ardiente cual estigma,
condenando a tiranos y a traidores.

Y la prensa, y el club, y la tribuna,
la cátedra, y el foro, y el Liceo
le ven como figura legendaria
en pedestal pentélico subido,
como el sabio en olímpico apogeo.
No; para él no hay sombra, ni hay olvido!

Se conoce la fértil sementera
si da rico tributo,
y al árbol se conoce por el fruto.
La región extranjera
que nos roba al patriota y al amigo,
verá que en él se ufana
la patria con llamarle digno hijo,
y es gloria de la tierra mexicana.

Después, cuando las cumbres
de alto Montserrat y de Cardona
repercutan los ecos de su fama
y den para su frente
de lauros y de encina la corona;
cuando la brisa alegre y juguetona
que toma sus rumores y frescura
del manso Llobregat en la corriente,
eleve hasta la altura
himno eterno en honor del mexicano,
sus ráfagas sonoras y veloces
repetirános con celestes voces
un nombre ya inmortal: "Altamirano".

Aquí, nos restará triste vacío
que nunca ha de llenarse, bien lo veo;
y el querido Liceo

sin su astro excelso quedará sombrío.
Mas aunque está lejano el divo astro,
él será resplandor que nos alumbre
al escalar del Helicón la cumbre;
y al llegar a nosotros del Maestro
la fama por sus triunfos y sus glorias
de él haremos dulcísimas memorias.

Luis G. Rubín.

AL MAR

> Mas ya te miro huír en lontanaza,
> oigo alegre el adiós de extraña gente,
> Y el buque, lento en su partida, avanza.
> *Ignacio M. Altamirano*

Hay algo de terrible y misterioso
en tu extensión espléndida, Océano!
Tu estruendo majestuoso
contrista al corazón; y estremecido
el mortal que ante tí medita a solas,
cree escuchar en el eco de tus olas
el eco de un dolor desconocido!

¡Qué triste es tu extensión! ¡Y qué imponente,
si sobre tí la tempestad se lanza,
y al enlutar la inmensa lontananza
corona con relámpagos tu frente!

Entonces ¡qué pavor! El mundo cruje;
el alma se anonada,
ante tu horrible majestad se aterra,
y no puede explicarse, acobardado,
como a tan rudo y formidable empuje
no se rompen los ejes de la tierra!

¡Y la nave!... ¿Qué ofensa pudo hacerte
para que tú la robes inhumano
llevándola a tu cárcel de cristales?
Tienes conchas y perlas y corales,
y aún ambicionas más, cruel Océano?

¡Ah! ¡siempre eres cruel! Aun cuando pura
y argentada y serena
se extienda tu magnífica llanura:
se deshacen las pálidas neblinas,
se eleva sobre tí la luna llena,
besa con sus reflejos cariñosa
las gardenias, que la onda desdeñosa

finge con sus espumas blanquecinas,
y todo queda en paz... Pero es en vano,
porque en tanto, meciéndose suave,
sus velas tiende la gallarda nave
y se apresta a partir... y tú, Océano,
tú la conduces sin placer, sin duelo,
indiferente, sin oír siquiera
el "adiós" que alza el vuelo en la ribera
y el "adiós" que en la popa tiende el vuelo!

¡Sí, Mar, tú eres cruel! Por eso ahora
la Juventud, la hermana de la aurora,
te nombra, palidece,
y olvidando el laúd de la Alegría,
siente que entre sus manos se estremece
el laúd de la pálida Elegía!...

¿Qué no escuchas? ¡oh Mar! la queja justa
de la Patria, que te habla emocionada,
acariciando tu extensión augusta
con la gloriosa luz de su mirada?
¿Qué no sabes ¡oh Mar! que ese viajero
es un sabio, un artista y un guerrero?
¿No tiemblas presintiendo
que al ocaso se acerca tu victoria?...
¡Ese viajero es tu rival, Atlante,
y crujía tu espalda de gigante
al peso de su nombre y de su gloria!

Las montañas del Sur fueron su cuna;
tus solemnes estruendos lo arrullaron,
y sus sueños, como águilas, se alzaron
rasgando el huracán de la fortuna.
Lo llaman los clarines del combate;
y corre, lucha, vence,
retorna, y deposita
de la Patria en las manos,
la justiciera espada
que adornaron, siguiéndole fieles,
la Libertad con sangre de tiranos
y la Gloria con fúlgidos laureles!
Su tribuna le ofrece el Parlamento:
sube, las frases en su labio juegan,
brotan altivas con sonoro acento,
y de eco en eco las repite el viento
y de eco en eco hasta la gloria llegan.
Sabio, deslumbra con su luz fulgente
a la anhelante multitud. — Artista,
hace brotar de su cerebro ardiente
de Apolo el sacro fuego,

y feliz de sentirse mexicano,
da a la faz del Idilio Americano
la severa expresión del Arte Griego!

¡Y tú, Mar, te dispones a llevarlo
en los traidores brazos de tus olas!...
¡Bien! ¡confiamos en ti! ¡Séle propicio,
y que lleve a las playas españolas
el nombre de los héroes venerado,
la musa nacional de los poetas,
y en su laúd cubierto de violetas,
el nombre de la Patria inmaculada!
¡Sí, confiamos en ti!... Mas ¿a qué el grito
que tu clemencia implora degradado?
Tu poder, Océano, fué infinito,
pero el hombre inmortal te ha encadenado!
Sonó su voz!... Hurañas tus espumas
al eco de esa voz se estremecieron;
en vano el huracán buscó al velámen,
en vano quiso la ola enfurecida
horadar el ferrado maderámen...
Sonó su voz!... El vencedor Progreso
tu encanecida frente
humilló con su espléndida bandera,
y sentiste, Océano omnipotente,
el látigo del hélice impaciente
que azotaba tus ondas altanera!

¡Ved!... ¡qué placer! — El ancho firmamento
enguirnalda con su iris la esperanza;
mil átomos de luz arrastra el viento;
se incendia la remota lontananza;
la brisa entona su cantar sonoro;
el agua se deshace en flecos de oro,
y el buque, lento en su partida, avanza.

¡Ved!... ¡qué placer! — Difunda el alma mía
del entusiasmo la fecunda llama!
Juventud soñadora, desparrama
tus rosas a los pies de la Alegría!
Y tú también, alzándote orgulloso,
levanta al cielo tu cantar grandioso;
devuelve pronto al sabio mexicano
a su nativo suelo,
y entonces la Amistad, mirando al cielo,
bendecirá tus ondas, Océano!

José M. Bustillos.

IGNACIO M. ALTAMIRANO [1]

Pensaba haber dicho algunos versos en la velada que dedicó el Liceo Mexicano al Maestro que se va; pero los versos me dejaron. Allí van los apuestos caballeros, el paje con su halcón prendido al hombro; el doncel vestido de seda; el capitán con su coraza de bruñido acero! Allí van los blancos penachos de pluma, las lucientes picas de las lanzas! Miro la nube de polvo. ¡Oigo el galope de los corceles! Allí van mis versos! Entro a mi poesía, y es un castillo solitario. Los leños de la chimenea, ya amaron, ya ardieron. Cuelgan de los muros algunos retratos de hombres torvos. Las grandes armaduras aguardan cuerpos que se fueron, como los cadáveres aguardan almas que volaron. Este castillo no puede ya hospedaros, ¡oh Maestro! Está en ruinas.

Algo nuestro va a irse en esa nave que espera en la bahía. Todos tenemos con Altamirano, próximo parentesco intelectual. Es el autor, de sus preclaras obras y, en mucha parte, es el co-autor también de casi todas las obras buenas de nuestras dos últimas generaciones literarias. Ha sido, por el voto unánime de todos los escritores liberales, algo así como Presidente en la República de las letras mexicanas. El ha procurado independerla, desvincularla, en cuanto es conveniente y razonable, de la literatura española. Su influencia, pues, ha sido efectiva, trascendental y provechosa. Ha aconsejado, ha alentado, ha dirigido. Por derecho de heredad, es el Maestro.

La influencia de D. Ignacio Ramírez —y aventuro con miedo, pero en conciencia, esta idea— no fué tan eficaz en la literatura. Se siente más en el desarrollo político de México, y menos en el arte. Ramírez fué de los grandes demoledores, y como buen escéptico, desdeñoso del vulgo, poco amigo de dar su espíritu en comunión a la generalidad, filosóficamente egoísta. Su burla, alejaba. Era su pensamiento de difícil acceso, como fortaleza alzada en la cumbre del peñón más árido y más alto. Venía Ramírez de las persecuciones, de los calabozos, de los destierros, y venía, no con odios, pero sí con amarguras, sí con incredulidad, sí con desprecios. Podría decirse que, como Dante, regresaba del Infierno. Sentía el agrio dejo de su vida azarosa. Su pereza no era modorra del entendimiento ni egoísmo: significaba lo que el *a quoi bon*? escrito por Lamartine en la última página del *contempus mundi*. ¿Para qué...? ¿Para qué escribir...? ¿Para qué luchar...? ¡Todo es inútil! El Nigromante no sembró; no creía en la fecundidad de la tierra: se le cayeron de las manos muchas simientes y de ellas brotaron las espigas. Ya una vez admitidos en su intimidad, ya una vez hospedados en su castillo, veíamosle tal cual era, honrado, bondadoso, sabio.

---

[1]. Hemos creído conveniente reunir, además de las composiciones leídas en la *Velada*, los artículos y poesías que, dedicados al Sr. Altamirano, publicaron varios periódicos de la capital.

Pero ¡cuán escabrosa la subida! Acaso ninguno de nuestros pensadores descendió a tan hondos abismos como él; acaso ninguno llegó a cumbres más altas; pero al volver a la tierra, Ramírez se reía de nosotros. Su Laura estaba en la cuarta esfera del Petrarca; su Beatriz, en el Paraíso. No cantaba sus dolores, porque temía que hiciéramos mofa de sus lágrimas. No enseñaba más de lo que enseñó, porque temía que no aprendiéramos.

Abrid los tomos de sus obras. Diríase al leerlas que visitamos ruinas clásicas. Y no son ruinas, sino acopio de preciosos materiales para construir un soberbio edificio. Allí hay mármol, allí hay oro, allí hay piedras preciosas; allí hay arcadas, allí hay plintos, allí hay capiteles, volutas, frisos de labor exquisita, pero todo está disperso, y todo adrede arrinconado. Parece que el arquitecto, como entre sueños y con olímpico desdén, le dice al mundo: —Puedo erigir perenne monumento y sé hacerlo, como lo miras, y no lo hago. ¿Para qué...?

La poesía de Ramírez tampoco sirvió de cauce a una nueva corriente literaria. Ibase él con las musas antiguas, despreciando a las modernas por estériles. Ibase con Horacio, su bueno y predilecto amigo. Ibase con el risueño Anakreon, su amable padre. Pero no se iba para traerlos en su compañía y hacerles gastar el zumo de nuestras vides —como Altamirano nos trajo a Horacio en sus *Abejas*— sino para decirles: ¡Héme aquí de regreso! ¡Soy de los vuestros, oh mis llorados ausentes, oh mis viejos compañeros!

Cuando Ramírez habla en verso, tal se diría que traduce de un poeta latino, o, algunas veces de un poeta griego. Lo moderno en literatura le disgusta. Desdeña la novela; búrlase del teatro actual; no quiere hacer crítica que sea creación, y creación bella. Todo lo puede hacer; pero no quiere. ¿Para qué...?

¡Cuánto bien, sin embargo, hizo a las letras, acaso involuntariamente, ese terrible demoledor! Allanó el camino; lo limpió de estorbos... Pero era preciso crear y sólo el amor crea, sólo él fecundiza. Tenía a su lado aquel maestro a un San Juan ardentísimo, el águila de Patmos, a Guillermo Prieto. Y tenía también a un discípulo querido, a su elocuente apóstol Pablo, a Altamirano. Estas dos grandes fuerzas han movido a la moderna literatura. De ambas hablaré con la necesaria detención, cuando escriba lo que me propongo escribir... ¡acaso nunca! Hoy sólo consagro a Altamirano algunas frases.

Tiene el talento de Altamirano la cualidad que faltaba al talento de Ramírez: la de ser simpático. Y por simpático entiendo, en este caso, lo que atrae al mayor número, lo que seduce, lo que cautiva, lo que perdona, lo que disculpa, lo que alienta, lo que esparce y prodiga cariño. En otro orden de ideas, ¿cómo había de decir que no es simpático el talento de Ramírez?

Altamirano tiene espíritu de apóstol. Propaga, predica, ama. Altamirano se entusiasma, corre sacudiendo su antorcha y gritando: ¡Aquí está, tomarla, que pase de mano en mano! Su deseo es hacer prosélitos; su esperanza arde siempre como el fuego conservado por las vestales. Alfredo de Vigny, según la frase de Saint-Beuve, se encerraba en su torre de marfil; Ramírez se encerraba en su hosco torreón de granito; Altamirano no quiere encierros ni clausuras, quiere luz, campo abierto, conquistas. Es un pródigo: da todo lo que tiene. No estudia para sí: estudia para todos. Su inteligencia no es avara, nada guarda. Altamirano es un admirable maniroto que a nadie escatima su talento. El dijo: ¡*Dejad que los niños se acerquen a mí!* y fué dueño de toda una generación! Esos niños fueron hombres; esos hombres son célebres y son suyos!

Por tener tal espíritu de propaganda, por sentir tal amor, Altamirano —y esto sí lo digo sin miedo y en conciencia— es más poeta que Ramírez. No es poeta arcaico, pero no porque no conozca a maravilla, no porque no ame a los poetas latinos y a los griegos sino porque al entrar la poesía clásica en sus versos, entra previo el requisito de que Altamirano la naturalice y le dé carta de ciudadanía mexicana. Léanse las *Abejas*. Descienden de las abejas del Hymeto; pero son de México. En sus *Naranjos* pueden posarse las cigarras que oyó cantar Virgilio; pero son naranjos de nuestra tierra.

Otros poetas americanos —este es vicio detestable— han exagerado muchísimo lo que llaman algunos el *color local*. En Cuba hay vates que lo son nada más porque riman mamey con siboney y con carey. Esa poesía emborracha como el olor de un plantío de chirimoya o guayabo. Altamirano es un poeta americano, por excelencia americano, pero que habla en correcto español, y que antes de ser americano, ha sido francés, ha sido latino, ha sido griego.

En Altamirano, al par que una intelección perfecta de la poesía clásica, existe el culto a la poesía moderna; y en los poetas del romanticismo, y en los franceses de la época presente, y en los alemanes como Heine, y en los ingleses como Tennyson, y en los portugueses como Herculano, y en los de Norte y Sud-América, ha libado la miel que destilan sus versos y que resulta filtrado por su ingenio esencialmente mexicano. Esto es ser, en realidad, un poeta original: no inculto, no ignorante, no sólo inspirado, no espontáneo nada más, sino deliberado y sabiamente original.

Pero en Altamirano el literato es tal vez superior al poeta. No tenemos otro literato más literato que él. Tendremos mejores filólogos, más pulcros hablistas, estilistas más brillantes, eruditos que hayan ahondado más esta o aquella mina del saber; pero no tenemos ningún literato superior a Altamirano. Literato a la manera de Saint-Beuve; crítico que es artista; erudito que resucita la belleza, no erudito de esos que parecen índices; en una palabra, Altamirano es el literato que pintaba Lessing: "el que ama apasionadamente las letras y es apasionadamente amado de ellas".

Tan literato y tan poeta es, que al escribir acerca de él, me olvido de los muchos otros títulos que tiene para pasar a la posteridad, revestido de gloria, y para merecer nuestra gratitud. Pero no quiero ya ni encarecer esta ilustre primacía. Lo que Altamirano vale, sólo como literato y como poeta no se dice, no cabe en un artículo. En esto, el amigo se despide del amigo; el soldado raso presenta el arma a su general en jefe. De todas maneras, habría preferido hablarle en verso. Mas a propósito es el verso para expresar intensas emociones. Hacer un juicio crítico del maestro me es ahora imposible. Puede ser que sus obras tengan defectos... pero, en este instante al despedirme de él, no se los hallo! No quiero, por egoísmo y por caridad, por no aumentar la pena mía y la pena de los otros, hacer memoria hoy de todas sus virtudes.

Quisiera, cobardamente, que no fuera un gran literato, que no fuera un gran amigo, para verlo partir con ojos serenos. Va a ser útil a la literatura nuestra en Europa; después de habernos educado, va a darnos a conocer... y sin embargo... yo quisiera mejor que no se fuera!

¡Vamos...! ¡El hombre siempre es niño! Y el niño tiene siempre miedo al mar... y llora cuando se aleja de sus padres!

Este artículo no es un juicio crítico, no es nada. No dice adiós al Maestro; no le dice "hasta luego", le dice sencilla y tristemente: ¡Volved pronto!

El Duque Job

¡EN MARCHA!
(Al Maestro Altamirano)

Ya sé de quién te despides
inolvidable Maestro:
te despides de la novia
de quien tienes más recuerdos;
te despides de la Patria
que es latido de tu pecho;
cielo azul para tus ojos,
visión para tus ensueños;
te despides de la virgen
a quien le debes más besos.

La nave está aparejada,
el mar te espera sereno;
la montaña de la *Estrella*
aguarda tu adiós supremo.
¡Te vas! Unas cuantas horas,
y tus nobles pensamientos
nacerán para los tuyos

entre los mares y el cielo;
¿qué nos dirás cuando pienses
en nosotros desde lejos?

Lo adivino. ¿Qué le dice
el corazón al recuerdo?
Le dice que es nube de oro
para su horizonte inmenso;
le dice que es flor brillante
para su marchito huerto;
le dice que es armonía
para su espíritu enfermo;
pues, eso, en lo que se piensa
los ojos de llanto llenos,
eso nos dirás pensando
en la patria, desde lejos.

Vé tranquilo, aquí se quedan
esperando tu regreso
los que velan, arma al brazo,
de tu gloria los trofeos.
Lira, espada, toga y lauros
que renombre te valieron,
son tesoros que adoramos;
no son tuyos; ya son nuestros.

La nave está aparejada,
el mar te espera sereno.
¡En marcha! No partes solo,
te siguen nuestros recuerdos.
Ya verás como a los mástiles
que hace estremecer el euro
se acogen las golondrinas,
que son nuestros pensamientos.

Ricardo Domínguez.

IGNACIO M. ALTAMIRANO

Es una objeción viviente contra los que niegan la existencia de la literatura nacional.

Con ella parece haber nacido, haber pasado por la infancia y estar en la juventud.

Su personalidad se destaca radiante en ese claro-oscuro de los albores de la República y la Reforma.

Las defiende con la espada en los campos de batalla, con la pluma en el periodismo y con la palabra en la tribuna.

Su origen es un estímulo para vigorizar a la juventud que desmaya ante lo grande, por temor a la humilde condición social.

Debería figurar en el *Self Help* de Samuel Smiles, como un experimento feliz del poder de la voluntad.

Para los decaídos de ánimo, los pobres de espíritu y los que exclaman al seguir la carrera de un arte o de una ciencia ¡ya es tarde! es un ejemplo eficaz que hace revivir el alma y desafiar todo género de obstáculos.

Era su familia de la clase proletaria en Tixtla, y la clase proletaria de Tixtla apenas tiene que comer.

Allí se pasa por rico con cuatro asnos. Los tatarabuelos llevaban por nombre y apellido dos nombres propios, uno tras otro, como es costumbre entre la raza indígena: Juan Antonio, Jesús Felipe o María Francisca, Juana Antonio.

Del matrimonio nació un varón, y los esposos buscaron padrino de bautismo.

Después de llamar de puerta en puerta, les respondió en la suya un español radicado en la ciudad y llamado Juan Altamirano, que se dedicaba al cultivo de la morera y a la industria de la seda.

—Señor, le dijeron, venimos a ver si quieres ser el padrino de bautismo de este niño.

El español, caritativo, anciano y sin descendientes, respondió:

—Sí, lo seré; pero con la condición de que lleve mi nombre y apellido, y de que se críe en mi casa.

La propuesta fué aceptada y el ahijado se llamó Juan Altamirano.

Cuando los padrinos murieron, el hijo adoptivo heredó los bienes que tenían.

Juan llegó a hombre, y al casarse tuvo un hijo a quien le puso el mismo nombre de pila.

Y éste, a su vez, con sus hijos observó idéntica conducta respecto al apellido.

Uno de ellos fué el padre de D. Ignacio.

Por una devoción tradicional de familia, desde el caritativo español, debía de haber, entre los hijos de la familia, un Juan, un Manuel y un Ignacio.

Por eso el Maestro se llama Ignacio Manuel.

El autor de sus días llegó a ser alcalde; en aquel tiempo autoridad de mucho valer y respeto.

Entonces en Tixtla había tres alcaldes: dos *de razón* y uno indio.

Cuando lo fué Francisco en 1830, época del gobierno de don Anastasio Bustamante, pasó por la ciudad el coronel Merino, que iba a batir a las fuerzas de Alvarez y Guerrero, enseñoreadas del Sur y casi invencibles.

Los alcaldes de razón, al saber que los gobiernistas se acercaban, huyeron, y Francisco quedó solo como autoridad.

Merino lo llamó violentamente para que en un término preciso proporcionara víveres a la tropa; pero habiendo transcurrido algunas horas, el coronel le mandó un recado amenazante con el oficial Otero.

Francisco estaba escribiendo (¡sabía leer y escribir!) en la Casa Municipal, cuando se presentó el enviado.

—Dice mi jefe que inmediatamente pase Ud. a hablarle.

—Allá voy —contestó la autoridad.

Como tardara, Otero profirió.

—Pero ¿qué espera Ud.?

El alcalde, que escribía a la luz de una vela, esperaba enfriarse para obedecer.

Salió al aire libre, y a los pocos pasos dijo al oficial, restregándose los ojos:

—Guíeme Ud., para poder ir.

¡Había quedado ciego!

Merino tomó a broma el hecho y continuó impertinente y duro con el alcalde.

Sabida la noticia por los principales indígenas, proporcionaron a Merino todo lo que deseaba y partió para la Sierra a la campaña.

A su vuelta, en derrota y humillado, visitó a Francisco y le preguntó por su salud.

—El primer recuerdo que guardo de la memoria de mi padre, es haberlo conducido de la mano por la calle —díjome el Maestro emocionado.

Empezó a ir a la escuela de primeras letras. Era el profesor un tal Cayetano de la Vega. Allí en la escuela había establecida una profunda división: de un lado estaban los niños de razón y de otro los hijos de los indios: a los primeros se les enseñaba lectura, escritura y aritmética, y a los segundos únicamente la doctrina cristiana: el Ripalda.

Ignacio Manuel no era de los privilegiados: estaba del lado donde se aprendía el Padrenuestro.

El año 1842 su padre resultó nuevamente nombrado alcalde.

El pueblo le puso arco de flores a la puerta de su casa, y en todo el bendito día tocaron las chirimías y los atabales.

Llegó la hora de las felicitaciones y, como era natural, el profesor de la escuela fué uno de los primeros en acercarse a darlas.

El indio Francisco, al despedirse de don Cayetano, le manifestó al vuelo:

—Le recomiendo a mi hijo Ignacio que está en la escuela.

—¿Su hijo? ¡Mañana lo paso con los de razón! —respondió Don Cayetano.

Los padres comenzaron a calentarse el seso sobre el porvenir del hijo. le pidió su cartilla. Ignacio, que no la llevaba, echó a correr para su casa, donde ya se la tenía preparada su señora madre; pero que creyendo una urdimbre la promesa de D. Cayetano, no se la había dado.

Era un 2 de Enero, cuando Ignacio salió por primera vez del hogar con su bolsón terciado, del hombro a la cintura, conteniendo la cartilla y el puntero.

—¡Pero, qué puntero aquel! ¡era mi encanto! dijo el Maestro recordándolo.

Apenas tomó asiento en el lugar de los privilegiados, se levantó una protesta general, unánime, violenta, tremenda entre todos los de razón.

—Tú, ¿qué vienes a hacer aquí? —le decía el de al lado, dándole un fuerte codazo.

—¿Qué quieres aquí? —le decía otro poniéndole cara de potrillo encabritado.

—¿Qué? si ya soy de razón —respondió Ignacio algo compungido.

D. Cayetano se apercibió de la protesta, y levantándose imperativo y severo, dijo:

—Ese niño es ya de razón.

Y todo volvió al orden.

¡Se trataba del hijo del alcalde!

Ignacio poco a poco se fué desencogiendo entre sus condiscípulos.

El primer año obtuvo el primer premio de lectura y escritura; y en el segundo, el primero también de doctrina cristiana y aritmética.

El ambicionado premio consistía en doce pesos.

En el segundo tuvo por competidor a un indio aplicado de un pueblecito vecino. El profesor se lo indicó, y el niño puso en manos de su rival la mitad del dinero.

Y pudo vestirse y usar sombrero de criollo.

Concluyó la instrucción primaria.

Los padres comenzaron a calentarse los sesos sobre el porvenir del hjio.

—Quería yo ser herrero —pensaba él.

Y entró al oficio de herrero.

A los seis meses de soplar con los fuelles, intentaron ponerle el mandil del oficio y hacer que manejara el martillo.

¡Todo fué infructuoso!

Díjole el maestro:

—Tú eres muy flaco.

Y lo condujo de la mano a la casa paterna:

—D. Francisco, su hijo no sirve para herrero.

Otro calentamiento de cabeza para los padres.

—Pues que sea pintor —dijeron.

Y comenzó a moler colores con los dibujantes Jiménez y Ortega.

No pudo dar un solo paso adelante en el nuevo oficio.

Viendo que se pasaba el tiempo sin provecho, sus padres volvieron a pensar seria y tristemente en el porvenir del joven.

En un instante de desaliento exclamaron:

—¡Lástima que no haya sido herrero!

Parecían habérsele cerrado todas las puertas del porvenir.

¡Quizá no sería nada!

Pensamientos dolorosos roían el cerebro de los dos ancianos, cuando un alguacil avisó que al señor alcalde y al niño los necesitaban violentamente en la Casa Municipal.

Allí estaban reunidos el subprefecto Francisco Campos, el cura, el administrador de rentas, el de tabacos y los demás alcaldes.

Al presentarse Francisco, lo pusieron así al tanto del acontecimiento:

"Ha venido una ley del Estado de México, ordenando que cada Municipio mande un alumno al Instituto Literario de Toluca".

Se trataba de la ley Ignacio Ramírez.

—¡Cómo no he de venerar a ese hombre! —exclamó el Maestro.

Las condiciones eran tener de 12 a 14 años de edad, ser pobre, indígena, y haber sido alumno aprovechado de la escuela del pueblo.

El concurso tuvo lugar ese mismo día, entre treinta competidores, ante el referido personal, que fué el jurado de calificación.

Terminada la solemnidad, el presidente de la Mesa hizo saber lo siguiente:

"D. Francisco, su hijo de Ud. se ha sacado como premio el ir a Toluca".

A lo sumo, dentro de diez días sería la marcha.

Pero no había recursos.

La familia abrió entonces una suscripción, habiendo desembolsado el pariente más rico *dos reales*.

El comandante Ignacio Campos, viendo las dificultades para la realización del viaje, proporcionó dos caballos de tropa rezagados.

Los padres de Ignacio, al principio, no vieron más remedio que hacer el viaje a pie; pero al fin se hizo, y el agraciado se presentó al Gobernador Flores.

Como no llevaba dinero, hubo inconvenientes que se vencieron con mil trabajos. Y el niño comenzó su brillante carrera y siguió ganándose siempre el primer premio.

Véase ahora lo que ha escrito el Maestro:

Rimas, en que han tenido ya cinco ediciones.

Discursos, que forman dos volúmenes y que van a publicarse reunidos dentro de poco tiempo.

Prólogos y Juicios. —Dos volúmenes.
Revistas Literarias. —Dos volúmenes.
Novelas. *Clemencia.* —Que ha tenido cinco ediciones.
Antonia. —Dos ediciones.
Beatriz (no concluida); pero que ha tenido dos ediciones.
La Navidad en las montañas. —Cuatro ediciones.
Julia, de la que se han hecho varias ediciones.
El Zarco (actualmente en prensa en Barcelona).
Inéditos. —Los Galeanos. —Atenea. —Los Cimarrones.

Además numerosos artículos políticos publicados en *El Siglo* XIX, de que fué redactor con Zarco; en *El Monitor Republicano* que redactó también en unión de Ramírez, Iglesias y Prieto; en *El Correo de México* de cuya redacción fué jefe y que estaba formado de Ramírez, Prieto, Cuéllar, Peredo, Chavero y García Pérez; en *El Federalista,* en el que escribió con Payno, José Fernández y Gonzalo Esteva; en *La Tribuna, La República, La Voz del Pueblo,* y *El Eco de la Reforma,* en Guerrero, y en otros muchos periódicos políticos cuya enumeración sería larga.

Bien decía D. Cayetano:
"Ese niño es de razón".

Angel Pola

AL ILUSTRE MAESTRO
SR. LIC. IGNACIO M. ALTAMIRANO
(Antes de su partida para Europa)

En la excelsa y luminosa
región del mundo ideal
sois el águila caudal
que hiende el espacio airosa:
y nosotros la anhelosa
bandada que, allá distante,
en vuestro vuelo gigante
hacia el sol de la verdad,
os siguió en la inmensidad
de aquel Olimpo radiante.

Ya que a otra tierra lejana
vais el ala a remonatar,
quiera el numen tutelar
de la gloria americana
que vuestra musa galana,
robando su fuego al sol,
del alto Pindo español
aborde la enhiesta cumbre,
y de la apolínea lumbre
nos bañe el claro arrebol.

Al culto pueblo de Oriente
hablarán, por vuestro labio,
Netzahualcóyotl el sabio
y Cuauhtémoc el valiente.
Y el que piensa, y el que siente
del progreso el santo afán,
por todos, en vos verán,
los ojos abriendo ufanos,
que tienen dignos hermanos
en esta tierra de Aztlán.

Cuando en alma aspiración
que el patrio recuerdo encierra,
la nostalgia de la tierra
os oprima el corazón;
que, en sublimada ilusión
de vuestra mente creadora,
entre reflejos de aurora
se alce la visión dorada
de juventud ilustrada
que os admira y que os adora.

Los que se quedan acá,
del cariño a la influencia,
sienten que algo de su esencia
con vos, Maestro, se va.
Y es el alma que ya está
acostumbrada a seguiros
en los olímpicos giros
del ideal y el sentimiento,
y que se va en un lamento
a vos, en nuestros suspiros.

México, Agosto de 1889.

Juan de Dios Villalón.

EN HONOR DE ALTAMIRANO

La noche del lunes se celebró en el Salón de la Sociedad de Geografía y Estadística, la Velada Literaria con que el "Liceo Mexicano" se despedía de su Maestro, el Sr. Lic. Ignacio M. Altamirano:

Numerosos eran los asistentes, y entre ellos figuraban muchos de nuestros literatos.

La Mesa estaba formada por el Sr. Fernández Granados, presidente del "Liceo", que tenía a su derecha al Sr. Altamirano y a su izquierda al Sr. Juan de Dios Peza.

Difícil es aquí nuestra tarea, para poder siquiera dar una idea de lo que fué aquella Velada.

Era un torneo literario, y a cada combatiente que se presentaba, parecía imposible que los que seguían pudieran decir más de lo que se había dicho.

Y sin embargo, así era. El espectador caminaba de una emoción a otra, emoción indefinible, causada por aquellas bellezas literarias, por todas esas frases hermosas y sentidas, que se sucedían vivas y radiantes.

A la grave y mesurada lógica del discurso seguía la dulzura infinita, conmovedora, de la poesía; y el ánimo gozaba, y vibraban las fibras del sentimiento, y el corazón se bañaba en inefable encanto al influjo de aquellos arranques de inspiración, de aquellos destellos vívidos de la inteligencia humana.

El discurso oficial del Sr. Angel de Campo fué en verdad hermoso, y muchos aplausos acogieron las palabras del joven orador.

Después, una grata sorpresa esperaba a los que asistíamos a aquel acto. El Sr. Sosa dió lectura a una galana composición poética de nuestro vate nacional Guillermo Prieto.

Estaba escrita en romance, en ese romance que tan bien sabe manejar la pluma del autor del Romancero.

¡Cuántas veces, durante su lectura, pudimos advertir la emoción que embargaba al Sr. Altamirano! ¡Qué lágrimas tan sinceras nublaron sus ojos al escuchar las frases de despedida de su amigo y compañero!

A la poesía del Sr. Prieto siguió la del Sr. Luis G. Ortiz, que fué leída perfectamente por el Sr. Fernández Granados.

A Luis G. Ortiz se le conoce demasiado como poeta, e inútil sería querer agregar algo por nuestra parte. Su composición, podemos decir que fué algo así como un idilio de ternuras, como un recuerdo de los goces de la patria; modulaciones de un ruiseñor que se separa de otro y le despide con su canto más tierno, con sus gorjeos más amantes.

Tocó su turno a Juan de Dios Peza. Comenzó a hablar y entonces fué una serie de aplausos. Cada quintilla leída con esa facilidad que todos conocemos en él era recibida por las demostraciones de los concurrentes. ¿Qué podríamos decir de la poesía de Peza? Nada. Peza es el autor de los "Cantos del Hogar"; en ellos se comprende cuánto amor se encierra en el alma de nuestro aplaudido poeta, y tal vez por eso, al oírlo la otra noche, al escuchar su poesía, en la que campeaban elevados pensamientos, hermosísimas ideas, le aplaudimos con toda efusión, no sólo por el goce que en esos instantes nos proporcionaba, sino por el recuerdo que él traía a nuestra mente, haciendo revivir en ella aquellos cuadros puros y dulcísimos, que ha pintado con mano de maestro en sus Cantos.

Dejemos al poeta.

El Sr. Antonio de la Peña, hijo del Sr. D. Rafael Angel de la Peña, conocido académico mexicano, dió lectura a una larga carta del Sr. Justo Sierra, en la que pedía perdón a los miembros del "Liceo" por no poder asistir a la Velada organizada por ellos. En esta carta, modelo de literatura, manifestó el Sr. Sierra que no se sentía con fuerzas físicas ni morales para concurrir a esa despedida, terminando su epístola con una tierna reminiscencia de aquellas noches en que después de haber cruzado por varias calles de la capital se separaban diciéndole: Adiós; hasta luego Maestro.

Continuó la poesía del Sr. Luis G. Urbina. Dos palabras solamente: Luis G. Urbina siente; Luis G. Urbina es poeta!

Al discurso del Sr. Porfirio Parra, en que dicho orador habló de la Patria, emitiendo pensamientos verdaderamente elevados y concepciones sublimes, siguió la poesía del Sr. Luis G. Rubín, que arrancó también nutridos aplausos.

Continuó el discurso del Sr. José P. Rivera, muy bien dicho, y cuando hubo terminado este joven, siguió el Sr. José M. Bustillos que recitó su poesía intitulada "Al Mar".

El único elogio que podemos hacer de ella, es decir que Juan de Dios Peza, que estaba sentado cerca del joven poeta, le estrechó la mano con entusiasmo.

Esperamos que se publiquen todos los discursos pronunciados en esa noche, así como las poesías, y entonces juzgarán nuestros lectores cuál es el estado de nuestro espíritu al escribir estas líneas, y verán qué pálidas, qué desprovistas de brillo son nuestras humildes frases al lado de las que en ese instante se vertieron.

El Sr. Fernández Granados leyó una poesía pequeña pero valiosa; y como era de esperarse, el maestro, en medio de generales aplausos, se levantó para hacer uso de la palabra.

¡Cuánto sentimos no poder transcribir una a una sus palabras sencillas y elocuentes!

La emoción lo dominaba, y lo expresó así en una frase que para nosotros fué la más bella de la noche: "aquí tenéis a este orador, tan alabado por vosotros, que ahora no puede, no sabe hablar".

¡Sí podía! Sus frases eran cortas, en ellas pintó las impresiones bajo las que había escrito sus obras, confesó que al acoger a los jóvenes lo había hecho como una noble venganza de los sufrimientos que habían amenguado su existencia, y terminó diciendo que en tierra extraña procuraría siempre por el progreso de la literatura nacional, y que nunca olvidaría a sus discípulos, y amigos; que estarían *"lejos de los ojos, pero cerca del corazón"*.

Es verdad, el Maestro se aleja, pero entre nosotros existirán siempre sus obras. Es un hombre ilustre que se va, y un recuerdo glorioso que nos queda.

El Nacional

NOTAS

Notas al Capítulo I

[1]. Joaquín García Icazbalceta, "La instrucción pública en México durante el siglo XVII" en *Memorias de la Academia Mexicana*, II, 290.

[2]. D. *Juan Ruiz de Alarcón y Mendoza*, Madrid, 1871, pág. 108.

[3]. Me refiero al Dr. Alfonso Méndez Plancarte quien ya va por el tercer tomo de sus *poetas novohispanos*, trabajos de inestimable valor; el Lic. José Rojas Garcidueñas, incansable investigador del teatro antiguo mexicano; el Profesor D. Francisco Monterde, Ermilo Abreu Gómez, Antonio Castro Leal, y otros distinguidos investigadores de la literatura mexicana.

[4]. Para celebrar las exequias de Carlos V en 1560 preparó don Francisco Cervantes de Salazar un opúsculo, *Túmulo imperial de la gran ciudad de México* (1560), en la que se describen las fiestas y se da cuenta de las poesías latinas y castellanas que los ingenios mexicanos prepararon para tan solemne ocasión.

[5]. "Fiestas en México en 1578", Sobretiro del Núm. 9 de *Anales del Instituto de Investigaciones Estéticas*, México, 1942.

[6]. El profesor Harvey L. Johnson publicó en 1941 en Philadelphia una edición crítica del *Triunfo de los Santos*, tesis doctoral preparada en la Universidad de Pennsylvania.

[7]. *Siglo de Oro* (1608), ed. de la Academia Española, Madrid, 1821, pág. 133.

[8]. Folio 31.

[9]. *La grandeza mexicana* (1604), folio 35.

[10]. *Item.* folio 36v.

[11]. *Historia de la poesía hispanoamericana*, Madrid, 1911 (2 tomos); I, 45. El padre Juan Adriano celebró hacia 1590 un certamen poético en honor a Santa Cecilia.

[12]. Según el padre Alegre, copiado por García Icazbalceta, *obras* (Bib. de autores mexicanos), México, 1896; tomo I, 231.

[13]. Padre Alegre (Véase *Poetas novohispanos 1521-1621*) (México, 1942) de Méndez Plancarte, Introducción, XXVII.

[14]. Hablando del jesuíta Cosme de Flores el Dr. Méndez Plancarte en su primer tomo de los *Poetas novohispanos* (1521-1621), pág. XXVIII, dice que Cosme de Flores es autor de una oda, aún inédita, *Al glorioso P. Ignacio de Loyola*, presentada en un certamen, "quizá en las fiestas de la Beatificación (1610), o bien —según otros indicios— por 1597. Entre esos poemas, de diversos jesuítas, hay —fuera de los latinos, muy superiores— otros hispanos".

[15]. *Op. cit.*, pág. 65.

[16]. *El teatro de Nueva España en el Siglo* XVI, México, 1935, pág. 65.

[17]. *Poetas Novohispanos 1521-1621* (México, 1942), pág. XLIII.

[18]. Ed. de la Biblioteca del Estudiante Universitario, 1944. Pág. 54; folios 126 a 129 de la ed. original de 1620, según Agustín Yáñez, editor de la edición universitaria.

[19]. Méndez Plancarte, *Poetas Novohispanos. 1621-1721* (primera parte); pág. XXXIII.

[20]. García Icazbalceta, *Obras*, I, 357.

[21]. José Mariano Beristáin de Souza, *Biblioteca Hispano-americana Septentrional*, México, ed de 1815-21; I, 485.

[22]. Lic. D. Enrique Gómez Haro, "Contingente de Puebla al cuadal de la literatura patria", en *Bohemia poblana*, Puebla, Año II, Núm. 13, pág. 1

[23]. Méndez Plancarte, *Poetas Novohispanos*. 1621-1721 (primera parte), págs. 71-72.

[24]. *Certamen poético que celebró la docta y lucida escuela de los estudiantes de la Real Universidad de México*, 1654.

[25]. *Vida de Sor Juana*, México, nueva ed., 1936, págs. 23-24.

[26]. Véase: *Neptuno alegórico. Arco triunfal con que la Santa Iglesia de México recibió en su solemne entrada al virrey de la Nueva España*, México, s. f.

[27]. *Op. cit.*, II, 194.

[28]. *Empresa métrica decifrada en números y alegorizada en symbolos, que excitó a los cisnes de Apolo, para que liberando en sus fútiles plumas y dulces voces los buelos y las armonías... la devoción de Jesús Nazareno*, México, 1665.

[29]. Méndez Plancarte, *Poetas Novohispanos*. 1621-1721. Primera parte, págs. 109-110.

[30]. *Descripción poética de los funerales, pompas que a las cenizas de la magestad augusta de D. Philipo Quarto... y a la plausible universal aclamación a la jura de la magestad de Don Carlos Segundo...* México, 1666.

[31]. *Festivo aparato con que la compañía de Jesús celebró la canonización de San Francisco de Borja*, México, 1672.

[32]. Se encuentra en el *Festivo aparato*, y es reproducida en el segundo tomo de los *Poetas Novohispanos* del Dr Méndez Plancarte.

[33]. *Breve relación de la plausible pompa y cordial regocijo con que se celebró la dedicación del templo del ínclito Mártir S. Felipe de Jesús...* México, 1673. La obra va dedicada al Marqués de Mancera.

[34]. *Glorias de Querétaro*, pág. 60. (La ed. de 1680 fué refundida por Joseph María Zelaza e Hidalgo y publicada en México en 1803).

[35]. Irving A. Leonard, *Don Carlos de Sigüenza y Góngora. A Mexican Savant of the Seventeenth Century*, Berkeley, California, 1929, pág. 20.

[36]. Las tres citas de Sigüenza y Góngora son de *Glorias de Querétaro*.

[37]. *Op. cit.*, pág. 71.

[38]. Agustín Vetancurt, *Teatro mexicano*, México, 1698, Parte 4, tratado 2, número 74.

[39]. *Poetas Novohispanos*, Tomo III, pág. XIII.

[40]. *Certamen poético, palestra de ingenios en la campaña de el discurso a la solemne dedicación del templo de México...* México, 1692. (Beristáin atribuye esta obra a Fray Sebastián Sánchez, aunque en la obra no consta así. El *certamen poético* en verdad fué el *cartel* anunciando los temas).

[41]. *Arco triunfal que la insigne metropolitana de México dibuxó en su entrada al Exmo. señor Don Juan Antonio Vázquez de Acuña, Marqués de Cassa Fuerte*, México, 1722.

[42]. Cf. Francisco Pimentel, *Historia crítica de la literatura y de las ciencias en México, desde la conquista hasta nuestros días*, México, 1885. 5 tomos; Véase IV, 363.

[43]. Certamen descrito en un folleto publicado por el Real Colegio de San Ignacio de Puebla, 1768.

[44]. *Breve descripción de las solemnes exequias que en los días de 25 y 26 de junio de este año de 1779 se celebraron en la Santa iglesia catedral de México al Exmo. Baylio Fr. Don Antonio María de Bucareli y Ursúa*, México

⁴⁵. *Descripción del modo con que se conduxo, elevó y colocó sobre su base la real estatua de nuestro augusto soberano el Señor Don Carlos IV*, México, 1804.

⁴⁶. *La Gazeta de México*, 7 de diciembre de 1796 (Tomo VIII, Núm. 28) cuenta como se inauguró el 9 de diciembre de 1796 en la Plaza Principal (El Zócalo) una estatua de madera y estuco dorado y que hubo fiestas por 3 días, además de toros por espacio de una semana. La estatua de bronce de 1803 se inauguró 7 años exactos después de colocada la de madera.

⁴⁷. Tomo XI, Núm. 48, págs. 395-396.

⁴⁸. Beristáin, "Breve prólogo del que ofreció los premios", *Cantos de las musas*. México, 1804, pág. 218.

⁴⁹. *Obras poéticas del Sr. Don Francisco Manuel Sánchez de Tagle*, México, 1852. Tomo I, 84 87. Y Manuel Mañón, *Historia del teatro principal de México*, México, 1932, pág. 43.

⁵⁰. Según Carlos González Peña, *Historia de la literatura mexicana*, México segunda ed., 1940, pág. 122.

⁵¹. *Historia de la literatura mexicana*, tercera ed., México, 1942, pág. 104.

⁵². Luis G. Urbina, La literatura mexicana durante la guerra de la independencia, Madrid, 1917, pág. 75.

⁵³. *Diario de México*, 10 de diciembre de 1805; tomo I, núm. 71, pág. 314.

⁵⁴. *Tonadillas* eran canciones que se entonaban en los entreactos, siendo acompañadas por la guitarra o vihuela. Los tocadores se sentaban en semicírculo, rodeando a la *cantarina*.

⁵⁵. *Diario de México*, 20 de diciembre de 1805, tomo I, núm. 81, pág. 354.

⁵⁶. *Diario de México*, 30 de octubre de 1805, tomo I, núm. 30, pág. 120.

⁵⁷. *Diario de México*, 29 de abril de 1806, tomo II, núm. 211, pág. 478.

⁵⁸. 3 de septiembre de 1807, tomo VII, núm. 704, pág. 11.

⁵⁹. *Op. cit.*, pág. 174. Urbina menciona también un drama, *Cortés de Tarasco*, un melodrama, *La mexicana en Inglaterra*, y una tragedia de asunto azteca, *Xóchitl*.

⁶⁰. *Diario de México*, 27 de octubre de 1809, tomo XV, núm. 1487, págs. 483-485; y el núm. 1509 del 18 de noviembre de 1809, pág. 576.

⁶¹. *Diario de México*, 19 de mayo de 1816.

⁶². *Diario de México*, 14 de agosto de 1816.

Notas al Capítulo II

1. *El Diario de México*, 16 de abril de 1808, Tomo VIII, núm. 930, pág. 327.
2. *Item.*, págs. 327-328.
3. *Museo Mexicano* (1844), IV, 356.
4. *La lira michoacana* (1894), pág. 42.
5. *Diario de México*, 17 de mayo de 1806, tomo III, núm. 229, pág. 69.
6. *Item.* Tomo IX, pág. 225.

Notas al Capítulo III

1. Bernardo Couto, "Bibliografía de Don Manuel Carpio", *Memorias de la Academia Mexicana*, México, 1876, I, 294.
2. *Memorias de mis tiempos. 1828-1840.* México, 1906, pág. 160.
3. *Memorias...* pág. 167.
4. *Memorias....* págs. 188-195.
5. *Memorias....* pág. 216.

⁶. *Historia de la literatura mexicana*, México, 2ª ed., 1940, pág. 155.
⁷. *Flor de mis recuerdos*, México, 1855, págs. 419-420.
⁸. *Flor de mis recuerdos*, pág. 423.

Notas al Capítulo IV

¹. *El Ateneo Mexicano*, México, 1844, Tomo I, pág. 48.
². *Item.*, pág. 24.
³. *Item.*, pág. 144.
⁴. *Flor de mis recuerdos*, pág. 424.
⁵. Marcos Arróniz, *Manual de biografía*, México, 1857, pág. 210.
⁶. *El Siglo* xix, 26 de enero de 1851, pág. 104. (No se ha de confundir este *Ateneo Mexicano* con un colegio de igual nombre, fundado el 1ero. de enero de 1867 por el ingeniero de minas D. Celso Acevedo. Para más informes sobre el *Ateneo Mexicano*, véase el Apéndice).
⁷. Este programa fué publicado en *El Siglo* xix, 17 de enero de 1851, pág. 68.

Notas al Capítulo V

¹. *Flor de mis recuerdos*, pág. 424. No se ha de confundir esta asociación con la Sociedad Hidalgo, de carácter mutualista, fundada en 1867. (*El ferrocarril*, 4 de junio de 1870, tomo III, núm. 130).
². *La ilustración potosina* (1869), tomo I, 19.
³. *Obras completas*, México, 1903-04. Tomo V, 204.
⁴. *Reseña histórica del teatro de México*, México, 1904, tomo III, 27.
⁵. *El libro de mis recuerdos*, México, 1904, pág. 528.
⁶. Pág. 210.
⁷. *La ilustración mexicana* (1851, tomo I, págs. 110-114).
⁸. *El Siglo* xix, 15 de julio (pág. 690), y 25 de julio de 1851 (pág. 729).
⁹. En la sesión del 2 de marzo de 1851 se acordó celebrar un concurso literario para premiar el mejor elogio al malogrado poeta Ignacio Rodríguez Galván (*El Siglo* xix, 8 de marzo de 1851, pág. 267).
¹⁰. *El Siglo* xix, 21 de enero de 1873.
¹¹. *Item*, 28 de enero de 1873, y *La Iberia*, 29 de enero de 1873.
¹². *El Siglo* xix, 4 y 11 de febrero de 1873.
¹³. *Item*, 29 de abril, 1873.
¹⁴. *Item*, 3 de junio de 1873.
¹⁵. *El Domingo* (6 de julio de 1873), tomo IV, 405; y *El Siglo* xix, junio 27 de 1873 (La oda apareció el primero de julio en *El Siglo* xix).
¹⁶. *El Siglo* xix, junio 30 y 1 de julio de 1873.
¹⁷. *El Domingo*, septiembre 7 de 1873, pág. 520.
¹⁸. *El Federalista*, 23 de febrero de 1876.
¹⁹. *El Liceo Hidalgo*, México, 1884 (22 de septiembre), 1, 32.
²⁰. Véase *Apéndice* para Actas del Liceo Hidalgo.
²¹. Juan B. Iguíñiz, *Bibliografía de novelistas mexicanos* México, 1926. pág. 19.
²². *Obras de Manuel José Othon*, México, 1928; tomo I, XLVII.
²³. Ernest R. Moore y James G. Bickley, "Rafael Delgado. Notas bibliográficas

y críticas", en *El libro y el pueblo*, Sept.-Oct. 1941. Tomo XIV, núm. 4, págs. 26-7. ("Este relato de la vida de Delgado es un compendio de su biografía según se halla en *The Life and Works of Rafael Delgado* —Tesis docotoral— por James Graham Bickley, Universidad de California, 1935").

[24]. Rafael Garza Cantú, *Algunos apuntes acerca de las letras y la cultura* de *Nuevo León*... México, 1910, pág. 585.

[25]. Francisco Monterde, *Bibliografía del teatro en México*, México, 1934, pág. 532.

Notas al Capítulo VI

[1]. México, 1884, pág. 765.
[2]. Domingo R. Arellano, *Versos de Manuel Acuña*, México, 1874, pág. XIII.
[3]. Salvador Ortiz Vidales, *Don Guillermo Prieto y su época*. México, 1939. pág. 86.
[4]. Hernán Rosales, *Amado Nervo, La Peralta y Rosas*, México, 1926, págs. 97-98.
[5]. *Memorias de mis tiempos*, pág. 79.
[6]. *El álbum mexicano*, I, 17.
[7]. *La Iberia*, 3 de noviembre de 1867.
[8]. Altamirano, en su crónica de la semana, del *Renacimiento* (23 de enero de 1869) I, 53.
[9]. *Memorias de la academia mexicana*, II, 93.

Notas al Capítulo VII

[1]. *Obras completas* (Biblioteca de autores mexicanos), México, 1899; tomo 21, pág. 368.
[2]. Francisco Sosa, *Los contemporáneos*, México, 1884, pág. 17.
[3]. Item, pág. 18.
[4]. Ignacio Altamirano, *Renacimiento*, "Introducción", Tomo I, pág. 5.
[5]. Fué representada el 18 de mayo en el Teatro Principal en la función de Gracia de la actriz Luciana Ibarzábal.
[6]. Altamirano, *El Siglo* xix, 7 de enero de 1868; y Olavarría y Ferrari, *Reseña histórica del teatro en México*, III, 30.
[7]. Olavarría y Ferrari dice que fué el 4 de diciembre (*Reseña histórica*, III, 31). Por la crónica de *El correo de México*, 13 de diciembre, y sobre todo por la del cronista del *Siglo* xix, Luis G. Ortiz, creemos que dicha reunión fué el viernes, 6 de diciembre, y no el 4. Ortiz declara: "Al retirarnos el viernes en la noche a nuestro tranquilo cuarto en pos del apetecido lecho... encontramos sobre nuestro bufete una fina y fraternal esquela que nos invitaba para una reunión de amigos.. El día había sido de emociones para nosotros... Sin embargo la invitación era de un amigo querido, y en consecuencia nos dirigimos a su casa". (*El Siglo* xix, 11 de diciembre de 1867, pág. 3). El viernes fué el 6.
[8]. *El Siglo* xix, 11 de diciembre de 1867, pág. 3.
[9]. *El Siglo* xix, 11 de diciembre de 1867, pág. 3.
[10]. Descrita por Luis G. Ortiz en su crónica del *Siglo* xix, 11 de diciembre, y en el número del 13 del mismo mes del *Correo de México*.
[11]. *El Correo de México*, 13 de diciembre de 1867.
[12]. El número del 18 de diciembre, 1867.

[13]. Altamirano, "Revista de la semana", *El Siglo* xix, 7 de enero de 1868.
[14]. *El Siglo* xix, 7 de enero de 1868, pág. 3.
[15]. *Item.*
[16]. *El Siglo* xix, 20 de enero de 1868, pág. 2; y *La Iberia*, 12 de enero de 1868.
[17]. *El Siglo* xix, 6 de febrero de 1868, pág. 2.
[18]. *Item.*
[19]. "El Maestro Altamirano" Carta leída en la velada literaria que celebró el Liceo Mexicano, el 5 de agosto de 1889, publicada en *El Liceo Mexicano*, septiembre 1°. de 1889, Tomo IV, Núms. 20 y 21, págs. 162-165. Tirada aparte publicada por la Oficina Tip. de la Secretaría de Fomento; introducción de Luis González Obregón.
[20]. *El Siglo* xix, 6 de febrero de 1868, pág. 2.
[21]. Altamirano, *Revistas literarias de México*, México, 1868, pág. 82.
[22]. *El monitor republicano*, 2 de febrero de 1868.
[23]. *El monitor republicano*, 8 y 14 de febrero de 1868.
[24]. "Las bellas letras en México", "*El renacimiento*", 24 de junio de 1894, Tomo III, págs. 389-391.
[25]. *El monitor republicano*, 14 de febrero de 1868.
[26]. *La Iberia*, 17 de marzo de 1868. Reproducido en el *Monitor republicano*, 19 de marzo de 1868.
[27]. *La Iberia*, 7 de abril, 1868.
[28]. *Item.*
[29]. *El monitor republicano*, 11, 16 y 28 de abril, 1868; también *La Iberia*, 25 de abril, 1868.
[30]. *Las revistas literarias*, México, 1868, pág. 188.
[31]. *Reseña del teatro en México*, México, 1895; tomo III, pág. 33.
[32]. *Revistas literarias* pág. 16.
[33]. *El monitor republicano*, 7 de abril, 1868.
[34]. *Veladas literarias*, México, 1868, pág. 5.
[35]. Véase el *Apéndice*.
[36]. Francisco Monterde, *Biblioteca del teatro mexicano*, México, 1934, pág. 470.

Notas al Capítulo VIII

[1]. Domingo R. Arellano, *Versos de Manuel Acuña*, México, 1874, págs. VI-VII.
[2]. *El Renacimiento*, I, 238.
[3]. *El federalista*, 29 de febrero, 1876, pág. 2.
[4]. Se conserva esta rara publicación en la Biblioteca de la Sociedad de Geografía y Estadística.
[5]. Su publicación fué anunciada anticipadamente en *El Renacimiento*, el 10 de abril, 1869 (tomo I, pág. 203).
[6]. Benjamín Jarnés, *Manuel Acuña*, México, 1942, pág. 34.
[7]. Número del 21 de diciembre de 1873. Tomo 55.
[8]. *El Siglo* xix, 21 de diciembre, 1873.
[9]. *Item.*
[10]. *El monitor republicano*, 1°. de febrero, 1876.
[11]. Olavarría y Ferrari, *Reseña histórica*, III, 237.

ACADEMIAS DE MEXICO

Notas al Capítulo IX

¹. Cuatro de las más notables sociedades de carácter no-literario son la *Sociedad de libres pensadores,* en la que Altamirano pronunció un discurso el 5 de mayo de 1870. Tenía fines patrióticos, políticos y sociales. La *Unión y concordia,* que existía en 1874 era de carácter mutualista del ramo de los meseros. Recreativa y fraternal era la *Sociedad El águila del Anáhuac,* cuyos estatutos se publicaron en 1876. Al año siguiente apareció la *Sociedad Juan de la Granja,* que parece ser científica.
². *Biografía de Ignacio M. Altamirano,* México, 1878, pág. 12.
³. *Poetas y escritores mexicanos,* México, 1878, pág. 83.
⁴. En *Pasionarias,* París, 1886.
⁵. *El federalista,* 6 de febrero, 1871. En el *Apéndice* de esta obra se podrá ver los estatutos de esta academia.
⁶. *El federalista,* 23 de enero de 1871. No se ha de confundir esta Sociedad con otra de nombre algo parecido, *Unión y Concordia,* de carácter obrero fundada el 6 de julio de 1874, cuyas bases se publicaron en 1878.
⁷. *El federalista,* 11 de abril, 1871, pág. 3.
⁸. *El Siglo* xix, 9 de enero de 1878.
⁹. *El federalista,* 15 de enero de 1876, pág. 3.
¹⁰. *El federalista,* 26 de abril, 1876, pág. 3.
¹¹. *Reglamento de la Sociedad Juan Díaz Covarrubias,* México, 1875. Está firmado este reglamento con las iniciales M. G. R. que corresponden a Miguel González Robles.
¹². 7 de mayo de 1873; también en *El búcaro,* (1875), págs. 27-28. Se ha de tener presente que la *Sociedad Filoiática* publicaba un órgano llamado *El porvenir* que no tenía relación alguna con la sociedad de que se trata.
¹³. Según el secretario de dicha sociedad, Teodoro Soto (*El federalista,* 1°. de marzo de 1876).
¹⁴. *El estudio,* tomo II (1878), pág. 7.
¹⁵. Francisco Pimentel, *Obras completas,* V, 158.
¹⁶. *El federalista,* 19 de febrero, 1875.
¹⁷. Juan de Dios Peza, *Biografía de Ignacio M. Altamirano,* pág. 12.
¹⁸. *Obras completas,* V, 205.
¹⁹. *Reglamento orgánico del Ateneo mexicano,* México, 1882, pág. 3.
²⁰. *La ciudad de México,* México, 1901, pág. 807. Según estos mismos autores también funcionaba por el mismo tiempo la *Sociedad artística literaria,* cuyo presidente (en 1901) era Jesús F. Contreras, y estaba formada de pintores, literatos y poetas. (págs. 807-808).

Notas al Capítulo X

¹. *Liceo mexicano,* octubre 15, 1885; tomo I, núm. 1 pág. 1.
². Tomo I, pág. 34.
³. *El Liceo mexicano,* 1886, pág. 36.
⁴. *Velada literaria,* México 1889, págs. 5 6. Véase el *Apéndice.*
⁵. Introducción al tomo II, de *Album de la juventud,* México, 1896, pág. 3.
⁶. Está fechada esta composición "Agosto 21 de 1895" y se encuentra en *El álbum de la juventud,* México, 1896, Tomo II, págs. 10-12. Arcadio Zúñiga y Tejeda, entre otros muchos, también escribió un poema del mismo título.
⁷. *Album de la juventud,* México, 1900, tomo IV, págs. 150-151.

⁸. Nicolás Mariscal, *Los ideales artísticos del Ateneo Mejicano*, discurso leído al inaugurarse el Ateneo..., México, 1902, pág. 3.
⁹. "El verdadero Ateneo", *Letras de México*, 16 de noviembre, 1937, pág. 2.
¹⁰. "Introducción" a *Las 100 mejores poesías mexicanas modernas*, México, 1939, pág. XIII.
¹¹. "33 años de literatura mexicana", *El Nacional*, 20 de noviembre, 1943.

Notas al Capítulo XI

¹. Juan B. Iguíñiz, "El periodismo en Guadalajara", *Anales del Museo Nacional de Arqueología, Historia y Etnografía*, enero a diciembre, 1932, Tomo VII.
². En *Ensayo Literario de la Falange de Estudio*, Guadalajara, 1852, pág. 49.
³. "El centenario de Vigil", en *Bandera de cultura*, Guadalajara, segunda quincena de octubre de 1929, Núm. 12.
⁴. *Ilustración mexicana*, I, 420.
⁵. Publicada en Guadalajara en 1866; pág. 4.
⁶. Carlos González Peña, *Historia de la literatura mexicana*, segunda ed. México, 1940, pág. 225. Tal vez sea un error tipográfico.
⁷. *La Ilustración mexicana*, I, 665-672.
⁸. He examinado sólo el Tomo de 1852 del *Ensayo literario*, que consta de 130 páginas.
⁹. Francisco Monterde, *Biblioteca del teatro mexicano*, pág. 116.
¹⁰. *Historia particular del estado de Jalisco*, Guadalajara, 1910-1911, III, 549.
¹¹. María Guadalupe Cisneros, *De la literatura jalisciense*, México, 1933, pág. 99. Luis Pérez Verdía, (*op. cit.* III, 545) dice que estos títulos son "hermosos artículos de costumbres" y da la fecha de 1876.
¹². He examinado 19 números, de mayo a noviembre de 1876.
¹³. Lo emplea en *La alianza*, 1°. de septiembre de 1876, pág. 3.
¹⁴. *La alianza*, 15 de octubre de 1876, en un soneto a "T" quien parece ser Antonio Correa.
¹⁵. *La alianza*, 1°. de octubre de 1876.
¹⁶. Se encuentra en la Biblioteca del Estado (Guadalajara), donde se conservan sólo las entregas 2 al 7 inclusive.
¹⁷. 1871, pág. 29.
¹⁸. *De la literatura jalisciense*, págs. 76-77.
¹⁹. *El federalista* (México), 12 (?) de Feb. de 1876.
²⁰. María Guadalupe Cisneros, *Op. Cit.* pág. 77.
²¹. *El nigromante* (Morelia), marzo 6, 1887.
²². Publicado en Guadalajara con algunas interrupciones de 1871 a 1907. El distinguido escritor y amigo jalisciense, director de la Biblioteca del Estado, José Cornejo Franco, me llamó la atención sobre dicho poema, quien además me proporcionó otros valiosos datos. Al Sr. Cornejo Franco le estoy sumamente agradecido por su generosa ayuda.
²³. He visto sólo 2 números. Con igual nombre apareció en 1912 otra revista literaria, pero no consta que fuera órgano de dicha sociedad.
²⁴. 1°. de octubre de 1901, número inicial.
²⁵. *Negro y Rojo*, noviembre 3 de 1901, pág. 16.
²⁶. Empezó en la primera quincena de mayo de 1929 y terminó con la segunda quincena de abril de 1930. Se guarda en la biblioteca del Estado de Jalisco.

ACADEMIAS DE MEXICO   275

Notas al Capítulo XII

¹. José Esquivel Pren, "Sociedades literarias (de Yucatán)". Excepto en casos con fuentes claramente expresadas estas notas sobre las sociedades y academias literarias de Yucatán las debo al conocido literato y autoridad de Yucatán, Lic. José Esquivel Pren, quien antes de publicarlas en la obra monumental *Enciclopedia yucatense conmemorativa del IV centenario de Mérida y Valladolid* (Patrocinada por el Gobierno del Estado, a cargo de Ernesto Novelo Torres. Publicada bajo la dirección del Lic. en Der. Carlos A. Echánove Trujillo. 8 tomos. Edición oficial del gobierno de Yucatán, México, 1944. Tomo V, págs. 338-349) tuvo la bondad de proporcionarme el capítulo que versa sobre esta materia.

². Juan F. Molina Solís, "Las sociedades literarias en Yucatán desde 1810 hasta 1870", en *El Salón Literario*. Organo de la sociedad de su nombre. Ciencias, artes, letras, Mérida de Yucatán, Marzo 31 de 1898. Año 1, número 3. El Lic. Esquivel Pren también me facilitó una copia de este artículo.

³. Esquivel Pren, *op. cit.*

⁴. *Op. cit.*

⁵. Eligio Ancona, *Historia de Yucatán desde la época más remota hasta nuestros días*. Barcelona, 2nda. ed., 1889. Volumen IV, pág. 367.

⁶. "Apuntes para la historia de las bibliotecas de Mérida", *Boletín de bibliografía yucateca*. No. 8, julio-agosto, 1939, pág. 9.

⁷. Gustavo Martínez Alomía, *Historiadores de Yucatán*. Campeche, 1906, pág. 239.

⁸. "Oda premiada en el certamen literario abierto por 'El Liceo de Mérida' en celebración del cuarto centenario del descubrimiento de América, 12 de octubre de 1892". Mérida, 1892.

⁹. Cf. *El Domingo* 12 de marzo de 1871, Tomo I, página 40; descrito por Justo Sierra.

¹⁰. Decretos de 26 de octubre y 31 de diciembre de 1859. (Véase: Manuel H. Lanz, *El Instituto Campechano*, Mérida, 1901, págs. 171 y 218).

¹¹. *Reglamento de la Sociedad Científico-Literaria de Campeche*, Campeche, 1874.

¹². Véase *Boletín del Instituto Bibliográfico Mexicano*, Núm. 3 (1902), pág. 8.

¹³. *El Monitor Republicano*, 22 de julio de 1874.

¹⁴. Gustavo Martínez Alomía, *op. cit.* pág. 239.

¹⁵. Gustavo Martínez Alomía "Introducción de la imprenta en Campeche", *Boletín del Instituto Bibliográfico Mexicano*, Núm. 3 (1902), pág. 9.

¹⁶. *Revista de Mérida*, 14, 15, 16, 17 de febrero, 1903.

¹⁷. Publicado en Mérida en 1905 con igual título.

Notas al Capítulo XIII

¹. *Ensayos poéticos de la sociedad de aficionados a la literatura*, Aguascalientes, 1871. Agustín R. González, declara en su *Historia del Estado de Aguascalientes* (México, 1881, pág. 427, nota 1) que "hacia el año de 1873 se publicó una obra intitulada "Ensayos poéticos...". Admite, sin embargo, que no ha examinado la obra; desde luego se publicó en 1871.

² Agustín R. González, *Historia del Estado de Aguascalientes*, México, 1881, pág. 427, nota 1.

³. Fulgencio Vargas, *Guanajuato*, México, 1943, pág. 23.

⁴. "Anales literarios", *La Cruz* (México), Tomo III (1856) pág. 469.

⁵. Datos que dicho señor ha tenido la bondad de remitirme por carta. A él le estoy sumamente agradecido por su gentileza.

⁶. Agustín Lanuza, *Historia del Colegio del Estado de Guanajuato*, México, 1924. pág. 384.

⁷. *Revista científica y literaria*, Tomo I (1845) pág. 257.

⁸. *El álbum mexicano*, Tomo I (1849), pág. 17.

⁹. Discurso pronunciado por uno de los miembros de la Sociedad "Porvenir" en la velada literaria que celebró el 3 de junio de 1881 para honrar la memoria de Melchor Ocampo, Morelia, 1881.

¹⁰. *Pierrot, Semanario independiente de noticias y variedades*. Director: Teodoro Vargas. Morelia, Febrero 9 de 1891. Núm. 54, pág. 4.

¹¹. *La lira michoacana*, Morelia. 1894. pág. 657.

¹². Notas tomadas de *La lira michoacana*, págs. 657-658.

¹³. Enrique Cordero y Torres, *Poetas y escritores poblanos*, Puebla, 1943, pág. 439.

¹⁴. 14 y 19 de mayo de 1868.

¹⁵. *Páginas literarias de la libertad*, Morelia, 1899-1902. 2 tomos.

¹⁶. *Tercer concurso científico-literario*, Oaxaca. 1905.

¹⁷. *El liceo mexicano*, 1888, pág. 72.

¹⁸. *Memorias de la Academia Mexicana*, Tomo IV (1895), pág. 436.

¹⁹. *Ciencia y letras*, San Luis Potosí, 1°. de julio de 1899, Tomo I, núm. 1, pág. 8.

²⁰. Véase *Poetas y escritores poblanos*, de Enrique Cordero Torres, Puebla, 1943. Obra muy acabada con profusión de datos.

²¹. *Libro de mis recuerdos*. Copiado por el Lic. Enrique Gómez Haro en su "Contingente de Puebla al caudal de la literatura patria", en *Bohemia poblana*, 25 de octubre de 1943, pág. 2.

²². *Album mexicano*, tomo I, pág. 17.

²³. *Museo mexicano*, IV. 360, nota 1. Y *Revista científica y literaria*, tomo I (1845) pág. 257.

²⁴. "Contingente de Puebla al caudal de la literatura patria", en *Bohemia poblana*, órgano del grupo literario de igual nombre, 25 de octubre de 1943, pág. 3.

²⁵. *Pasionarias. Poesías*, París. México, 1911, pág. 357.

²⁶. Cuyo director, el poeta Delfino C. Moreno, tuvo la bondad de facilitarme.

²⁷. *La lira poblana*. Periódico literario. Puebla, Imprenta de Tomás F. Neve, 1873.

²⁸. *Poetas y escritores mexicanos*, México, pág. 82.

²⁹. *Bohemia sinaloense. Revista literaria*, tomo I, núm. 1, sept. 15, 1897.

³⁰. Olavarría y Ferrari, *El arte literario en México*, Madrid, segunda ed., 1878. pág. 215.

³¹. Tomo I (1849), págs. 16-17.

³². Tomo I, núm. I, 15 de junio de 1884, pág. 1.

³³. Francisco Sosa, "Biografía de Rafael Delgado", en *Obras de Don Rafael Delgado. Cuentos y notas* (Bib. de autores mexicanos), volumen 42, pág. XIII.

³⁴. *Tercer aniversario secular de la publicación del Quijote*, Orizaba, 1905, pág. 5

³⁵. Estos datos sobre el *Ateneo Veracruzano* me los ha remitido por correspondencia el presidente y fundador del referido centro, el señor D. Francisco Broissin Abdalá, a quien deseo expresar mis sinceras gracias.

³⁶. *Revista científica y literaria de México*, tomo I (1845), pág. 257.
³⁷. *La juventud literaria*, México, 1887, tomo I, pág. 318. Publicóse el mencionado Reglamento con el título de *Constituciones generales que deben observarse en la Sociedad El Edén*. Jalapa, 1874. 15 páginas. (Véase Joaquín Díaz Mercado: *Bibliografía general del Estado de Veracruz*, México, 1937, pág. 346.
³⁸. *El Nigromante*, Morelia, 6 de marzo de 1887.

INDICE ALFABETICO

A

Abadiano, Luis, 99.
Abalos Bracamonte, Alonso, 33.
Abogado, Enrique, 124.
Acal Ilisaliturri, Jesús, 156, 159.
Acero, Julio, 156, 158.
Acevedo, Francisco de, 23, 28.
Acevedo, Jesús, 147.
Acevedo, José L., 133.
Acevedo, Miguel, 22.
Acevedo Carvajal, Francisco, 22.
Acuña, Manuel, 84, 85, 95, 97, 123, 124, 125, 126, 127, 133, 134, 241.
Achoso y Ucaña, Atanasio, seudónimo de Anastasio María de Ochoa y Acuña, 48, 52, 60.
Adán, Francisco, 39.
Agoitia, Manuel, 137.
Agreda, Fernando, 69.
Agreda, Francisco de, 69.
Agreda y Sánchez, José María de, 98.
Aguayo, Rafael, 168.
Aguilar, 182.
Aguilar, Antonio, 35.
Aguilar Medina, Elíseo, 134.
Aguilar Solís, Manuel, 175.
Aguilar y Benítez, Joaquín de, 39.
Aguirre y Espinosa, Francisco de, 37.
Aguilar y Marocho, Ignacio, 67, 132.
Agustín, Miguel, 77.
Ahumada, Pedro, 75, 197.
Aizpuru, Manuel, 180.
Alamán, Lucas, 76.
Alarcón, Juan Ruiz de, 12, 86.
Alarcón, Pedro, 36.
Alatorre, Federico E., 156.
Alatorre, Manuel R., 157, 180.
Alayola, Javier, 175.
Alba, Manuel de, 184.
Alba, Ramón, 124.
Albuquerque, Duque de, 20, 21.
Alcalá Galiano, Dionisio, 169.

Alcalde, Joaquín M., 107, 108, 115.
Alcaraz, José M., 182.
Alcaraz, Ramón Isaac, 71, 75, 76.
Alcaraz, Vicente V., 125.
Alcíbar, Joaquín M., 134.
Alcocer y Sariñana, Baltasar, 35.
Aldana del Puerto, Ramón, 170, 171, 173, 175.
Aldana Rivas, Manuel, 171.
Aldana Santamaría, Ramón, 175.
Aldana, Ruperto, 157.
Alegre, Padre, 17.
Alegría, Adolfo, 157.
Alegría, Antonio, 155, 157.
Alegría, Mariano, 134.
Alemán, Norberto J., 156, 159.
Alfaro, Avelino, 116, 117.
Almeida, Pedro, 168.
Almante, Juan Nepomuceno, 74.
Almonte, Eusebio S., 143, 197.
Alpuche, Wenceslao, 167.
Altamira, Pedro de, 22.
Altamirano, Ignacio M., 82, 83, 84, 85, 86, 87, 103, 104, 105, 106, 108, 112, 113, 115, 116, 117, 118, 119, 120, 123, 124, 125, 127, 131, 132, 133, 135, 141, 142, 183, 198, 199, 200, 201, 213, 214, 219, 223, 225, 228, 229, 231, 232, 233, 234, 236, 237, 238, 239, 242, 248, 251, 252, 253, 254, 255, 256, 260.
Alva, T. Agutín, 203.
Alvarez, Adela, 127.
Alvarez, Antonio M., 184.
Alvarez, J. Rafael, 133, 211.
Alvarez del Castillo, Manuel, 158.
Alvarez y Guerrero, 256.
Alvarez y Walker, Ramón, 154.
Alzate, Padre José Antonio, 47.
Amábilis, Manuel, 175.
Amintas, seudónimo de José Mariano, Rodríguez del Castillo.
Anacreonte, 217, 252.
Anaya, José Lucas, 40.

Anaya, Manuel, 136.
Ancona, Elígio, 170.
Andrade, José María, 98, 99.
Anfriso, seudónimo de Mariano Barazábal.
Anguiano, Cástulo J., 180.
Angulo, Joaquín, 151.
Aplicado, El, seudónimo de Mariano Barazábal. 48, 52, 60.
Arango y Escandón, Alejandro, 65, 67, 71, 74, 99, 136.
Araos, Pablo J., 172.
Arce, Julio G., 188, 189.
Arellano, Domingo R., 123.
Arellano, J. R. de, 134.
Arenas López, Donato, 182.
Argandar, 85.
Argensola, 107.
Argüelles Bringas, Roberto, 147.
Argüello, Fray Manuel, 33.
Ariaga, Branbila, 17.
Arias, Cipriano, 169.
Arias, Juan de Dios, 86.
Ariaza, Evaristo, 147.
Aroche, Miguel, 38.
Arrioja, Delfino, 188.
Arriola, Dr. J. Guadalupe, 74, 96, 196.
Arroniz Joaquín, 58, 76.
Arroniz, Marcos, 77, 81, 82.
Arroyo, Francisco María, 155.
Arroyo de Anda, Agustín, 199, 214.
Arroyo de Anda, Andrés, 182, 184.
Arroyo de Anda, Rafael, 154, 157.
Ascencio, Salvador, 163.
Aspiroz, Manuel, 186.
Astanio, seudónimo de Ochoa y Acuña, 48, 50, 60.
Asunción, Jacinto, 23.
Avila, Alonso, 175.
Avila, Esteban, 180.
Avila y Cadena, Antonio, 16.
Ayana, Jorge de, 40.
Ayarzagoitia, José de, 42.
Ayerra Santa María, Francisco de, 27, 29, 34.
Ayuso O'Horibe, Oscar, 175.
Azcárate, Juan Francisco, 44.
Azevedo, Francisco de.
Aznar, Julián, 175.
Aznar Barbachano, Luis, 172.
Aznar Cano, Luis, 172.
Aznar Pérez, Alonso, 169, 173.

Aznar Pérez, Gabriel, 171.
Azuage, Juana Inés de, 23.

B

Balbuena, Bernardo de, 12, 15.
Balbuena, Diego, 40, 16.
Ballester, Francisco O. y, 124.
Ballesteros, Luis P., 184.
Banuet, Víctor, 186.
Baqueiro, Serapio, 170, 175.
Barajas, Carlos, 147.
Baranda, Joaquín, 172.
Barazábal, Mariano, 48, 52, 60.
Barbachano, Manuel, 168, 169.
Bárcena, Francisco, 181.
Bárcena Valmaceda, Miguel de, 21, 28.
Barquera, Juan Wenceslao, 48, 60.
Barragán, Adalberto, 172.
Barragán, Luis, 163.
Barragán de Toscano, Refugio, 159.
Barrera, Agustín M., 182.
Barrera, Pantaleón, 171.
Barueq, seudónimo de Juan Wenceslao Barquera, 48.
Basave, Agustín, 163.
Bassoco, José María de, 99, 136.
Bates, José Francisco, 168.
Batilo, seudónimo de Juan María Lucunza.
Baz, Diego, 154, 159.
Baz, Gustavo, 84, 85, 124.
Becerra, José, 143.
Becerra y Castro, Antonio, 154, 159.
Bécquer, 49, 87.
Becuadro seudónimo de Miguel Nogués, 174.
Beiztegui, Félix, 186.
Belaval de Muñoz, Pilar, 86.
Beltrán, Angel, 189.
Bencomo, Diego, 126.
Benítez, Carlos Daniel, 154, 157.
Beristáin de Souza, José Mariano, 19, 22, 43, 44, 48, 52, 185.
Bermejo, Manuel M., 143, 147.
Bermúdez de Castro, Diego, 185.
Betancourt, Cástulo, 184.
Betancourt, Rafaela, 127.
Bethlen, Poetisa de, 38.
Beye Cisneros, Francisco, 41, 51.

Beye Cisneros y Quijano, Manuel Ignacio, 40.
Bianchi, Alberto G., 132, 133, 136, 211.
Bienvenú, Josefina, 143.
Blengio, Guadalupe, 65.
Blengio, Joaquín, 172.
Bocanegra, Francisco G., 77.
Bolaños, Nabor D., 143.
Bonaparte, 95.
Bonilla, Manuel, 189.
Borbón, 13.
Borbón, Isabel de, 19.
Borgia, Lucrecia, 77.
Borja, San Francisco de.
Borja, Vicente M., 182.
Borrego de Mata, Bernardo Joaquín, 37.
Bouza Calero Flota, Alvaro, 175.
Bramón, Francisco, 18.
Branciforte, Marqués de, 43.
Bravo Betancourt, Ignacio, 147.
Bribiesca, Miguel, 180, 181.
Broissin Abdalá, Francisco, 191.
Bucarelli y Ursúa, Antonio María, 41.
Bum-Bum, seudónimo de Puga y Acal.
Burelo, Marcelino, 189.
Burgos, Donato, 189.
Bustamante, Benigno, 74.
Bustamante, Anastasio, 256.
Bustamante, Carlos María de, 47, 52.
Bustamante, Fernando de, 17.
Bustillos, José M., 87, 137, 142, 214, 250, 263.
Buxo, Juan, 99.
Byron, Lord, 124.

C

Cabada, Ramón de la, 172.
Caballero, Manuel, 158, 174.
Caballero Arburaq, El, seudónimo de Juan W. Barquera, 48.
Caballero de Medina, Diego, 24.
Cabrera Fernández Dávila, Juan, 38.
Cabrera y Quintero, Cayetano, 37.
Calderón, Felipe, 187.
Calderón, Fernando, 67, 68, 151, 157.
Calderón, Luis G., 186.
Calderón de la Barca, Angel, 74.
Calderón de la Barca, Manuel, 42.
Calderón de la Barca y Quintana, 196.
Calero Quintana, Vicente, 168, 169.
Calleja, Diego, 22.

Camacho, César, 187.
Cámara Barbacho, Fernando, 170.
Camarena, Amado, 153.
Camarena, Jesús, 153.
Campo de Mata, Josefina, 84, 85.
Campo, Angel de, 141, 214, 262.
Campos, Josefa de, 41.
Campos, Juan Gregorio de, 40.
Campos, Rubén M., 174.
Canedo, Anastasio, 151.
Canestany, Juan Antonio, 187.
Cantón Rosales, Francisco, 173.
Carbajal, Francisco, 168.
Carbó, José Guillermo, 154.
Cardona Vera, José C., 163.
Cardoso, Joaquín, 20, 67, 96.
Carlos II, 23.
Carlos III, 40.
Carlos IV, 41, 42, 43, 44, 46.
Carpio, Manuel del, 20, 65, 67, 74, 98, 160, 185.
Carrasco, Patricio, 187.
Carrasco Núñez, Salustio, 143.
Carreto, Rosa, 187.
Carrillo, Fray Estanislao, 169.
Carrillo, Fabián, 170, 171, 172.
Carrillo, José, 134.
Carrillo, Remigio, 159.
Carrillo y Alvarez, Florencio, 187, 188.
Carrillo y Ancona, Crescencio, 170, 171, 173.
Carrión, Eufrasio, 154.
Carvajal, Joaquín, 172.
Carvajal, Rafael, 169.
Casas, Bartolomé de las, 84.
Casasola, José María, 74, 196, 197.
Casasús, Joaquín D., 87, 88, 201, 214.
Cascabel, seudónimo de Lorenzo López Evia, 174.
Casellas Rivas, Roberto, 171.
Caso, Antonio, 147, 148, 183.
Cassa Fuerte, Marqués de, 35, 36.
Castañeda, Joaquín, 158.
Castañeda, Juan Francisco de, 42.
Castañeda, Marcelino, 98.
Castaños, Juan José, 157.
Castellano, Manuel, 38.
Castellanos, Fernández A., 182.
Castellano, Manuel Roque, 170, 171.
Castellano, Pedro, 163.
Castellot Batilla, José, 172.
Castilla, Eduardo, 172.

Castillero, José Mariano, 186.
Castillo, Crispiano, 151.
Castillo, Florencio del, 82, 183.
Castillo, Manuel del, 41.
Castillo Ledón, Luis, 147.
Castillo Lenard, Jerónimo, 169.
Castillo Marín, Miguel, 188.
Castillo Peraza, Joaquín, 170, 171.
Castillo Rivas, Roberto, 174, 175.
Castillo Suaste, Fabián, 172.
Castillo Urizar, José María del, 186.
Castillo Velasco, José María del, 113.
Castillón, Anacleto, 199, 201.
Castrillón, Sebastián, 23.
Castro, Elena, 126.
Castro, Francisco, 134.
Castro, José Mariano de, 42.
Castro Zambrano, Francisco de, 42.
Castroverde, Mateo, 28.
Casusquí, Tomás, 188.
Ceballos, Faustino, 159.
Cellini, seudónimo de Efrén Rebolledo, 143.
Cepeda, Rafael, 184.
Cervantes. Gabriel de, 28.
Cervantes, Manuel P., 134, 203.
Cervantes, Miguel de, 84, 190.
Cervantes de Salazar, Francisco, 12.
Cervera, Fernando, 173.
Cervera, José Tiburcio, 171.
Cervera Buenfil, Marcial, 175.
César, 189.
César, Augusto, 217.
César, Francisco J., 147.
Cetina, Guitierre, 185.
Cevallos, Celso G., 159.
Cincinato, 217.
Cicerón, 220. 226.
Cid del Prado, Felipe, 201.
Cisneros, José A., 169, 170.
Cisneros, María Guadalupe, 154, 156.
Cisneros Cámara, Antonio, 170, 172.
Clarín, 183.
Clavijero, Francisco Javier, 40.
Coellar Argomániz, Antonio, 211.
Colín, Eduardo, 147.
Colina, Rafael Bernardo de la, 186.
Coloma, Luis, 187.
Collado. Casimiro del, 67, 74.
Conde, Joaquín, 48.
Conejares, Francisco, 52.
Contreras, Clemente José, 41.

Contreras, Ricardo, 172.
Copérnico, Nicolás, 85.
Cordero, José María, 187.
Cordero T., Enrique, 188.
Córdoba, Tirso Rafael, 20, 132, 186.
Cornejo Franco, José, 151, 163.
Coronado, Juan A., 181.
Coronado, Mariano, 154, 155, 157.
Coronel, Ignacio, 180.
Corral, Manuel, 52.
Correa, Agustín, 143, 147.
Correa Delgado, Juan, 175.
Correo, Eduardo J., 189.
Corro, Luis, 154.
Cortés, Hernán, 22, 227.
Cortina, José Gómez de la, 195.
Cortina, Conde de la, (José Gómez de la Cortina), 95, 96, 97, 99.
Cosmes, Francisco G., 99.
Cosme de Flores.
Couto, José Bernardo, 65, 185.
Couto, Joseph María, 44.
Covarrubias Cipriano C., 156, 159.
Covián Zavala, José María, 175.
Cravioto, Alfonso, 147.
Crescimbeni, Juan María, 59.
Crespo, Liborio, 181.
Crisóstomo, Padre Manuel de San Juan.
Cruz, Ramón de la, 50.
Cruz, Sor Juana Inés de la, 86.
Cruz Aedo, Miguel, 153, 159.
Cuéllar, José T., 58, 77, 81, 104, 105, 106, 115.
Cuenca, Agustín F., 124, 125, 241.
Cuesta de Miranda, Dolores, 136.
Cueva, Esteban A., 163.
Cueva Aguirre y Espinosa, José Francisco de, 39.
Cuevas, Mariano de la, 175.
Cumplido, Ignacio, 96, 97.

CH

Chavero, Alfredo, 88, 105, 106, 114, 115, 116.
Chávez, Ezequiel A., 141, 142, 214.
Cházari, Esteban, 200.
Chiapa, Francisco, 142, 214.
Chocano, José Santos, 148.

D

Dametas, seudónimo de Ramón Quintana del Azebo, 64.

Damón, seudónimo de Anastasio de Ochoa y Acuña, 48, 52, 60.
Dantón, 218.
Dáurico, Marón, seudónimo de Ramón Roca.
Dávalos, Balbino, 142, 174, 214.
Dávalos, Marcelino, 147, 160.
Dávalos y Orozco, María, 38.
Dávila, Rodrigo, 17.
Dejarano, Pedro, 83.
Delgado, José María, 159.
Delgado, Rafael, 87, 187, 190.
Delgado y Buenrostro, Antonio, 28.
Delgado y Corona, Julio, 187.
Delio, seudónimo de José Victoria Villaseñor, 48, 59, 60.
Delmotte, José Mariano, 52.
Desmoulins, Camilo, 230.
Deza y Ulloa, Francisco, 28, 185.
Díaz, José de Jesús, 199, 201.
Díaz, Fray Antonio, 38.
Díaz, Manuel José, 187.
Díaz, Porfirio, 107, 147, 189, 230.
Díaz de Albornoz, Frías Bartolomé, 11.
Díaz de León, Francisco, 99.
Díaz Mirón, Manuel, 76, 148.
Díaz Mirón, Salvador, 76.
Domínguez, Juan R., 181.
Domínguez, Norberto, 170, 173.
Domínguez, Ricardo, 255.
Domínguez Salazar, Antonio, 124, 125.
Dosamantes, Juan, 51.
Duardo, Juan Jerónimo, 28.
Duclós Salinas, Adolfo, 183.
Duque Job, El, seudónimo de Gutiérrez Nájera, 254.
Duret, Fernando, 172.

E

Echánove, Manuel Nicolín.
Echeagaray, Fernando L., 142, 214.
Echeverría del Prado, Vicente, 163.
Eliacid, Muley, 47.
Elízaga, Lorenzo, 104, 105, 124.
Elizalde, José, 37.
Elizondo, Blas, 180.
Enciso, Cenobio I., 157.
Enciso Ulloa, José, 156.
Enríquez, Juan de Dios, 168.
Escalante, Arturo, 175.
Escalante, Félix M., 67, 74, 82, 83.

Escobedo, Federico, 187.
Escoffié Z., Oscar, 175.
Escolano y Obregón, José, 51.
Escoto, Joaquín, 158.
Escudero, Carlos, 135.
Espinosa, José D., 171.
Espinosa, Rafael, 74.
Espinosa, Ricardo, 180.
Esquivel, Juan Antonio, 170.
Esquivel, Pastor, 170.
Esquivel Obregón, Toribio, 141.
Esquivel Pren, José, 169, 173, 174.
Esteva, Gonzalo A., 114.
Esteva, Roberto, 132.
Estevas, 189.
Estrada, Francisco, 48.
Estrada, José de Jesús, 163.
Estrada Medinilla, María, 19, 21.

F

Fabela, Isidro, 147.
Fagoaga, Francisco, 76.
Farfán de García Montero, Cristina, 172.
Farías, Ixca, 163.
Febles y Cantón, Julia D., 175.
Felipe II, 16.
Felipe III.
Felipe V, 35.
Fernández, José, 181.
Fernández de Jáuregui, Martín, 114, 125.
Fernández de Lara, José, 186, 187.
Fernández de San Salvador, Agustín Pomposo, 58.
Fernández del Castillo, Pedro, 74.
Fernández Granados, Enrique, 142, 214, 228, 239, 261, 262.
Fernández-Guerra y Orbe, Luis, 12.
Fernández MacGregor, Genaro, 147.
Fernangrana, seudónimo de Enrique Fernández Granados, 87.
Fernando VI, 39, 40.
Fernando VII, 51, 52, 167.
Ferrer, Guarneros, 189.
Figueroa, Agustín C., 124.
Figueroa, José Tomás, 154, 155, 156.
Fileno, seudónimo de José Leal de Gauce, 60.
Flores, Eloy, 175
Flores, Esteban, 188.
Flores, José María, 157.

Flores, Manuel M., 132, 137, 185, 186, 201, 241.
Flores, Sabino, 181.
Flores Alatorre, Agustín, 74, 186, 197.
Foronda, Pedro, 41.
Fortún, seudónimo de Francisco Zarco, 152.
Fragcet, Nicolás, seudónimo de Sánchez de Tagle, 58.
Franco, Joseph Ignacio, 52.
Franco y Carrasquedo, Agustín, 96.
Frausto, Ramón, 147.
Fray Simplicio, seudónimo de Roberto Castillo Rivas, 174.
Frías, Valentín F., 107.
Fuente, Antonio de la, 151.

G

Gabilondo, 199, 201.
Galindo, José, 81.
Galván, Emilio, 181.
Galván Rivera, Mariano, 94, 97, 98.
Gálvez, Félix Antonio de, 22.
Gallardo, Aurelio Luis, 153, 157.
Gallegos Orozco, Mónico, 182.
Gamboa, Juan, 42.
Gamboa Guzmán, José, 174.
Gamoneda, Francisco, 99.
Gante, Carlos de, 142, 147.
Gante, Gregorio de, 188.
Gante, Pedro, 146.
Garatuza, 242.
García, Arnulfo, 183.
García, Genaro, 99.
García, Jesús Leonardo, 188.
García, Juan Ramón, 188.
García, Miguel, 184.
García, Moisés, 184.
García, Pablo, 172.
García Argaez, Pedro, 175.
García Berdeja, Francisco, 41.
García Cubas, Antonio, 81, 99.
García de Torres, Joseph Julio, 51.
García de Villalobos, José, 38.
García Izcabalceta, Joaquín, 98, 99, 136.
García Morales, José, 169, 170, 172.
García Naranjo, Nemesio, 88, 147.
García Ortiz, Pablo, 175.
García Pérez, 272.
García Sosa, Manuel, 168.
Garcilaso de la Vega, 49, 84, 107.

Garibay, Benjamín F., 180.
Garibay, César, 187.
Garza Flores, Jesús, 183.
Gassier, Luis, 103.
Gavila, Fernando, 46.
Gil Ramírez, José, 34.
Gil y Ochoa, Antonio, 157.
Gironsa Petris de Crusiati, Domingo, 35.
Godoy, Luisa, 143.
Goethe, 217.
Gómez, Manuel, 44.
Gómez, Rafael, 132.
Gómez, Tomás, 38.
Gómez de Avellaneda, 85.
Gómez del Palacio, Francisco, 136.
Gómez de la Cortina, José (Conde de la Cortina), 74, 95, 195.
Gómez y Carrillo Josefa, 41.
Gómez Haro, Eduardo, 143, 186.
Gómez Haro, Enrique, 186, 187.
Gómez Marín, Manuel, 42, 52.
Gómez Mendoza, Emiliano, 160.
Gómez Robledo, Antonio, 163.
Gómez Ruesga, Pedro, 160.
Gómez Ugarte, José, 160.
Gondra, Isidro Rafael, 74.
Góngora, Francisco de, 21, 26, 31, 35.
González, Ana María, 39.
González, Ana, 126.
González, Eduardo, 103.
González, Genaro, 172.
González, Juan José, 191.
González, Manuel, 38, 141.
González, Manuel M., 156, 159.
González Bocanegra, Francisco, 38, 82.
González Carbajal, Ciriaco, 44.
González Cos, Jesús, 154.
González Cuevas, Luis, 74.
González de Candamo, Gaspar, 44.
González de Castro, Fernando, 153.
González de Eslava, Hernán (Fernán), 15.
González del Castillo, Vicente, 181.
González de la Vega, José María, 74.
González Ferrer, Gabriel, 172.
González Gutiérrez, Julián, 169.
González León, Francisco, 163.
González Luna, Efraín, 163.
González Martínez, Enrique, 148, 189.
González Montes, Pablo, 214.
González Obregón, Luis, 82, 141, 142, 214, 228.

González Páez, Rafael, 107.
González Peña, Carlos, 29, 71, 147, 148.
González Sancha, Lorenzo, 35.
González Verastegui, Esteban, 114, 115, 118.
Gorostieta, Enrique, 183.
Gorostiza, Manuel Eduardo, 67, 83, 86, 212.
Goytia, Leonardo, 180.
Grageda, Joseph Ignacio, 51.
Granados Maldonado, Francisco, 82, 124.
Gregorio XIII, 14.
Grijalva, Juan de, 12.
Groso, José L., 137.
Guedea, Juan, 180.
Guerrero, Nicéfaro, 181.
Guerrero Vicente, 174.
Guevara, Dr., 69.
Guevara, Juan de, 20, 21, 22, 23, 28.
Guía Talamanca y Branciforte, Miguel de la, 42.
Güido, Juan José, 60.
Guindo, seudónimo de Juan de Güido, 60.
Gutiérrez, Cirilio, 173.
Gutiérrez, Fernando, 37.
Gutiérrez, Fernando Juanes G., 171, 174.
Gutiérrez, Luis, 158, 169.
Gutiérrez, Mauricio, 168.
Gutiérrez, Rita, 172.
Gutiérrez, Cetina, 184.
Gutiérrez Hermosillo, Alfonso, 163.
Gutiérrez Nájera, Manuel, 137, 201, 245.
Gutiérrez Otero, Luis, 170.
Guzmán, Josefa, 44.
Guzmán, Martín Luis, 148.

H

Hamlet, seudónimo de Mariano Coronado, 156.
Heine, 253.
Henríquez Ureña, Pedro, 147, 148.
Heras, Fray José de las, 35.
Herculano, 253.
Heredia, Antonio de, 37.
Heredia, Gustavo de, 187.
Hernández, Juan José, 169.
Hernández, Macario, 180.
Hernández, Pedro Antonio, 49.
Hernández, Sebastián, 171.
Hernández Castillo, Marcial, 189.
Hernández Fajardo, José, 175.

Herodoto, 69.
Herrejón, Fermín, 182.
Herrera, Dr. Jerónimo, 17.
Herreros de Tejada, Feliciano, 103.
Hidalgo, Aurelio, 163.
Hidalgo, Lorenzo, 74.
Hidalgo y Costilla, Miguel, 85, 86, 242.
Higareda, Alfredo, 124.
Hijar, Samuel, 189.
Hijar y Haro, Julio, 117.
Hinojosa, Fray Antonio, 17.
Hogal, José Joaquín, 52.
Homero, 106, 217, 226, 241.
Horacio, 36.
Horta, Aurelio, 134, 201.
Hoyos Ignacio, 23.
Hoyos Oyanguren, 23.
Hübbe García Rejón, Luisa, 171.
Huerta y Venegas, Antonio, 23.
Humboldt, Barón de, 42.
Húmilis, seudónimo de Delio Moreno, 171, 173.
Cantón, 173.
Hurtado de Castilla, Nicolasa, 41.
Hymeto, 253.

I

Ibáñez, Rafael, 188.
Ibarra y González, Ramón, 187.
Iglesias y Zarco, José María, 96.
Ignaro, seudónimo de Luis G. Rubín, 143.
Ignotus, seudónimo de Ignacio A. de Peña, 143.
Iknaat, Marón, seudónimo de Ramón Quintana del Azebo, 52, 59, 60.
Inés, Juana, 21, 41, 48, 85.
Inglés Can-azul, El, seudónimo de Lacunza, 60, 65, 67.
Iguiñiz, 87.
Irigoyen, Joseph Nicolás, 44.
Isabel II, 100.
Isabel la Católica, 84.
Iturralde, 69.
Iturrigaray, José de, 42, 43, 47.
Izaguirre, Manuel P., 127.

J

Jacinto, San, 17.
Jácome, Luis E., 147.

Jara Castillo, Rodolfo, 188.
Jarnés, Benjamín, 125.
Jáuregui, Martín F., *Véase* Fernández de Jáuregui.
Jáuregui, Padre, 99.
Jiménez, Juan, 181.
Jiménez Rueda, Julio, 48.
Jiménez, José, 181.
Jiménez Solís, Manuel, 168.
Juárez, 103, 132, 230.
Just Lloret, Angel, 175.
Juvenal, 70.

L

Labastida, Horacio, 188.
Lacunza, José María, 48, 65, 66, 74, 76, 82.
Lacunza, Juan María, 60, 65, 67.
Ladrón de Guevara, Baltasar, 39.
Lafragua, José María, 48, 71, 74, 82, 83, 96, 132.
Lamartine, 230.
Lancaster Jones, Alfonso, 153.
Landázuri, Pedro, 124.
Landázuri, Salvador, 163.
Lanuza, Agustín, 181.
Lanz, Manuel A., 172.
Lanzuela, Fray José, 35.
Lara Manrique, J., 175.
Lares, Teodosio, 83.
Larios, Francisco, 160.
Larra, 127.
Larráinzar, Manuel, 98.
Larrañaga, Antonio, 66, 67, 71, 94.
Larrañaga, Bruno Francisco, 44, 52.
Larrea, Carlos, 134.
Latena, 215.
Lavalle, Fernando C., 186.
Layno y Franco, 71.
Leal, Emilio R., 180.
Leal Castro, Antonio,
Leal de Gauce, José, 60.
Leguísamo, Alberto, 134.
Lengerke, Constantino, 154.
León, Nicolás de, 37.
León, Roch, seudónimo de Serapio Rendón, 174.
Leonard, Irving A., 24.
Leopardi, 87.
Lerdo, Francisco de A., 134.

Lerdo de Tejada, Miguel, 154.
Lerdo de Tejada, Sebastián, 20.
Lessing, 253.
Letechipia de González, Josefa, 153.
Linares, Emeterio, 188.
Linza, Juan de, seudónimo de Manuel Carpio, 160.
Lizaola, 160.
Lizardi, Fernández de, 85, 218.
López, Alvino, 175.
López, Carlos, 182.
López, Miguel, 159.
López, Nefthali, 188.
López, Rafael, 147, 148.
López, Ramón, 159.
López Avila, José, 28.
López Evia, Lorenzo, 174.
López Inosu, Fray Diego, 35.
López Meoqui, Manuel, 125.
López Muñiz, Félix, 22.
López Portillo Y Rojas, José, 153, 154, 159, 187.
López Trujillo, Clemente, 148.
López Z., Emiliano, 184.
Lozano, Agustín, 105.
Lozano, José María, 148.
Loyola, San Ignacio de, 52.
Lúculo, 114.
Luis I, 35.
Luna, Ambrosio de la, 23.
Luna, José, 159.
Luna, Pedro Segundo de, 24.
Lutero, 108.

LL

Llana, José de la, 22, 23, 24.
Llera, M., 203.

M

Madrid Galicia, Narciso, 188.
Maldonado, Francisco, 28.
Maldonado, Francisco G., *Véase* Granados Maldonado.
Maldonado, Francisco Severo, 28.
Malpartida, Diego de, 20.
Mancera, Marqués de, 18, 21.
Mancilla, Manuel, 158.
Mangino, Manuel, 141.
Manrique de Zúñiga, Alvaro, 16.

Manterola, Ramón, 84, 87, 200, 201, 213, 214.
Manzanilla, Feliciano, 171.
Manzanilla, Yanuario, 170.
Mañón, Manuel, 47.
Marcano, Andrés, 28.
Marín H., Miguel, 188.
Mariscal, Nicolás, 147.
Márquez Burgos, Adolfo, 188.
Marrugat y Boldu, Francisco Antonio, 45.
Martínez, Félix de C., 191.
Martínez, Gil, 151.
Martínez, Miguel Jerónimo, 20.
Martínez, Tomás, 170.
Martínez Arestegui, Alvaro, 182.
Martínez Arestegui, Arturo, 182.
Martínez de Castro, Luis, 94.
Martínez de la Torre, Rafael, 114, 116.
Martínez de Velasco, María, 41.
Martínez Valadez, Manuel, 163.
Martínez Ulloa, Enrique, 163.
Mateos, Juan Antonio, 83, 84, 106, 115, 124, 133.
Matute, Juan Ignacio, 154.
Maximiliano, 132.
Medina, Francisco, 189.
Medina, José, 28.
Medina, Manuel, 170.
Medina Vaca, Pedro, 17.
Mediz Bolio, Rafael, 175.
Melgarejo, Bartolomé, 11.
Meléndez Valdez, 60.
Méndez de Cuenca, Laura, 174, 214.
Méndez Plancarte, Alfonso, 18, 21, 27.
Méndez Prieto, Antonio, 44.
Méndívil, Feliciano Paulo, 42.
Mendoza, Eufemio, 160.
Mendoza, Juan, 23.
Menéndez, Carlos R., 173, 174.
Menéndez, Oscar, 175.
Menéndez, Rudolfo, 174.
Menéndez Mena, Conrado, 175.
Menéndez y Pelayo, 17, 18, 25, 187.
Mentirola, Federico, 169.
Meyer, Tula, 163.
Meza C., Ernesto, 188.
Micrós, seudónimo de Angel del Campo, 87.
Michel, Alberto, 141, 142, 228.
Mier, Juan Nepomuceno, 53.
Mier, Servando Teresa de, 85.

Mier y Terán, Manuel, 99.
Mimenza Castillo, Ricardo, 175.
Mirabeau, 227.
Miranda, Luis, 134.
Mireles, José, 188.
Mobellán, Sebastián, 117.
Moche, José, 41.
Molière, 217.
Molina, Audomaro, 171.
Molina, Demetrio, 170.
Molina, Olegario, 170, 172.
Molina, Hübbe, Ricardo, 175.
Molina Solís, Juan F., 168, 171, 174, 175.
Montana, Luis, 185.
Montano, Luis, 91.
Monte de Oca, Francisco, 103.
Montiel, Julián, 106, 107, 115, 117.
Mopso, seudónimo de Agustín Pomposo Fernández de San Salvador.
Monroy, José, 137, 213.
Monroy, Luis H., 189.
Mora, Carlos, 188.
Mora, José, 28.
Moral, Joaquín del, 186.
Morales, Fray Antonio, 38.
Morales, Emilio C., 186.
Morales, Juan Bautista, 74.
Morales, Pedro, 14, 15.
Morales de Pastrana, 24.
Morante, Marqués de, 96.
Morelos, Antonio I., 154.
Morelos, Ignacio M., 124.
Morelos, 242.
Moreno, 196, 197.
Moreno, Delfino C., 187, 188.
Moreno, Esteban, 189.
Moreno, Fray Francisco, 38.
Moreno, Joaquín, 104.
Moreno, M., 189.
Moreno, Ovidio, 188.
Moreno Cantón, Delio, 171, 173.
Moreno Cora, Silvestre, 187.
Moreno y Jove, Manuel, 74, 98.
Moya de Contreras, Pedro, 16.
Morton, Daniel, seudónimo de Carlos R. Menéndez, 174.
Mulata de Córdoba, 242.
Munguía, Clemente de Jesús, 69.
Muñiz, Fray Francisco, 23.
Muñiz, León, 163.
Muñocito, 106.
Muñoz, Padre José, 41.

Muñoz de Castro, Pedro, 28, 34.
Muñoz Molina, Juan, 19.
Murguía, 99.
Murguía Guillén, Luis, 182, 183.
Murillo, Leopoldo, 175.

N

Nájera, Padre, 151.
Nájera, Rafael, 134.
Naranjo, Francisco, 18, 19, 151.
Narváez, Francisco, 151.
Narváez, Juan de, 24, 27.
Navarrete, Fray José Manuel Martínez de, 48, 49, 59, 61.
Navarro, 182.
Navarro, Agustín G., 156, 159.
Navarro, Joaquín, 66, 67, 71, 74.
Navarro, Juan N., 71, 74.
Navarro, Mariano, 39.
Neri Castillo, Felipe, 143, 186, 187.
Nervo, Amado, 174.
Neve, Francisco, 186, 187.
Neyra, Micaela de, 41.
Nicolás Fragcet, seudónimo de Sánchez de Tagle.
Nicoli, Patricio, 170.
Nicolín, Manuel, 171.
Nigromante, seudónimo de Ignacio Ramírez, 83, 241, 251.
Niporesas, Fabricio, seudónimo de José García Morales, 169.
Nogués, Miguel, 174.
Nolasco, San Pedro, 21.
Nordensternau, Fernando, 156.
Noriega, Enrique M., 180.
Novelo, José I., 174, 175.
Novoa, Guillermo, 148.
Núñez, Francisco Javier, 39.
Núñez de Arce, 87.
Núñez de Villavicencio, Nuño, 40.
Nuño y Flores, Herminio, 187.

O

Ocampo, Melchor, 154, 182.
Ochoa, Pablo, 154.
Ochoa y Acuña, Anastasio María de, 48, 52, 60.
O'Gorman, M. A., 134.
O'Horán, José María, 170.
Ojeda, Juan N., 182.
Olaguíbel, Francisco Modesto, 67.

Olavarría y Ferrari, Enrique, 81, 104, 114, 115, 117, 118, 124, 133, 189.
Olea, José R., 182.
Olivares, Bonifacio, 181.
Olivares, Joseph de, 33.
Olivares, Juan, 181.
Olivares, Miguel, 133.
Omana, Gregorio, 41.
Oreza, Pablo, 168.
Ori-Ori, seudónimo de Nabor D. Bolaños, 143.
Orozco, Manuel, 20, 182.
Orozco, Salvador, 154.
Orozco y Berra, Fernando, 96, 186.
Orozco y Berra, Manuel, 82, 186.
Ortega, Eulalio M., 66, 67, 69, 71, 75.
Ortega, Francisco, 20, 65, 67, 75, 76, 91, 94, 185.
Ortiz, 182.
Ortiz, Luis Gonzaga, 86, 104, 105, 106, 107, 124, 133, 214, 225, 262.
Ortiz Vidales José, 183.
Otero, Mariano, 74, 158.
Otero Donde, Rafael, 174.
Otero y Pedraza, 96.
Othón, Manuel José, 87, 183.
Ovalle de Guzmán, Diego, 17.

P

Padilla, Angel, 182.
Padilla, Benjamín, 160.
Padilla, José, 181.
Padilla Niño de Córdoba, Antonio de, 38.
Paéz, Pedro, 158.
Palacios, Emmanuel de, 163.
Palacios, Juan, 148.
Palacios, Rafael, 74.
Palafox y Mendoza, Juan de, 41, 185.
Palasuya, Genoveve, seudónimo de José A. Cisneros, 169.
Palma, Clemente, 160.
Palma y Campos, Miguel, 143.
Palomino, Macedonio, 180.
Palomo López, E., 175.
Pallares, Eduardo, 148.
Pantoja, A., 175.
Paredes, Conde de, 22.
Parra, Manuel de la, 143, 147, 148.
Parra, Porfirio, 214, 234, 238, 263.
Parrodi, Anastasio, 154.
Partenio, seudónimo del Padre Sartorio.

Pasos Capetillo, Joaquín, 175.
Pastrana, Antonio, 23.
Pat y Valle, Gonzalo, 174.
Pastor Rejón, 175.
Patrón Martínez, Adolfo, 174.
Payno, Manuel, 58, 74, 107, 108, 117, 118, 124.
Payno y Castera, 96, 97.
Paz, Ireneo, 86, 198, 199.
Pedrosa, Mariano, 181.
Pedrosa, Rafael, 181.
Peel, Roberto, 216.
Peniche, Manuel, 170.
Peña, Ignacio de, 143, 147.
Peña, Rafael Angel de la, 214, 262.
Peña, Rosalía de la, 125.
Peña y Llerena, 95.
Peña y Reyes, Antonio, 87, 142, 214, 228.
Peón, Ignacio, 171.
Peón, José María, 171.
Peón del Valle, José, 190.
Peón y Contreras, José, 88, 132, 170, 171, 173, 175.
Peraza, Martín Francisco, 169.
Perea Quintanilla, Miguel, 23.
Peredo, Manuel, 85, 86, 104, 105, 106, 107, 115, 116, 118, 120, 124, 126, 127, 132, 133.
Perís, Guasp, 103.
Pesado, Joaquín, 65, 67, 74, 98, 185.
Pérez, José Trinidad, 182.
Pérez, Pedro Ildefonso, 170.
Pérez Arce, Miguel I., 160.
Pérez Bibbins, Manuel, 136.
Pérez Cano, Juan José, 39.
Pérez de Salazar y Venegas, Manuel, 186.
Pérez Ferrer, Pedro I., 170.
Pérez Morales, Nicolás, 182.
Pérez Ribero, Juan, 28.
Pérez Ruano, Justo, 103.
Pérez Salazar de la Torre, Manuel, 20.
Pérez Salazar y Osorio, Ignacio, 186, 187.
Pérez Verdía, Antonio, 153, 155.
Pérez Verdía, Luis, 154, 159.
Pico de Oro, seudónimo de Carlos R. Menéndez, 174.
Pícharo, seudónimo de Juan Urbina.
Pimentel, Francisco, 81, 83, 84, 85, 87, 135, 191, 198, 199, 201.

Peza, Juan de Dios, 115, 127, 131, 132, 133, 135, 187, 214, 218, 228, 241, 261, 262.
Plutarco, 241.
Poblete, Juan de, 21.
Poe, Edgar Allan, 189.
Pola, Angel, 96, 260.
Policarpo, Juan, 51.
Pomposo Fernández de San Salvador, Agustín, 48, 60.
Ponce, Luis, 103, 124.
Ponce, Waldemaro, 174.
Ponce Font, Bernardo, 171, 174.
Pontón y Ponce, Fructuoso, 186.
Portilla, Anselmo de la, 100, 104, 108, 124, 133, 232.
Portillo, Manuel, 124.
Portillo, Nicolás, 22.
Prantl, Adolfo, 137.
Prieto, Benigno, 134.
Prieto, Guillermo, 58, 59, 65, 66, 67, 68, 70, 71, 75, 76, 85, 95, 96, 97, 98, 104, 105, 107, 113, 115, 117, 118, 119, 124, 133, 142, 143, 182, 186, 199, 223, 232, 241, 262.
Prieto de Landázuri, Isabel A., 158.
Prim, General, 84.
Primo de Rivera, Miguel, 41.
Puga y Acal, Manuel, 155, 156, 159.

Q

Quevedo, Ireneo, 159.
Quevedo y Zubieta, Salvador, 154, 155.
Quijano, Alejandro, 147.
Quijano, Rafael, 124.
Quintana, Tomás Domingo, 168.
Quintana del Azebo, Ramón, 52, 59, 60.
Quintana Roo, Andrés, 48, 65, 67, 69, 74, 99, 167, 185.
Quintero, Dr. 98.
Quintero, Ireneo, 154.
Quiñones, Juan Bautista de, 28.

R

Rabelais, 69, 108.
Racine, 217.
Rada, José P., 180.
Rafael, Rafael, 97.
Ramírez, Alfonso, 23.

Ramírez, Ignacio, 58, 68, 83, 85, 95, 106, 116, 117, 118, 124, 133, 217, 222, 251, 253.
Ramírez, José María, 114.
Ramírez, Manuel, 44.
Ramírez, Mariano, 182.
Ramírez, Fray Nicolás, 35.
Ramírez, Rodolfo A., 181.
Ramírez de Orellano, Antonio, 24.
Ramírez de Vargas, Francisco, 21, 22, 23, 24, 28.
Ramírez del Castillo, Pedro, 35.
Ramírez Santibáñez, Juan Antonio, 34.
Ramón, Joaquín, 74.
Ramos, Rafael, 184.
Ramos Quintana, Felipe, 172.
Ramos Quintana, Manuel, 172.
Rangel, Enrique A., 134.
Rea, Domingo de la, 33.
Real, Beatriz del, 242.
Rebollar, Rafael, 124.
Rebolledo, Efrén, 143.
Regil, Pedro Manuel de, 173.
Regil Estrada, José María, 173.
Regil Estrada, Pedro, 173.
Regil Estrada, Perfecto, 173.
Regil y Peón, Alonso, 170.
Regil y Peón, Pedro de, 170.
Rejón Antonio G., 171, 175.
Rembrandt, 230.
Rendón, Serapio, 174.
Retis Largache, Domingo de, 33.
Revilla Gigedo, Conde de, 41.
Rey, Emilio, 77, 96, 124.
Reyes, Alfonso, 148.
Reyes, Manuel, 184.
Ribera, Agustín, 157.
Rigoleto, seudónimo de Puga y Acal.
Riofrío, Bernardo, 23.
Río Pérez, Juan, 169.
Ríos, Epistacio J. de los, 82, 160, 200, 201.
Ríos, Juan Pablo de los, 107.
Ristori, Adelaida, 86.
Riva Palacio, Vicente, 84, 99, 105, 107, 108, 114, 115, 116, 117, 133, 136.
Rivadeneira y Lemus, Mariano, 186.
Rivadeneira y Palacio, Manuel, 187.
Rivera, Diego (de), 22, 23, 24, 28.
Rivera, Ignacio, 134.
Rivera, José P., 142, 214, 239, 263.
Rivera Flórez, Dionisio de, 17.
Rivera Mendoza, 133.
Rivera y Río, José, 106, 107, 115, 124.
Rivero, José D., 170.
Rivero Figueroa, José D., 173.
Roa, Victoriano, 97.
Roa Bárcena, José María, 71, 95.
Robles Gil, Emeterio, 153, 154, 158.
Roca, Ramón, 60.
Rocha, Manuel, 134.
Rodhakanatty, Plotino, 137.
Rodiles, Saúl, 163.
Rodríguez, Emilio, 142, 214.
Rodríguez Cardoso, Juan Ignacio, 39.
Rodríguez Cos, José María, 84, 203.
Rodríguez de Arizpe, José, 39.
Rodríguez del Castillo, José Mariano, 48, 59, 60, 61.
Rodríguez Galván, Ignacio, 67, 71, 94, 95, 98.
Rodríguez Puebla, Juan, 97.
Rodríguez Ruiz, Alfonso, 183.
Rojas, Alberto, 143.
Rojas, Alonso de, 28.
Rojas, Ildefonso de, 37.
Rojas, José, 86.
Rojas Garcidueñas, José, 18, 14, 15.
Rojas Moreno, José, 213.
Rolón, María Luisa, 163.
Romero, Félix, 83, 84.
Romero, Rafael, 124.
Romero, Vicente, 134.
Romero Gil, Hilario, 158.
Romero Vargas, Ignacio, 141, 186.
Romero Vargas, Manuel, 125.
Romo, Manuel A., 87, 199, 200, 201.
Ronsard, 240.
Rosa, Felipe de la, 155, 157.
Rosa, Luis de, 96, 97, 151.
Rosa, Norberto de la, 181.
Rosado, Guadalupe M., 169.
Rosado Vega, Luis, 174, 175.
Rosales, Antonio, 153, 189.
Rosas, A., seudónimo de Pablo J. Araos,
Rosas, José, 115, 117.
Rosas Moreno, José, 134, 181.
Rovalo, 217.
Rubín, Luis G., 143, 214, 248, 263.
Rubio Alpuche, Néstor, 171, 174.
Rubio y Contreras, José, 187.
Ruiz, Eduardo, 183.
Ruiz, Rafael, 187.
Ruiz, Virginia, 163.

Ruiz de Alarcón, (Véase *Alarcón*), 114, 242.
Ruiz de León, Francisco, 185.
Ruiz Guerra y Morales, Fray Cristóbal, 35.
Ruiz Miranda, José, 181.
Ruz, Benito, 171.

S

Saavedra, Francisco, 182.
Sanez del Cauri, Juan, seudónimo de Sor Juana de la Cruz, 28.
Saint-Beuve, 253.
Salaizes Gutiérrez, Felipe, 28.
Salamanca, María de, 127.
Salazar, Abel, 148.
Salazar de Payán, 132.
Salazar y Torres, Agustín, 20, 21.
Sales Cepeda, Manuel, 171, 175.
Salgado, Juan, 156.
Salgado, Marcos José, 35.
Salinas y Rivera, Alberto, 125.
Sampeiro, Manuel J., 172.
Sánchez, 199.
Sánchez, Andrés, 189.
Sánchez, Daniel, 188.
Sánchez, Miguel, 40.
Sánchez Arévalo, León, 187.
Sánchez de Ibáñez, Francisco Antonio, 40.
Sánchez de Tagle, Francisco, 44, 46, 48, 52, 60, 61.
Sánchez Facio, Manuel, 106, 107, 115.
Sánchez Guerrero, Gabriel, 187, 188.
Sánchez Mármol, Manuel, 170.
Sánchez Olivo, Juan, 183.
Sánchez Santos, Trinidad, 20, 187.
Sánchez Solís, 123.
Sánchez Velázquez, Luis, 44.
Sánchez y Anaya, Ana María, 41.
Sandeau, 216.
Sandoval, Miguel, 189.
Sandoval, Pablo de J., 125.
Sandoval y Zapata, Luis, 21, 22, 28.
San Francisco, Madre Catharina Josepha, 38.
Santa Ana, Antonio, 50.
Santa María, Javier, 124.
Santa María, Juan, 44.
Santiago, J. Trinidad, 160.

Santibáñez, Enrique, 142, 214.
Santillana, Gabriel de, 28.
Santoyo, Felipe de, 34.
Santos Chocano, José, Véase *Chocano*.
Santoscoy, Alberto, 154, 156, 157.
Sariñana, Isidro de, 21.
Sartorio, José Manuel, 42, 48, 60.
Schiaffino, 117.
Shakespeare, 217, 238.
Segovia, Angel M., 175.
Segura, José Sebastián, 71, 85.
Segura, Vicente Sebastián, 71, 82.
Sepúlveda, Ignacio, 151.
Serdán, Hugo, 188.
Serrano, Rafael, 186.
Severo Campero, 85, 151.
Sierra, Arturo, 181.
Sierra, José María, 158.
Sierra, Josefa, 153, 158.
Sierra, Justo, 84, 86, 108, 112, 113, 114, 115, 116, 117, 118, 120, 124, 141, 142, 148, 234, 263.
Sierra O'Reilly, Justo, 167, 168, 169.
Sierra y González, Josefa, 154.
Sigüenza, Fray José de, 28, 37.
Sigüenza y Figueroa, Diego, 28.
Sigüenza y Góngora, Carlos, 23, 24, 25, 26, 27, 31.
Silicio, Agustín, 116.
Silva, Francisco S., 180.
Silva Gerardo M., 84, 124, 125.
Silva, Ignacio, 157.
Silva, Joaquín, 157.
Silva, José J., 182.
Simplicio, Fray, seudónimo de Roberto Castillo Rivas, 174.
Smiles, Samuel, 256.
Sócrates, 232.
Solís, Ambrosio de, 24.
Solís, Francisco de, 17.
Solís, Martín, 143.
Solís, Tomás, 155.
Solís Cámara, Pedro, 175.
Sosa, Francisco, 87, 91, 99, 171, 198, 199, 214.
Sosa Vargas, Abraham, 186, 187.
Soto, Teodoro, 134.
Souza Novelo, Narciso, 175.
Sthal, Carlos, 163.
Susarray, Luis J., 153.
Suzarte, Florencio, 172.

T

Tablada, José Juan, 174.
Taboada, Federico, 188.
Tapia, Diego de, 38.
Talavera, 107.
Tamberlick, Enrique, 103.
Téllez, Joaquín, 84, 106, 107, 115, 116, 117.
Tennyson, 253.
Tenorio Zavala, Gertrudis, 172.
Teresa de Jesús, 84.
Tío Carando, El seudónimo de Ramón Quintana del Azebo.
Tío Pérez, Jaime, 175.
Toledo, Antonio Sebastián de.
Tolsa, Manuel, 43.
Toniat, Manuel, 65.
Tornal, 69.
Tornel, José María, 74.
Torremocha, Ricardo T., 143, 147.
Torres, Gregorio, 142, 214.
Torres, José Joaquín de, 169.
Torres, Mariano de Jesús, 182.
Torres Guzmán, I. G., 183.
Torri, Julio, 148.
Torroella, 241.
Tovar, Andrés, 181.
Tovar, Remigio, 153.
Trecani, Alberto, 182.
Trejo, Joaquín, 134.
Treviño, Carlos, 183.
Troconis Alcalá, Luis, 172.
Troncoso, Juan Nepomuceno, 185.
Trueba, Patricio, 172.
Trujillo, Aurelio, 180.
Trujillo, Juan, 189.
Trujillo, Mariano, 169.
Tuerto, El, seudónimo de Ochoa y Acuña.

U

Ugalde, Antonio de, 23.
Ugarte, Tomás J. M., 180.
Uhink, Valentín, 108, 117, 119.
Ulica, Jorge, 189.
Ulloa, Miguel, 198, 199, 200, 201, 241.
Ulluo, 87.
Unánue, José Basilio de, 188.
Urbina, Juan, 51, 181.
Urbina, Luis Gonzaga, 43, 87, 142, 174, 214, 263.
Urcelay, Luis F., 173, 175.
Uribe, Joseph, 41.
Uribe y Castilla, José, 35.
Urizar y Bernal, Antonio de, 39.
Urzáis Rodríguez, Eduardo, 174.

V

Vaca, Ramón, 182.
Vadillo, Agustín, 172.
Valdés, José de, 24.
Valdés, Manuel Antonio, 44, 47.
Valdés Acosta, José M., 175.
Valdés Murguía y Saldaña, Manuel Antonio, 47.
Valencia, Felipe, 156.
Valentín, Miguel, 74.
Valenzula, Emilio, 148.
Valenzuela, Jesús E., 174.
Valera, A., 188.
Valero, José, 85, 103.
Valtierra, Fernando, 23.
Valtierra, Antonio, 23.
Valle, Eduardo del, 214, 239.
Valle, Juan, 86, 181.
Valle, Ramón, 181.
Vargas, Fulgencio, 181.
Vasconcelos, José, 148.
Vázquez, Bernardo, 189.
Vázquez, Francisco Pablo, 20.
Vega, Bernardo de la, 17.
Vega, Cayetano de la, 257.
Vega Jiménez, Domingo de la, 38.
Velasco, Luys de, 16.
Velázquez, Vicente, 167, 168.
Velázquez de la Cadena, Pedro, 21.
Velázquez, Primo Feliciano, 184.
Vélez, 189.
Venegas, Antonio, 41.
Venegas, Gorgonio, 180.
Veracruz, Fray Alonso de la, 11.
Verdiguer, Lucas, 27.
Verduzco y Rocha, Adolfo, 141.
Vergara, 197.
Vergara, Ignacio, 158.
Vergara, Pablo, 74.
Vergniaud, 230.
Verrio, Luis de, 21.
Victoria, Pedro, 189.
Vidrio Beltrán, Lolita, 163.

Vigil, José María, 85, 86, 96, 153, 157, 213.
Vigny, Alfredo de, 253.
Villa, Enrique, 160.
Villalobos, Arias de, 18.
Villalobos, Joaquín, 106, 107, 115, 116, 117.
Villalobos Ortiz, José, 181.
Villalón, Juan de Dios, 214, 261.
Villamediana, Conde de, 84.
Villarta, Ignacio Luis, 153.
Villarrutia, Jacobo, 47.
Villaseñor, Clemente, 154, 158.
Villaseñor, José Victoriano, 48, 59, 60.
Villaseñor, Juan B., 184.
Villaseñor, Manuel E., 147.
Villaseñor, Pablo J., 152, 153.
Villaseñor y Cervantes, Joseph María, 44.
Villaseñor y Cervantes, Juan Ignacio, 53.
Villena, Marqués de, 19.
Villerías, Diego de, 33.
Virgilio, 69, 224, 253.
Vivo, Buenaventura, 169.

W

Wright de Kleinhans, Laureana, 85, 134.

Z

Zadí, Cecilia, 189.
Zagal Quebrar, El, seudónimo de Juan Wenceslao Barquera.
Zamacois, Niceto de, 118, 153.
Zamacona, María de, 186.
Zapata y Zapata, Manuel, 169.
Zaragoza, Antonio, 154, 155, 156, 159.
Zaragoza, Ignacio, 154.
Zárate, Eduardo E., 84, 133, 211.
Zárate Ruiz, Francisco, 143.
Zarco, Francisco, 85, 103, 124, 125, 152.
Zarco, Francisco, 82, 83, 123, 180.
Zavala, Francisco José, 158.
Zavala, José, 158.
Zavala, Lorenzo, 168.
Zavala, Pedro R., 189.
Zayas, Rafael, 116.
Zelayeta, Juan, 154, 159.
Zenea, Juan Clemente, 85, 106.
Zentella, Arcadio, 84, 85.
Zerda Morán y Aponte, Francisco Javier de la, 39.
Zorrilla, José, 71, 76, 81, 100, 185.
Zorrilla, Ovidio, 171, 174.
Zubieta, Pedro, 151.
Zúñiga y Ontiveros, Mariano, 42.
Zúñiga y Tejeda, Arcadio, 154, 156, 160.

Se acabó de imprimir el día
7 de agosto de 1951, en la
"Imprenta Grafos" de la ciudad de México. El tiraje fué
de 500 ejemplares.

www.ingramcontent.com/pod-product-compliance
Lightning Source LLC
Chambersburg PA
CBHW030336240426
43661CB00052B/1654